우리 가까이 있는
# 영혼의 예술가들

유지원 지음

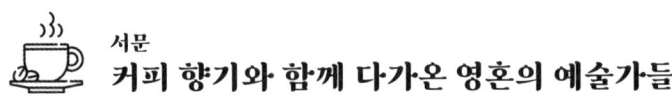

## 서문
## 커피 향기와 함께 다가온 영혼의 예술가들

내가 카페지기로 살게 되면서 더 사랑하게 된 詩가 하나 있다. 정 현종 詩人의 〈방문객〉이라는 詩이다.

방문객

정현종

사람이 온다는 건
실은 어마어마한 일이다.
그는
그의 과거와
현재와
그리고 미래와 함께 오기 때문이다.
한 사람의 일생이 오기 때문이다.
부서지기 쉬운
그래서 부서지기도 했을
마음이 오는 것이다 - 그 갈피를
아마 바람은 더듬어 볼 수 있을
마음,
내 마음이 그런 바람을 흉내 낸다면
필경 환대가 될 것이다.

카페 문을 열고 들어오시는 나의 방문객들을 만날 때면 나는 항상 이런 마음으로 맞이하고 있다.

커피 향기와 함께 시작된 나의 많은 인연들… 그들의 과거와 현재, 그리고 미래와 함께 내게 다가온 사람들…

'내가 한 사람의 일생을 마주하고 있구나.' 하는 생각을 할 때면 마음이 숙연해지곤 했다. 부서지기 쉬운, 그래서 부서지기도 했을 그 마음이 내게 왔을 때, 나도 바람처럼 그 갈피를, 그 마음의 갈피를 더듬어 보려고 했다. 그리고 내 마음도 그런 바람을 흉내 내면서 그들을 환대하고 싶었다.

카페를 다녀간 많은 사람들이 내게는 소중한 〈방문객〉이지만 그 중에서 내게 그들의 인생의 많은 부분을 보여주었던 화가 들과의 만남이 특히 그러하였다. 나는 온 마음을 다해서 그들을 환대해드리고 싶은 마음이다.

학창시절 특별활동 부서를 선택할 때면 나는 항상 미술부를 선택하였다. 그림에 타고난 재능이 있는 것도 아니고, 그림을 제대로 배운 적도 없었고, 그림 대회에서 상을 타본 적도 없고, 그림을 잘 그리는 것도 아니었다. 그저 그림에 대한 로망이 있었던 것 같다.

내가 인생 제 2막을 꿈꾸면서 자유롭게, 새롭게 만들어낸 나의 공간으로 예술가들은 그렇게 내게 다가왔다. 그리고 예술에 대한 나의 로망이 그들과 자연스럽게 소통하게 했다.

나는 나만의 분위기로 내 공간을 꾸미고 내 공간을 기꺼이 내어 주면서 내 공간에 들어오는 사람들과 함께 소통하면서 자유로운 삶을 살고 있다. 카페에 갇혀서 매어 있는 삶을 사는 것이 아니라 여러 사람들을 만나면서 그들의 삶에 대한 이야기를 듣고 함께 공감한다. 그리고 화가들과 만나서 그들의 이야기를 듣고 작품에 대한 이야기를 듣고 전시회에 대한 이야기를 나누게 된 것은 내 인생에 찾아온 행운이라고 생각한다. 나는 그런 마음을 나의 카페에서 자유롭게 표현했다.

나는 가끔 테이블 위에 그림이 그려진 엽서를 살짝 올려 놓기도 하고 내가 좋아하는 그림이 그려진 작은 액자를 올려놓는 것을 좋아한다. 벽에 거는 것보다 테이블 위에 자연스럽게 놓여 있는 모습이 아름다울 때도 있다. 지금도 카페 한 쪽에 내가 제일 좋아하는 창가 쪽 자리의 테이블 위에는 서양화가 이종혜 작가의 수채화, 세네갈의 핑크 호수 〈Lake Retba〉가 자리하고 있다. 그리고 카페 입구에는 고흐의 정물화 그림이 놓여있다.

그리고 카페를 열게 되면 카페의 하얀 벽면에 큰 그림을 하나를 걸고 싶다고 생각했는데 그 막연한 꿈이 이루어졌다. 나의 카페와 인연이 된 그림, 바로 〈커피시대〉 인테리어의 대명사가 된 그림, 박영희 작가의 그림이다. 그 그림을 보고 카페 주인인 내가 그린 그림으로 착각할 정도로 그 그림과 카페와 나의 분위기가 잘 어울린다고 사람들은 이구동성으로 말하곤 한다. 어떤 사람들은 카페 밖에서 그림을 보고 이끌리듯 카페 안으로 들어오게 되었다는 사람들도 있다. 그리고 나의 카페 주변에 화실을 갖고 있는 화가들이 자연스럽게 하나 둘 모이게 되었다. 카페에 있는 식물들이 예뻐서 사진을 찍는 화가, 윤선홍 작가도 만날 수 있었다. 나는 화가의 그림이 그려진 전시회 안내장인 리플렛(leaf let)을 마치 작품인 듯이 테이블 위에 전시하기도 했고, 작가들의 전시회를 소개하고 싶어서 전시회 팜플렛을 디스플레이 하거나 선물 받은 전시회 도록을 디스플레이 하기도 했다. 어느 손님은 전시회 안내 리플렛을 보고 직접 인사동까지 가서 작가와 만나서 작품을 구매하기도 했다. 나는 뿌듯했다. 나는 그렇게 작가와 사람들 사이에서 다리 역할을 기꺼이 하고 싶었다. 몇몇 작가들의 그림이나 작품들을 나의 카페에 디스플레이 하면서 손님들과 작가의 이야기를 하기도 하고, 작품에 대한 이야기를 하기도 한다. 다양한 손님이 오는 카페이다 보니 반응이 좋았다. 생각보다 그림에 관심이 많은 손님들이 꽤 있다는 것을 알게 되었다.

그렇게 나와 예술가들의 인연이 깊어 가고 있을 때 나는 지역 주민 자치 위원으로서 주민 자치 신문에 한 칼럼을 맡게 되었다. 우리 동네 예술가들의 이야기를 쓰고 그들을 소개하는 것이었다. 2023년 하반기에 3편의 글을 쓰고 신문은 폐간이 되어서 더 이상 이야기를 실을 수는 없었지만 나에게는 새로운 경험이었다. 비록 짧은 글이지만 마음 뿌듯한 경험이었다. 그러던 어느 날, 신문에 실린 나의 글을 보고 관심을 갖고 보게 된 분이 있었다.

2023년 12월 26일, 나는 감기에 걸려서 낮에는 카페를 열지 못했다. 하루 종일 휴식을 취한 후 어느 정도 컨디션이 회복이 되었기에 저녁 6시에 늦게 오픈을 했다. 날도 추운데 손님이 오셨다가 헛걸음할 수도 있다고 생각하니 걱정이 되었기 때문이다. 커피를 한 잔 따뜻하게 내려 마시니 두통도 사라지는 듯했다. 그리고 다행히 손님이 한 분 오셨다. 〈커피시대〉의 카페라떼를 좋아하고 내가 존경하는 교수님이다. 사실 그 교수님을 만났을 때 〈방문객〉이라는 시를 처음 떠올리게 되었다. 나의 〈커피시대〉 오픈 이래 그 시의 첫 주인공이 된 셈이다. 그 겨울 날 첫 손님이 되어 주었고 이런 저런 얘기를 나누다가 귀인동 주민자치 신문에 올린 내 기사를 몇 편 보시고 마음에 와 닿았는지 내게 예술에 대한 책을 하나 내보자고 하였다. 책의 내용은 우리들 가까이에 있는 작가들을 소개하고 그들의 작품들을 책에 소개하는 것으로 구성을 하자고 제안했다. '예술가들의 이야기와 작품으로 꾸며진 책의 출판'이라는 꿈. 그것은 아무나 시작할 수 없는 꿈인데 어떻게 내게 권유하고 내가 받아들이고 시작하였는지 모르겠다. 내게 건네신 그 새 봄의 꿈. 내가 꿈을 꾸어 봐도 되는지…자신은 없지만 그래도 작가가 되어보는 기회를 놓칠 수가 없었다. 나의 무모함이 다시 발동이 걸렸다. 욕심이었디. 그러나 나의 무모함은 새로운 꿈을 꾸게 하였다. 그 꿈이 이루어지는지 주사위를 던져보고 싶었다. 작가가 되어 보겠다는 이 꿈은 내가 감히 꿈에도 생각 못했던 것이었는데… 인생은 정말 한 치 앞도 내다볼 수 없는 것 같다. 이 꿈에 발동을 걸어준 사람은 바로 남편이었다. 내 글을 좋아하는 또 한 사람으로 내게 책 쓰기에 한번 도전해볼 것을 권유했다. 그 말에 더 힘을 얻어서 집필 작업을 해보려고 최종적으로 마음먹게 되었다. 그 후 여러가지 개인적인 상황이 있었기에 곧바로 집필을 시작할 수 없었다. 우여곡절이 있었지만 어느 정도 개인적인 상황이 안정된 후 2024년 6월, 여름의 시작과 함께 집필을 시작했다. 그리고 1년이 지난 지금 다시 시작되는 여름 앞에서 탈고를 하였다. 중간에 포기하는 것이 맞지 않을까 생각했을 때 교수님과 남편은 나를 다독여주고 용기를 준 사람이다. 두 사람의 이해와 격려가 없었더라면 여기까지 오지 못했을 것 같다.

나를 믿고 이해해주고 기다려주고 격려를 아끼지 않았던 두 사람에게 고마움을 전하고 싶다.

여러 분야의 예술가들을 만나게 되었고 그 분야에 대해 탐구도 해야 했고 작가들을 만나서 인터뷰도 해야 했다. 다행히 작가들은 초보 작가에게 친절하게 작품 설명을 해주었고 본인의 이야기들을 진솔하게 들려주어 글 쓰는데 많은 도움이 되었다. 이 책이 나오기까지 기다려 주신 모든 분께도 감사를 드린다.

예술을 사랑하는 마음 하나로 시작한 '나의 무모한 여행'에 함께 동행해주신 여러분들께 감사 인사를 전하고 싶다. 첫 작품이라 많이 부족하고 예술에 문외한이지만 여러 분야의 예술에 대해서 알아가고 탐구해 가면서 배우는 기쁨을 느낄 수 있었다. 작가들이 표현하는 예술에 다가가고 있는 나를 발견하면서 마음이 뿌듯했다.

커피 향기와 함께 시작된 '예술을 사랑하는 어느 교수님과의 만남'이 '여러 분야의 예술가들 과의 만남'으로 이어졌다. 내게 작가로서의 길을 안내하신 교수님은 벌써 책을 몇 권 내셨고 다음 책을 준비하고 계신 분이셨다. 그 교수님께서 처음으로 책을 출판하신 날 축하를 해드렸던 기억이 난다. 그리고 직접 사인을 하신 책을 내게 한 권 선물해 주셨다. 그런 의미 있는 날을 축하해드렸던 기억이 나는데 이제 내가 그 분의 축하를 받게 되다니 감동이 밀려온다.

이 책을 통해서 나와 함께 '예술의 세계로의 나들이'를 해 주시게 될 모든 분들에게 미약한 힘이지만 안내자로서 역할을 할 수 있기를 바란다. 그리고 어떻게 이 예술가들이 그들의 길을 걸어가고 있는지 들여다보고 응원과 찬사를 보내주길 바란다.

　예술을 일반인들이 접하기에 난해한 이야기가 아니고 특정한 사람에게 국한되어지는 것이 아니라 우리들 삶의 일부로 가까이에 있다는 것을 느낄 수 있기를 바란다. 그리고 나와 같은 문외한도 예술을 사랑하는 마음 하나로 예술의 세계로 다가갈 수 있다는 것을 보여주고 싶다. 이제 우리 주변에 많은 전시회가 있다. 자주 가서 느끼고 작가들과 대화하고 직접 참여하면서 그 속에서 우리 스스로도 힐링을 받고 우리 삶 속에 예술이 녹아 있음을 느낄 수 있다. 이 번 기회에 나는 예술의 세계에 한 발작 더 다가서게 된 느낌이다. 앞으로도 계속 전시회 나들이를 하면서 작가들과 소통하면서 나의 삶 속에 예술이 녹아 드는 경험을 하게 될 것이다.

　어느 늦은 가을, 전시회를 하루 앞둔 윤재일 작가의 작업실을 방문했던 날, 나는 그날 작가가 포장해 놓은 작품들을 보면서 많이 설레었던 기억이 난다. 앞으로도 매년 열리게 될 전시회가 벌써부터 기다려지고 설렌다. 가끔 전시회 소식을 담은 메시지가 오면 너무 행복하다. 전시회에서 작가들의 이런 새로운 작품들을 만나게 될 것을 기대하면 마음이 두근거린다.

　어떤 칼럼에서 예술의 전당 정다미 전시기획자가 한 말이 떠오른다.

## "나에게로의 여행, 전시장 가는 길"

누군가 당신은 왜 전시장으로 향하는지 물어보면 나는 호기심으로 출발해 즐거움을 느끼기 위해서라고 얘기한다. 감동은 위로를 주고 현실의 그림자도 보듬어 준다. 작품에 집중하는 순간 예술과의 교류가 시작되는 것이다.

그 순간은 작품과 나와의 소통으로 따뜻한 위로와 자극을 받는다. 작품을 통해 그 시대 또는 동시대의 역사, 문화를 읽고 작가의 삶을 어루만지면서 스스로를 보듬는 나를 마주할 수 있기 때문이다. 기대이상의 수수께끼와 반전 매력이 숨어있는 곳, 감상 시간부터 방법까지 온전히 나의 주도로 즐길 수 있는 곳, 보고 싶은 만큼만 보고 느껴도 되는 곳에서 잠시 쉼표를 주는 것도 일상의 좋은 탈출구이다.

쉼표가 없는 삶은 나에게 관대하지 못 했다는 증빙이다. 멀리 여행을 떠나지 않아도 작품을 통해 어디든 갈 수 있는 전시회장. 그곳으로 나를 던져보자.

그렇다. 쉼표를 좀처럼 찾아볼 수 없는 나의 삶에서 전시회장은 멀리 떠나지 않아도 나를 던질 수 있는 곳이었다.

어느 해 겨울, 맑은 겨울 하늘이 눈물 나도록 아름다워 보였던 날, 나는 문득 전시회장을 찾았다. 〈두나무 아트 큐브 갤러리〉에서 보내온 전시회 안내 메시지를 보는 순간 마음이 갔다. 전시회 제목은 이호영 작가의 〈늘 오늘; 하염없음으로〉 전시회 제목부터 마음에 들었다. 그리고 전시회 안내 사진이 내 마음을 사로잡아 버렸다. 사진을 보는 순간 추운 날씨에 더 차가워진 내 마음에 따스함이 전해지는 것을 느꼈다. 그래서 문득 떠나고 싶었다. 그 전시회장으로. 내 기대에 어긋나지 않게 따스한 작품들이었다. 작품들을 보면서 마음이 훈훈해지고 밝아지는 느낌이었다. 추운 겨울 날, 꺼내어 입은 털실로 짠 따스한 스웨터 같은 느낌… 그리고 다가오고 있는 크리스마스 분위기 까지도 내 마음에서는 느낄 수 있었다.

한국화 윤선홍 작가의 전시회를 보기 위해서 마지막 날 클로징 시간을 1시간 앞두고 달려갔던 〈두나무 아트 큐브〉와의 첫 인연, 그리고 그 갤러리는 문득 그림을 보고 싶을 때면 언제든지 달려 갈 수 있는 곳으로 내 마음 속에 따스하게 자리잡았다. 그래서 집필을 시작하기로 마음먹은 후 나는 〈두나무 아트 큐브〉를 떠올렸고 오랜만에 갤러리 나들이를 떠나볼까 생각하고 있었는데 때 마침 갤러리에서 연락이 왔다. 〈쓰임이 예술이 되는 순간〉 전시회에서 〈관객과 나누는 예술 이야기〉 시간을 마련했고 나를 초대한 것이다. 여름비가 몹시 내리던 날씨에도 불구하고 내가 사랑하는 안양 예술 공원에 위치한 갤러리에서의 그 행사는 내게 감동과 낭만으로 기억되었다.

내가 5인의 예술가들과 함께 자리를 해서 다양한 분야의 작가들의 작품에 관한 얘기들을 들을 수 있었던 것, 그 전시회에서 이경주 작가를 처음 만나게 된 장면을 다시 떠올려 보면 한 편의 영화와 같이 느껴진다. 정말 멋있고 특색 있고 느낌 있는 작품들을 한자리에서 볼 수 있었다는 사실이 아직도 나를 흥분하게 만든다.

2024년 여름 〈쓰임이 예술이 되는 순간〉 전시회 직후에 장태묵 작가(서양화가, 계명대학교 회화과 교수)의 초대전이 열렸다. 나는 처음 그 소식을 듣고 또 한번 놀라지 않을 수 없었다. 장태묵 작가의 '목인천강'이라는 주제의 그림도 내가 예전부터 좋아하는 그림이었기에 때문이다. 어떻게 인연이 이렇게 닿을 수 있는지 신기할 뿐이었다.

그렇게 2024년은 내게는 의미 있는 한 해로 기억된다. 그리고 〈두나무 아트 큐브〉에서의 전시회는 내게 특별한 선물과 같은 전시회로 내 마음에 기억될 것 같다. 그곳에서 만난 한국화 이경주 작가의 평창동 모리스 갤러리의 전시회, 〈그대는 봄 날 땅 같구나 사랑하는 사람아〉를 끝으로 집필 작업을 위한 나의 갤러리 탐방기는 끝을 맺게 되었지만 나의 갤러리 나들이는 앞으로도 계속될 것 같다. 그리고 나는 이렇게 앞으로도 계속 나의 카페에 오시는 손님들에게도 전시회 소식을 선물처럼 전하고 싶다.

나는 이 책을 서술하면서 우리 가까이 있는 예술가들의 열정이 가득한 인생을 보여주고 싶었다. 그들은 많은 세월의 아픔과 고난을 넘어서 예술가로서의 삶을 사랑하면서 살아가고 있다. 그리고 그들은 각자의 길을 걸어가면서 자신들의 예술 영역에서 작가만의 새로운 독창적인 세계를 열어가고 있다. 그들은 작품을 통하여 자신과 타인의 아픔을 치유하고, 사람들과 공감하면서 소통하고 있다. 나는 많은 사람들이 이들 예술가들의 아름다운 여정을 함께 하면서 삶의 여유와 기쁨을 함께 나누기를 기대한다. 이 글에 언급된 예술가들 삶의 기억이나 작품에 대한 내용이 부족함이나 불편함을 느낀다면 그것은 전적으로 글을 쓰는 나의 몫이다. 마지막으로 이 책이 나오기까지 응원과 격려를 아끼지 않았던 많은 지인들에게 진심으로 감사의 마음을 전한다.

차례

서문 | 커피 향기와 함께 다가온 영혼의 예술가들

1. SONNET (작은 노래), 이종혜     16

2. 소소한 일상, 박영희     50

3. 인간의 길, 임용빈     86

4. 내 안의 식물원, 윤선홍     114

5. 책거리와 꼭두, 이경주     164

6. 비밀의 정원과 기억의 정원, 육경란     218

7. 서도(書道)의 길을 걷는 여원(與園), 최은희     260

8. 묵향세심헌(墨香洗心軒), 박주남     294

9. 이어니재의 구도자(求道者), 박주부     328

10. 달 항아리와 연탄, 윤재일     358

Blue Night, 90.9x72.7cm, Acrylic on canvas, 2022

# SONNET 작은 노래

이종혜

서양화 비구상 작가 이종혜.

몇 년 전 지인의 소개로 작가가 처음 카페에 왔을 때가 생각난다. 그때 우연히 작가의 수채화 작품들을 감상할 기회가 있었다. 그 중 자작나무 숲 그림이 내 마음에 들어왔다. 그 겨울 자작나무숲 그림과의 만남은 스쳐 지나가듯 짧은 만남이었지만 아주 강렬한 인상으로 내 마음에 자리 잡았다. (이 그림과의 인연은 나중에 정말 소중한 다른 인연을 만들게 된다. 나는 본능적으로 이 그림을 알아본 것인지도 모른다.)

그 후 작가가 그린 그림과 두 번째 만남을 하게 되면서 이종혜 작가 그림의 매력에 더 빠지게 되었다. 작가와 그림에 대한 이야기를 나누다가 작가가 그린 인물화 몇 점을 보면서 나는 깜짝 놀랄만한 경험을 했다. 비록 휴대폰 앨범 속에 담긴 작가의 그림들이었지만 나는 많은 것을 느낄 수 있었다. 전에 본 적도 없는 낯선 사람의 얼굴인데 그 인물화들을 통해서 그 사람들의 많은 것이 보이는 듯했다. 그리고 마치 그 사람들에 대한 이야기를 화가로부터 듣고 있는 듯한 착각에 빠졌다. 어쩜 그렇게 사람을 그림으로 느낌 있게 표현할 수가 있는지 정말 깜짝 놀랐다.

이종혜 작가 그림과의 세번째 만남은 비구상 그림들이다. 작가의 개인 전시회가 2022년 충남 예산 수덕사 〈선 미술관〉에서 열릴 무렵이었다. 나의 지인들이 그 전시회를 가는 날이었다. 여름의 막바지에 만난 작가의 그림은 내게 또 한 번의 충격을 주었다. 비구상 그림에 문외한인 내게도 감동을 느끼게 해준 그림들이다. 작가는 그림에서 내게 많은 이야기를 던졌다. 실제 전시회장에 가서 본 그림도 아니고 리플렛에 있는 그림이었지만 나는 작가의 그 비구상 그림들을 보면서 어떤 내면의 세계로 빠져드는 듯한 느낌을 받았다.

그 후 작가의 전시회가 몇 번 있었는데 나는 카페 일로 갈 수가 없었다. 특히 충남 보령의 무창포 해수욕장 근처의 미술관에서 개최된 전시회는 너무 아쉽게 느껴졌다. 2023년 7월, 여름 바다가 보이는 호텔 테라마르 2층 〈무창포 미술관〉에서 열렸다. 이종혜 작가의 작품들은 강과 바다를 소재로 하고 그 위에 작가의 심상을 그려내기 때문에 여름 바닷가에서 작가의 전시회가 개최되었던 것이 내게는 더 아름답게 느껴졌고 더 낭만적으로 느껴졌던 것 같다.

갯벌의 노래, 130.3x162.2cm, Acrylic on canvas, 2022

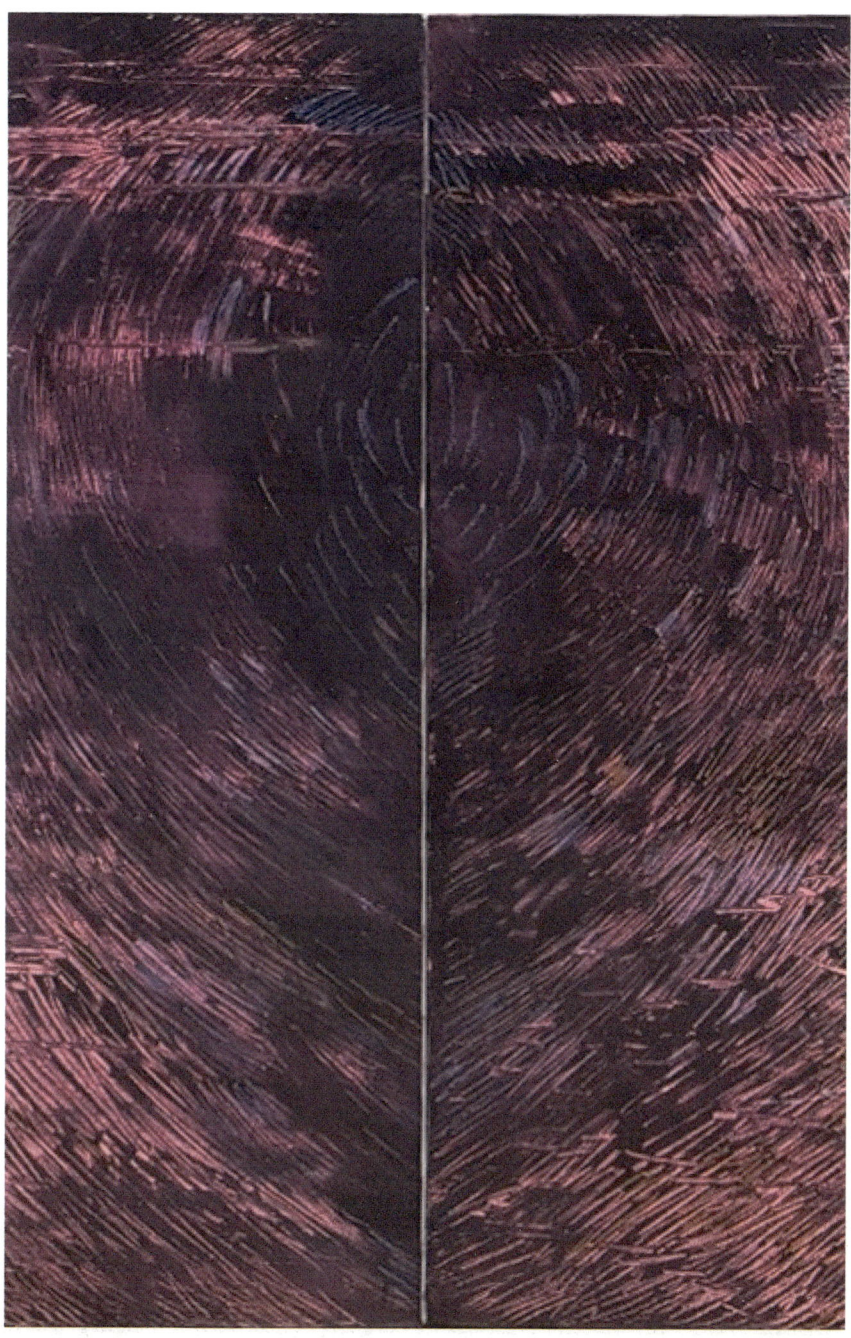

Black hole waves, 116.8x80.3x2ea, Acrylic on canvas, 2022

Deep and Blue Night, 162.2x130.3cm, Acrylic on canvas, 2022

내면의 감정을 다양한 형태로 표현한 '이종혜 작가 개인전'은 작가의 예술관이 투영된 작품들이 전시되었다. 작가는 무창포 미술관에서의 전시회는 '나'로부터 출발이라고 말한다.

이종혜 화가와의 인연은 신문 기사를 준비하면서 더 깊어져 갔다. 〈안양시 귀인동 주민자치 신문〉이다. 나는 1인 카페 운영으로 외부 봉사가 쉽지 않은 상황이었는데 신문부에 들어와서 신문의 한 면을 맡아서 자유롭게 써보라는 권유를 받고 우리 주변의 영혼의 예술가 소개에 대한 기사를 쓰기 시작했다. 몇 번에 걸친 인터뷰를 통해서 그녀와 더 깊고 진솔한 대화를 나눌 수 있었다. 인터뷰를 하던 그 당시 작가의 작업실은 불가리아에서 10월 말에 개최되는 Balchick International Fine Art Exhibition 레지던시에 가지고 갈 그림을 준비하시느라 분주한 모습이었다.

그런 가운데에서도 작가는 기꺼이 나를 화실에 초대했기에 나는 너무 고마운 마음이 들었다. 나의 카페 영업이 끝난 후 비로소 작업실을 방문해서 그녀를 만날 수 있었다. 밤이 깊어 가는 줄도 모르고 우리의 대화는 깊어져 갔고 나는 한 예술가의 인생을 감히 엿볼 수 있었다.

인터뷰 첫날 화실에서 나오기 전에 화가는 아끼는 시집 몇 권을 내게 빌려주었다. 그 시들을 읽으면 작가 자신의 삶이 보일 것이라고 했다. 그 시들이 작가의 삶이라고 보면 된다고 했다. 그 시를 읽으면서 그 시들이 그녀

뿐만 아니라 우리들 자신의 이야기와 닮은 것 같은 느낌도 받았다.

이 시대의 사랑(최승자)
즐거운 일기(최승자)
기억의 집(최승자)
내 무덤 푸르고(최승자)
연인들(최승자)
쓸쓸해서 머나먼(최승자)
물 위에 쓰여진(최승자)
빈 배처럼 텅 비어(최승자)
액션페인팅(김지유)
즐거운 랄라(김지유)
유월설(김지유)
아, 입이 없는 것들(이성복)

인터뷰하는 며칠 동안 작가의 이야기를 들으면서 이종혜 작가의 삶이 정말 한 편의 영화와 같은 삶이라고 느꼈다. 그리고 급기야는 작가의 이야기가 영화나 소설로 만들어지면 좋을 것 같다는 생각을 했다. 아니 내가 직접 영화를 만들고 싶다는 생각을 할 정도였다. 작가가 그림을 본격적으로 하기 시작하게 된 순간조차 드라마틱하고 감동적이고 예술적이었다.

그림을 사랑하던 수줍은 많던 여학생. 그러나 부모님의 반대로 미술을 포기하고 국문과에 진학하여 대학 시절을 보내던 어느 날, 그녀는 몸이

약했던 탓에 길가에 쓰러진다. 한 의인의 덕택으로 위기를 넘길 수 있었는데 바로 이 인연으로 미술과의 인연이 시작되었다고 해도 과언이 아니었다. 한 미술학원의 원장인 이 의인과의 인연을 시작으로 여러 인연과의 운명적인 만남들이 그녀의 인생을 미술의 길로 이끌었다. 다니던 국문과를 중퇴하고 1982년 성신여대 예술대학 서양화과에 입학하여 그녀의 그림 인생이 본격적으로 시작되었다.

그렇게 어렵게 미술학도가 된 작가는 우여곡절의 세월을 '그림'이라는 간절한 마음 하나로 버티고 졸업을 하였다. 그러나 졸업 후 그녀의 미술에 대한 열망과 멀어질 수밖에 없는 세월이 기다리고 있었다. 그녀의 말로 다 표현할 수 없는 세월, 나의 글로 다 표현할 수 없는 세월이다.

그러나 결국 그녀는 그 힘겨운 과거의 세월을 지나왔고 현재 그녀가 소망하던 자신의 그림을 그리고 있다. 성장하는 당당한 화가의 모습으로 말이다. 그녀의 현재가 가능할 수 있었던 것은 어떤 상황에서도 그녀가 본인의 꿈을 놓지 않았기 때문이다. 이것이 그 무엇도 가능하게 한다는 '꺾이지 않는 마음' 인 것 같다.

많은 세월이 지나가고 2018년에 드디어 본인의 작업실을 처음 마련하여 그녀의 그림을 그리기 시작했다. 그리고 2019년 가을에 이곳 평촌 귀인중학교 앞에서 화가로서의 삶을 다시 이어가고 있었다. 그러나 곧바로 이어진 '코로나 19'로 인해 그녀는 그림 그리는데 있어서 여러가지 많은 어려움을 겪게 된다. 그리고 그녀 그림의 tone이 바뀌게 되었다. 그녀의 설명에 의하면 원래 그녀 그림 스타일은 밝고 화사했다. 캔버스라는 하얀 바탕에 작가의 심상을 쏟아내는 분위기였는데, 2019년 이후에는 그녀의 주조색은 짙은 보라 빛이 되었다. 이 색감은 자칫 촌스럽게 표현되어질 수 있기에 와인색과 같은 느낌의 마젠타 색감을 결합하여 tone을 차분하게 하면서 슬픔과 기쁨이 공존하는 표현을 했다. 그녀의 2019년 이후 최근의 그림 tone에 대한 이야기를 들으면서 나는 또 한 번 깜짝 놀랐다.

색에 민감한 화가답게 2019년부터 작가는 이미 코로나 19 이후의 세계 색의 흐름을 감지한 듯한 느낌을 받았다.

세계적인 색채 연구소인 팬톤(Pantone)이 매년 한 해의 트랜드를 이끌어 갈 '올해의 색상'으로 2022년 Very Peri 색을 선정했고, 2023년은 Viva Magenta를 선정했다.

2022년 Very Peri는 블루의 자질을 포함하지만 보라색과 빨간색 언더톤을 가지고 있는 색상으로 기존 카탈로그에는 없는 색조라고 한다. 이는 코로나 19로인한 락다운의 영향으로 암울했던 세계에서 벗어나 새로운 시대가 오기를 갈망하는 사람들의 마음을 대변하고 이끄는 색으로 용감한 창의력과 상상력을 장려하는 현명하고 즐거운 태도와 역동적인 존재감을 보여주는 색이라고 팬톤은 말한다. 그리고 급변하는 글로벌시대 정신과 전환의 상징인 색이다.

2023년 Viva Magenta는 레드 계열의 색으로 따뜻함과 차가움 사이의 균형을 제시하는 색으로 용감하여 두려움 없는 활기 넘치는 색상으로 낙관과 즐거움을 불러일으킨다고 설명하고 있다. 레드 계열 색상의 대담함과 에너지는 진보와 혁신이라는 당시 글로벌 분위기를 반영하는 색상이다.

이런 세계 색채의 흐름에 나란히 서있는 그녀가 존경스럽다. 그리고 작가는 본인의 작품 주제에 대해 이렇게 설명을 덧붙이고 있다.

'나는 자연의 순환과 생명의 흐름을 주제로 작업하며, 특히 강(江)은 나의 작품 세계를 관통하는 중요한 모티프이다. 또한 강(江)은 움직임과 정적 균형의 이중성을 품고 있다. 작품 속 강(江)은 고요한 듯하지만 끊임없이 흐르며, 영원히 멈추지 않는 변화의 상징으로 자리한다.'

결국 작가의 작품에서 강(江)은 단순한 자연경관이 아닌, 인간의 삶과 깊이 연결된 철학적 은유이다. 작가의 작품은 강이 주는 생명력, 치유 그리고 끊임없는 변화를 통해 관객들에게 새로운 통찰과 감동을 선사한다. 이런 작가의 그림은 2023년 가을 레지던시로 불가리아 행 비행기를 타고 날아갔다. 작가의 불가리아 행은 그녀의 그림 인생에서 만났던 운명적인 인연과 함께 찾아왔다. 과거의 그 운명이 작가의 현재와 함께 하고 미래를 꿈꾸게 하였다. 인생을 돌고 돌아 2019년 이후 자리잡은 이곳 귀인동의 화실에서 작가는 이렇게 성장하고 있다. 그림을 그리면서 새로운 꿈과 희망을 꿈꾸며 코로나 19를 겪고, 견뎌왔고, 이제 새로운 세계로 나아가고 있다. 그동안의 인생 여정은 작가의 그림 인생에 있어서 하나의 과정이었다고 생각한다. 이제 작가는 바다 같은 캔버스에 그녀의 모든 꿈과 사랑과 인생의 모든 것을 자유롭게 그려내고 있다.

불가리아 레지던시 후 전시회를 성황리에 마치고 귀국한 후 '귀인동 주민자치신문'에서 작가 본인에 대해 쓰여진 나의 기사를 마주하게 되었다. 기사가 작가의 마음에 들지 않으면 어떻게 하나 걱정을 했다. 그러나 작가의 반응은 좋았다.

> "어떻게 내 마음 속에 들어갔다 나온 것처럼 잘 쓸 수 있는지 신기하네요."

그 후 2023년 겨울, 작가만 만나면 그 자작나무가 그려진 그림이 정말 너무 좋다는 이야기를 자주 했다. 그 자작나무숲 그림이 잊히지 않고 잔잔하게 내 마음에 자꾸 떠오르기 때문이었다. 그런데 어느 날 작가가 그 그림을 갖고 나의 카페로 찾아왔다. 내가 이 자작나무숲 그림을 볼 때마다 넘 좋다고 노래를 불렀더니 내 카페에 두고 보라고 하시면서 그림을 내어 주셨다. 박준우 작가의 연꽃 스탠드 등의 불빛과 금빛으로 등불처럼 빛나는 겨울 목수국이 보이는 창가 옆 테이블, 겨울 자작나무숲의 쓸쓸한 분위기와 잘 어울리는 공간이었다. 카페 한 켠에 놓인 그 작은 테이블 위에 그림을 살짝 올려 놓았다. 벽에 거는 것 보다 그 테이블 위가 제일 잘 어울리는 장소라는 생각이 들었다. 자작나무는 내가 좋아하는 나무이다. 나는 이 그림을 가만히 보고 있으면 어느 여름 강원도 인제 자작나무숲으로 여행을 떠나 숲을 거닐었던 추억도 떠오르면서 상념에 빠지곤 했다. 그리고 어느 날 나는 작가에게 이 자작나무숲 그림에 제목을 붙이고 싶다고 말했다.

겨울소나타, 56.1x38.7cm, Watercolor on Arche, 2015

"겨울연가? 겨울 소나타? 아니면 Winter Sonata?"

작가는 나의 제안에 밝은 미소를 지어 보이며 흥미롭게 생각하는 것 같았고 행복해 보였다. 〈겨울 소나타〉라는 제목이 마음에 든다고 했다. 이종혜 작가의 〈겨울 소나타〉는 그렇게 나의 카페에서 새롭게 탄생했다.

이종혜 작가의 〈겨울 소나타〉에는 외로움이 묻어 있는 것처럼 느껴졌다. 그 이유를 이종혜 작가가 얘기해주었다. 작가는 그림의 모토가 '외로움'이라고 말했다. 어린시절의 기억을 소환해서 얘기를 시작했다. 군인 장교였던 아빠를 따라서 이동이 많았던 어린시절을 보냈기에 외로움이 몸에 배어 있는 것 같다고 말했다. 중학교 시절에는 부모와 완전히 떨어져서 하숙을 하게 되면서 더 깊어진 외로움을 어린 나이에 감당해야 했다. 그 외로움을 감당할 수 있게 해주었던 것, 작가의 외로움을 채워주었던 것은 책, 그림 그리고 음악이었다. 그 당시 작가는 문학과 미술 분야에서 수상을 여러 번 하면서 재능을 보이기 시작했다. 작가의 중학교 국어 선생님이신 김재흔 선생님에게 발탁되어서 글을 쓰던 작가는 '나의 손'이라는 산문으로 상을 타기도 했다. 또한 문학도로서의 작가의 능력은 국어 선생님이셨던 어머니의 영향도 배제할 수 없을 것 같다. 그래서 작가는 막연하게 미래에 글을 쓰는 사람이 될 것이라고 생각했다고 한다. 물론 중학교 미술 선생님께서도 작가의 색깔 쓰는 능력이 남다르다고 칭찬을 했지만 작가 본인은 화가가 될 것이라고 생각조차 하지 못했다. 고등학교 시절에는 예술과 단절된 상황이 된다. 입시를 코앞에 둔 상황이었을까? 아님 계속되는 부모님의 부재로 인한 진로에 대해 깊은 고려를 하지 못했기 때문일까? 작가는 국문과에 입학하여 대학 생활을 시작했다. (그런 이유로 작가의 그림에는 외로움과 함께 문학과 음악이 묻어나는 독특한 색깔로 표현되어지는 것 같다.) 작가는 대학교에 입학하고 20살이 넘어서야 비로소 본인의 진로에 대해서 본격적으로 고민하게 되었다. 글 쓰는 작가로서의 삶은 모든 것이 남에게 보여지는 삶을 사는 것 같았다고 한다. 그런데 마침 어느 의인을 만나게 되었고 그 사람의 권유로 그림을 그리도록 권유를 받아서 성신여대 서양화과에 4년 장학생으로 다시 대학을 입학을 하게 되었고 그 후 작가는 외로운 미술 인생을 걷게 되었다.

이종혜 작가의 수채화 작품, 〈겨울 소나타〉. 2023년 처음 이 작품을 만났을 때 내 마음에는 어떤 음악이 흐르기 시작했다. 지금으로부터 20여년 전, 아주 오래된 기억 속의 음악이다.

2002년 겨울 TV에서 방영되었던 한 편의 미니시리즈가 있다. 〈겨울 연가〉 운명적인 첫사랑에 대한 슬프고도 아름다운 사랑 이야기. 강준상 역의 배용준과 정유진 역의 최지우는 '욘사마와 지우히메'로 불리우며 한류 열풍을 일으킨 드라마이다. 그리고 드라마의 촬영지인 남이섬은 대학생들의 MT 장소와 강변가요제로 유명했던 곳이기에 7080세대들에게 있어서는 마음을 끌기에 충분했다. 청량리에서 가평역까지 경춘선을 타고 가서 가평

선착장에서 배를 타고 남이섬에 도달한다. 선착장에서 남이섬 중앙광장으로 가는데 잣나무 길이 있다. 그리고 그 길은 또 다시 아름다운 메타세콰이어 길로 이어진다. 그 전에 드라마에 등장했던 카페가 있다. 그 카페에서 흘러나오는 '겨울연가' 주제곡은 그 당시 드라마에 대한 향수뿐만 아니라 나의 젊은 시절의 추억을 소환한다.

드라마 〈겨울 연가〉의 OST, '처음부터 지금까지' 이 음악은 피아노 선율로 시작하여 바이올린 소리로 애잔하게 흘러간다. 그리고 후반부에는 피아노와 바이올린 연주가 함께 연주되어지면서 곡은 끝이 난다. 피아노 선율을 닮은 최지우, 바이올린 소리를 닮은 주인공 배용준, 서로 다른 소리를 내면서 시작했지만 다행히 결국 하나가 되어 어우러진 소리로 끝을 맺는다. 여러가지 우여곡절 끝에 맞이한 해피 엔딩이다.

이종혜 작가와의 깊은 인연은 〈겨울 소나타〉 이 작품으로 시작이 되었다고 해도 과언이 아니다.

비록 남이섬에는 자작나무숲이 아닌, 잣나무 길과 메타세콰이어 길이 있지만 그 드라마 속의 겨울의 이미지는 이종혜 작가의 그림을 떠올리게 했다. 아니 이종혜 작가의 그림을 보자마자 나는 이 드라마의 OST가 마음 속에 떠올랐다.

가끔 이 그림은 또 하나의 음악을 떠올리게 한다. 〈비발디 사계 중 겨울

2악장〉. 이 그림을 바이올린 연주로 들으면 아주 차가운 겨울의 느낌이 살아난다. 그러나 똑같은 곡이지만 기타 연주로 듣게 되면 이 곡은 포근하게 마음 속으로 흘러 들어오는 것 같다.

그렇게 이 그림이 카페로 오게 되고 카페에 자리를 잡게 되면서 또 다른 소중한 인연으로 이어졌다. 2019년 카페 개업 초기부터 가끔 카페에 들려주시는 손님이 있다. 나의 카페라떼는 정성이 들어간 것이 느껴져서 더 맛있고 좋다고 표현하면서 칭찬을 했다. 그 당시는 카페라떼 Take Out 종이컵에도 나는 항상 하트까지 정성스럽게 그려내곤 했다. 그 손님은 항상 카페라떼를 주문하기 때문에 내가 '라떼 아저씨' 라고 일컬었다. 그러던 어느 날 그 손님께서 내게 이런 말을 했다.

> "사장님 카페에 있는 소품들은 하나하나 다 의미가 있는 것 같고, 아무 곳에나 놓는 것 같지도 않네요."

나는 깜짝 놀랐다. 그 손님은 내 마음을 너무 잘 꿰뚫고 있는 것 같았기 때문이다.

그렇다. 나는 휴지통 하나를 살 때도 가격이 비싼 것이 아니더라도 생각을 하고 사고, 또 아무 곳에나 놓지 않고 생각을 하고 놓는다. 넓은 카페가 아니기에 물건이 손님들 눈에 거슬리게 하고 싶지 않기 때문이다. 그것이 손님에 대한 나의 배려라고 생각하기 때문이다.

그 손님은 그렇게 사람의 마음을 들여다볼 줄 아는 분이시라는 것을 알게 되었다. 그리고 아름다움을 살펴 찾는 안목, 심미안까지 가지고 계신 것을 알게 되었다. 이종혜 작가의 그림이 카페에 새롭게 자리한 것도 금방 알아채시고 마음에 들어 했다.

> "그림이 참 좋네요."

난 너무 반가웠다. 나와 같은 마음의 눈으로 그 겨울 자작나무숲 그림을 바라본다는 점이 좋았다. 이종혜 작가의 영혼으로 그린 그림, 그리고 그 자작나무숲 그림에 매료된 그 손님과 나. 정말 신기한 인연이라는 생각이 든다. 이제 그 그림은 나의 카페를 떠나서 그 손님에게 떠나갔다. 내 카페에 온지 1년 만에 내 카페를 떠났다. 그러나 하나도 슬프지 않다. 그 그림이 작가의 화실을 떠나서 내 카페로 보내져 왔을 때 작가도 나와 같은 마음이었을 것이라고 생각된다. 내가 좋아하는 그림이, 내 분신 같은 그림이 나와 같이 공감할 줄 아는, 내가 좋아하는 사람에게 간다는 것, 그 또한 행복이고 기쁨이기 때문이다.

문득 삶이 외롭고 쓸쓸하게 느껴질 때, 그 그림이 놓인 테이블 앞에 앉아서 그림을 가만히 바라보면 그 쓸쓸한 겨울 자작나무숲 그림이 나의 외롭고 쓸쓸한 마음을 채워주며 힐링을 하게 해주는 것 같았다. 자작나무숲 그림 속 눈처럼 쌓인 외로움이 나의 본연의 외로움에 더해지지 않았다. 나를 쓰러뜨리지 않았다. 오히려 아이러니 하게도 그 외로움이 묻어 있는 그림을 바라보자면 그 그림의 외로움으로 인해서 나의 외로움이 위로를 받는 것 같다. 그 그림의 외로움과 나의 외로움이 서로 치유를 하는 것 같았다. 내가 동병상련의 마음으로 이 그림을 바라보면서 공감을 할 수 있기 때문이 아닐까 하는 생각이 든다.

이종혜 작가의 〈겨울 소나타 II〉를 기다리면서 내 마음의 〈겨울 소나타〉 이제 안녕…

어느 날, 그 카페라떼 손님은 그 자작나무숲 그림 앞에 놓인 리플렛을 집어 들었다. 바로 충남 보령 바닷가 근처의 무창포 미술관에서 개최되었던 이종혜 작가 개인전에 관한 리플렛이었다. 그 첫 페이지에 있는 그림을 보고 그 손님은 마음을 빼앗기고 말았다. 그리고는 말씀하셨다.

"이 그림을 보니 제주도 바닷가가 생각이 나는군요."

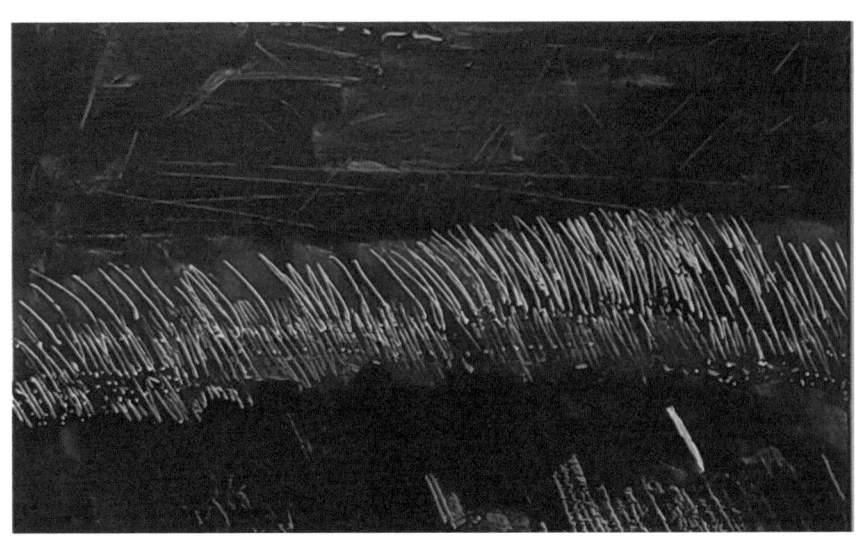

With rapture, 72.7x90.9cm, Acrylic canvas, 2022

　나는 깜짝 놀랐다. 이종혜 작가의 이 그림은 바로 제주도 바다를 보고 난 후 그리게 되었다고 했기 때문이다. 어떻게 작가의 마음이 읽혀 졌을까? 작가와 관객이 같은 마음으로 보고 느끼고 공감하게 되는 것을 목격하다니 놀라웠다. 그리고 또 놀라운 것은 그때 마침 이종혜 작가가 카페에 들어왔다. 낯을 많이 가리는 작가는 카페에 거의 들르지 않는데 그 날은 문득 카페에 찾아왔다. 나는 그 손님에게 이종혜 작가를 소개했고 우리는 함께 대화를 나누게 되었고 소통하게 되었다. (그리고 우리는 많은 시간이 지나고 친분이 두터워진 후 카카오톡 단톡방 이름을 '겨울 소나타'로 정하게 되었다. 바로 이 자작나무숲 그림을 좋아하기 때문에 붙이게 된 이름이다.)

　이종혜 작가와 함께 불가리아 행 여행 길에 올랐던 그 그림은 불가리아에

영구 전시가 되어졌기에 한국에서는 볼 수가 없는 그림이 되었다. 그러나 그 손님께서는 카페에서 우연히 보게 된 그 리플렛 제일 앞장에 있던 그 Riviere 그림에 푹 빠져 버렸다. 결국 그 손님께서는 작가에게 그림 제작 요청을 했다. 같은 배경의 또 다른 그림이 그려지기 시작했다. 이종혜 작가는 그 손님과의 인연에 감사하면서 아주 신나게 그림을 그렸다고 한다. 작가 본인의 그림에 매료되었다 하니 어찌 신이 나지 않을 수 있겠는가? 똑같이 그릴 수는 없지만 그 감성을 다시 불러 일으켜서 그리기 시작했다. 이종혜 작가의 마음 속에 영원히 살아있는 그 배경으로 Magenta 색감으로 표현된 또 하나의 그림이 그려졌다. 보라 빛에 마젠타 색이 묘하게 표현되어진 작품이다. 바닷가에서 막 해가 떠오르는 것처럼 활기와 생기가 느껴지는 일출의 광경이 눈 앞에 그려 지기도 한다. 그러나 그 손님은 그 새로 그려진 Magenta 색감이 마음에 와닿지 않는다고 했다. 물론 이 Magenta tone 느낌의 그림도 좋지만 손님이 처음에 사랑에 빠진 그 그림은 Very Peri tone이었다. 그 손님은 처음 마음에 들어온 Very Peri 그 색감을 원하셨기 때문에 다시 새롭게 그려지고 있다. 이 글이 마무리가 될 즈음 그 그림도 완성될 것 같은 느낌이 든다.

Magenta tone으로 그려진 Riviere 그림은 그 후 여러 전시회에 다녀온 후 나의 카페에도 전시되었다. 이제 내가 그 그림에 마음을 빼앗겼다. 이 그림이 전시회장으로 나가면 내 마음은 허전해지고 아쉬움으로 가득 찬다. 그리고 전시회에 내보내서 그림을 판매해야 하는 작가에게는 미안한 말이지만 다시 내 카페로 돌아오면 어찌나 반갑고 기쁜지 모른다. 어느 날 이 그림이 전시회에 보내졌고 어떤 분이 구매를 할 지도 모른다는 소식이 들려왔을 때 좀 서운하고 아쉬운 마음이 들었었다. 그런데 구매자의 마음이 바뀌어서 다른 그림을 구매했다는 말을 듣고 내심 안도의 한숨을 쉬었다. 나의 카페로 다시 돌아와서 진열될 수 있었다. 나는 이 그림이 내 카페를 다시 떠나기 전에 사진을 많이 찍어 두었다. 이 그림과 헤어져야만 하는 순간을 대비해서 여러 장의 사진을 찍었다. 그것도 부족해서 이 그림을 영상으로 찍고 음악까지 넣어서 편집하였다. 난 이 그림을 처음 보자마자 내 마음에 이 영화의 한 장면과 이 음악이 떠올랐고 작가의 이 그림과 오버랩 되면서 너무 아름답게 느껴지면서도 마음이 많이 아파왔다. 이 순간 나는 작가의 말처럼 작가의 그림이 '화려한 슬픔'을 주는 이유를 느낄 수 있었다. 작가의 그림의 모토인 '외로움' 그러나 외로움, 슬픔 그것을 직접적으로 표현하기를 꺼려했던 작가. 흔들리는 모습을 보여주기 싫었고 무너지기 싫었기 때문에 작가는 감정을 그림 속에 직접적으로 표현하는 것을 싫어했다. 그래서 색 선정에서 화려한 색을 선택하게 되는 것 같다고 말한다. 그래서 작가의 작품은 화려하나 외로움과 슬픔이 묻어나는 것을 느낄 수 있다. '화려한 슬픔'을 표현하면서 작가는 감정을 승화시키고 작품 속에서 해소하고 힐링 하게 되는 것 같다.

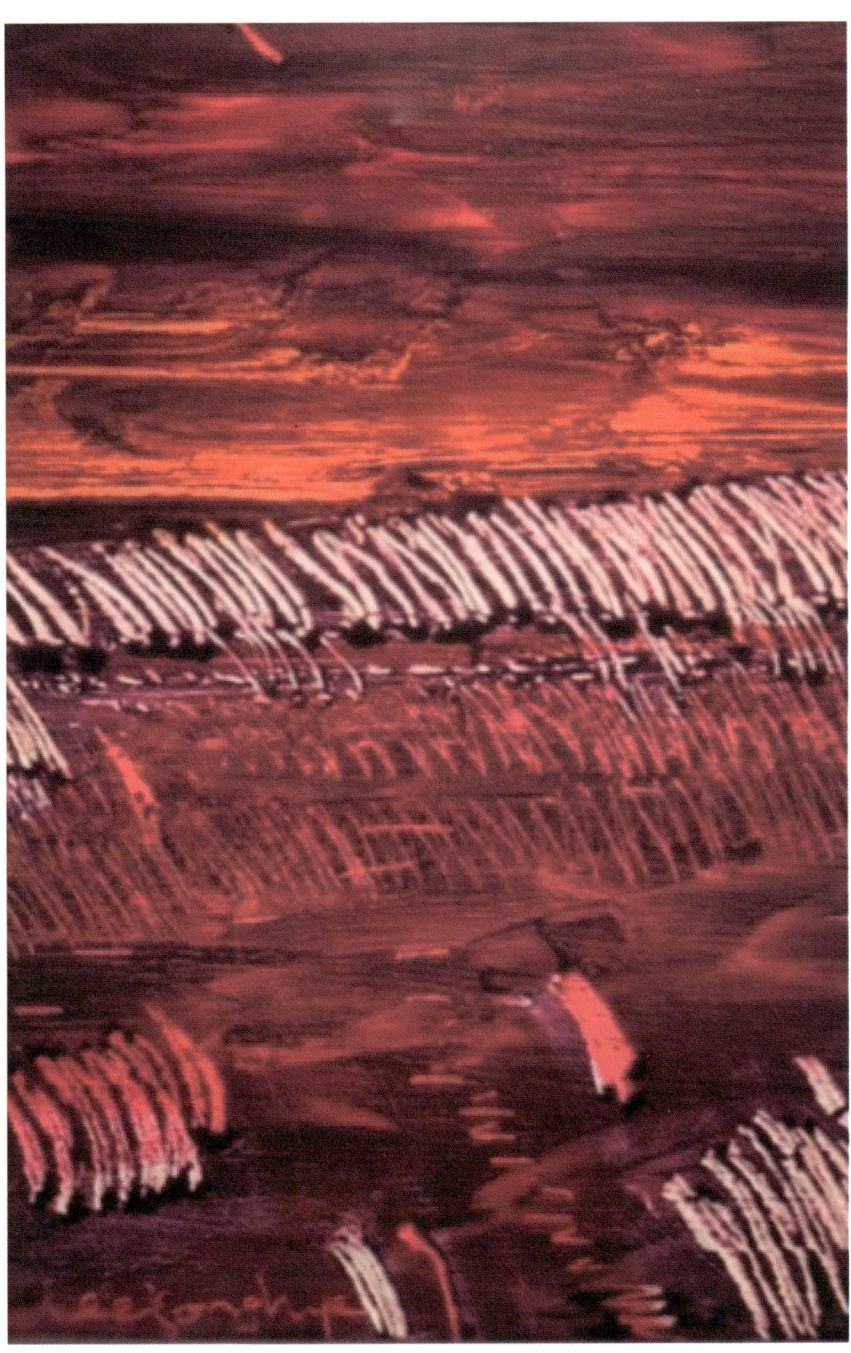

With rapture, 60.6x72.7cm, Acrylic on canvas, 2024

*Tara's Theme From "Gone with the Wind"*

Irish Celtic Folk Melodies, Shenandoah의 피아노 연주가 흐른다. 그 피아노 선율과 함께 이 Magenta 느낌을 지닌 석양의 그림이 떠오른다. 신기하게도 이 그림을 보자마자 나는 어떤 망설임도 없이 이 피아노 선율이 떠올랐다.

이종혜 작가의 그림들은 Riviere (강) 이라는 큰 주제아래 그려진 그림들이 많다. 이 그림의 제목도 특별히 정하지 않고 있었고 이 영화 음악과 관련하여 내 감상평을 듣고 난 후 작가는 이 그림 제목을 정하겠다고 했다. 처음에는 그림 제목을 영화 음악처럼 Tara's Theme는 어떨지 내게 의견을 물어보았다. 나는 그냥 심플하게 Tara 라고 하자고 했다. 그러나 이 곡에 가사를 붙인 Nana Mouskouri의 노래, 'My own true love'라는 노래를 들으시고는 〈My own true love〉라고 정했다. 나도 동의했다. 영화같은 열정적인 사랑을 했던 작가의 그림과 잘 어울리는 제목이라고 여겨졌다. 작가는 전에 어느 인터뷰에서 이런 말을 했던 적이 있다.

> 나는 함부로 사랑하지 않았고 적당히 사랑하지도 않았다.

<My own true love>

My own true love, my own true love.

At last, I've found you, my own true love.

나만의 진정한 사랑, 나만의 진정한 사랑.

드디어, 찾았어, 내 진정한 사랑을.

No lips but yours, no arms but yours

Will ever lead me through Heaven's doors.

당신의 입술 말고는, 당신의 품 말고

천국의 문들을 통과해서 나를 인도할 수는 없을 거야.


I roamed the Earth in search of this.

I knew I'd know you, know you by your kiss.

나는 이것을 찾아 지구를 떠 돌아다녔어.

당신을 알게 될 줄 알았지, 당신의 키스로 당신을 알지.


And by your kiss, you've shown true love,

I'm yours forever, my own true love.

그리고 당신의 키스로, 당신은 진정한 사랑을 보여주었어.

난 영원히 당신 것이야, 내 진정한 사랑


이 곡은 1962년 Mack David와 Max Steiner가 곡을 썼다.

그 이전에 1939년 Gone with the wind-Tara's Theme으로 유명해진 영화음악에 가사를 붙였다. 여러 가수들이 리메이크 했지만 Nana Mouskouri (나나 무수꾸리)가 분위기 있게 부른 노래가 내 감성과 제일 잘 어울렸다. 그 당시 3억장 판매라는 프랑스에서 역대 최대 앨범 판매라는 기록을 보유한 그리스 출신 가수이다. 이종혜 작가도 이 가수의 노래가 제일 마음에 든다고 했다. 작가와 나는 예술적으로 참 잘 맞는 것 같다. 사실 이 노래 가사보다도 이 음악에 더 매료되었지만 책에는 음악을 실을 수 없으니 가사를 올린 것이다.

이종혜 작가는 내가 보내준 음악을 들으면서 그림을 그리고 있다면서 메시지를 보내왔다. 이 그림과 배경이 같은 그림이기 때문에 이 그림과 잘 어울리는 이 음악을 들으면서 영감을 떠올리고 있는 것 같았다. 대학시절 학교 주변에서 카페에서 DJ로 아르바이트 하던 시절에 클래식과 영화음악에 빠졌던 시절을 추억할 수 있었다고 한다. 참 신기하다. 난 작가에게 답했다.

> "언니, 우리 또 통했어요. 같아요. 같은 음악을 들으면서 언니는 그림을 그리고 나는 글을 쓰고…"

나는 가끔 나의 카페 밖으로도 와서 감성을 느낄 수 있는 공간에서 글을 쓴다.

의왕 근교의 백운호수에 위치한 Green Flag Café 한 켠. 나는 가끔 저녁에 이곳으로 와서 작가에 대한 글을 쓴다. 주변 사람들의 이야기 소리가 나에게 영향을 주지는 못한다. 나의 글, 작가의 이야기에 집중하기 때문이다. 이 날은 이어폰을 꽂고 이 음악을 들으면서 이종혜 작가의 그림을 바라보니 작가 이야기가 잘 써졌다. 또 작가가 이 그림과 'Tara's Theme'를 연결한 내 생각에 동의할지 궁금했는데 작가가 같이 공감해주니 너무 기뻤다. 진짜 너무 좋았다. 작가의 지인은 이렇게 말했다고 한다.

> 이종혜 작가의 그림은 음악적인 것 같아요. 그림에 음악이 묻어 있어요. 다시 말하면 이종혜 작가의 그림은 음악적으로 그려지고 있는 것 같아요.

작가의 그림을 보면 음악이 생각나는 이유가 있었다는 것을 깨달았다.

작가가 이 세상에서 좋아하는 것 세가지 문학, 그림, 음악이라고 한다. 예술가다운 멘트이다.

인제의 겨울 자작나무숲 그림이 〈겨울 소나타〉〈비발디 사계 중 겨울 2악장〉으로 그렇게 내게 다가왔고, 제주도 바다를 배경으로 그려진 강이라는 그림도 〈Tara's Theme〉로 그렇게 내게 다가왔다. 〈겨울 소나타〉〈비발디 사계 중 겨울 2악장〉 그리고 〈Tara's Theme〉

이제는 이 제목만 들어도 나는 작가의 그림과 작가의 영화 같은 삶이 떠오르고 그 세계로 빠져드는 것 같다. 아무튼 참 신기한 일이다. 그 카페라떼 손님과 이종혜 작가 그리고 나는 어떤 공통점이 있는 것 같다.

감수성이 서로 통한다. 서로 너무나 다르지만 공통점이 있는 사람이라는 생각이 든다. 서로 통하는 감성으로 세월의 어느 한 순간에 만나서 이렇게 인생의 어느 길을 함께 갈 수 있다는 것이 신기하다. 우리는 여러 운명을 마주하고 살고 있다. 우연한 그 운명이 필연이 되기도 하듯이 이 운명 같은 만남은 또 하나의 필연을 만들어 가고 있다.

작가의 지난 시절을 작가와 대화를 통해서, 그리고 그림을 통해서 함께 추억해보았다. 작가는 내게 제부도의 계절들을 보여주고 싶다고 말했다. 그 마음이 너무 애틋하고 애잔하게 들렸다. 1998년부터 2006년 8년 동안 작가는 삶과 치열하게 싸우던 시절로 슬픔과 외로움이 공존하던 시절이었다. 이렇게 작가는 외로울 때면 제부도와 백운호수를 갔다. 강을 보면 힐링이 되어서 매일 간 적도 있다. 외로움에 제부도 찾아갔을 때 제부도 낙조를 보면서 외로움이 해소되었다. 고등학교 시절에도 뒷동산에 해가 넘어가는 그 순간에 슬픔이 최고조가 되면서 외로움이 결국은 해소가 되었다. 이 시절에 작가는 제부도의 사계절을 바라보면서 수채화로 표현했다. 오랜 시간 놓고 지냈던 비구상의 그림들, 학창시절에 비구상의 능력을 지녔던 작가는 점점 그 빛을 잃어가고 있었는데 이 시절의 제부도 여행으로 비구상을 다시 다지기도 했다. 그 당시 작가가 바라보던 자연은 기쁨이기보다는 슬픔으로 느껴졌다. 작가는 그 시절의 슬픔과 외로움을 그림으로 승화시켰다. 지금까지 작가 그림의 큰 제목은 'Riviere(강)' 이었다.

물은 심상이 가라앉는 느낌이고 심연으로 빠져들다가 가라앉아 버리는 듯한 느낌이다. 작가는 외로움과 슬픔을 드러내기 싫어서 화려하게 표현했지만 작가의 그림 톤은 'Deep and blue night'로서 외로움과 슬픔이 엿보인다. '화려한 슬픔' 그 자체였다.

연가, 53.0 x 72.7cm x 2ea, Acrylic on canvas, 2023

다가오는 봄, 4월에는 진도로 레지던시를 떠나게 된다. 진도에서의 그림까지 '강'을 주제로 하려고 했으나 작가의 마음에는 변화가 왔다. 그동안의 그림의 큰 주제가 '강'이었으나 이제는 그림의 소재를 '나무, 풀, 꽃'과 같은 희망적인 소재로 꿈과 미래가 그려지는 밝은 그림을 그리려고 한다.

사실 지난 겨울, 1월 연초부터 옐로우 톤으로 그림을 그리기 시작했다. 그래서 코엑스 전시회에서 Riviere 작품과 함께 옐로우 톤의 그림을 선보였으나 아직은 낯설었던 작업이었다. 그러나 밝은 빛이 마음에 스며든 것은 사실이다. 진도 레지던시가 작가의 운명을 바꿔주는 시간이 될 것 같아서 기대가 된다고 했다. 나는 새로운 계절과 함께 변모하게 될 작가의 그림을 함께 꿈꿔본다.

<이종혜 작가의 그림 세계>

진도 별곡, 55X77cm, Watercolor on Pannel, 2025

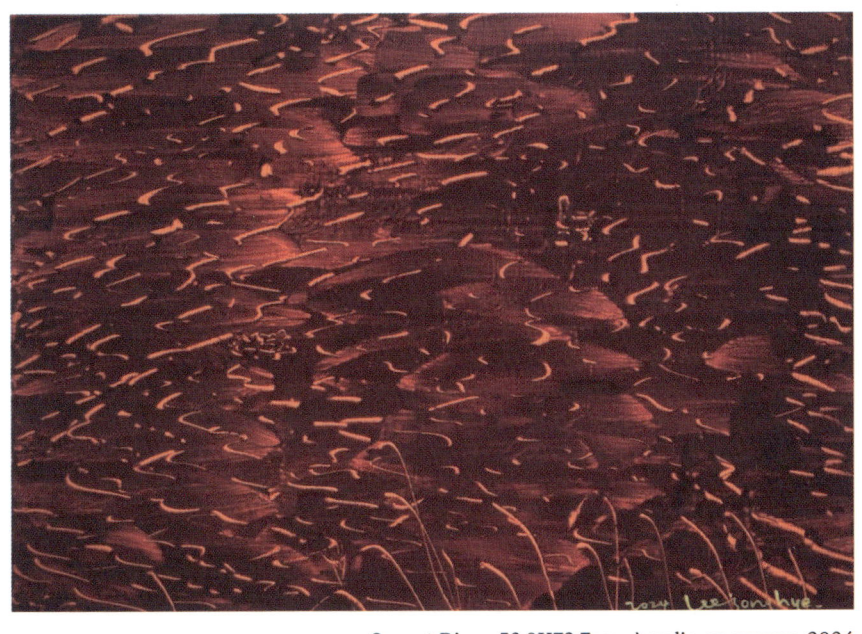

Sunset River, 53.0X72.7cm, Acrylic on canvas, 2024

황홀한 밤 53.0X72.7cm, Acrylic on canvas, 2024

폭우, 53.0x65.1cm, Acrylic on canvas, 2024

Splendid night, 53.0x72.7cm, Acrylic on canvas, 2024

Nocturn, 49.0x53.0cm, Acrylic on canvas, 2025

산사의 밤, 53.0x65.1cm, Acrylic on canvas 2025

With rapture, 45.5X45.5cm, Acrylic on canvas, 2024

With rapture, 53.0x72.7cm, Acrylic on canvas, 2024

# 이종혜 Lee Jong Hye

홍익대학교 미술대학원 회화전공 졸업 성신여자대학교 서양화과 졸업
2025~2023 월드아트엑스포(서울COEX)
2025~2020 보령미술 해를 품다 전(보령문화예술회관 외)
2025~2019 불가리아 레지던시 및 전시(Light House)
2025~2019 한.루마니아 전(Helios Gallery/Mansarda Gallery 외)
2025~2011 한국수채화페스티벌(성남아트센터808갤러리 외)
2025~2008 안양미술협회전(안양아트센터)
2025~2007 한국수채화협회전(인사동라메르갤러리 외)
2025 진도사립미술관기획-'미술관에서 길을 묻다'전
(진도현대미술관/여귀산미술관/솔마루미술관)
2023 제 3회 Balchik International Fine Art Exhibition & Creating Work
(LightHouse & SPA RESORT 내 전시갤러리) 불가리아
2020 인천국제아트페어, 광주국제아트페어
2016 한, 중국제예술제전(중국하얼빈958미술관)

**활동경력**

대한민국 미술대전 비구상 부문 심사위원
한국수채화협회 공모전 심사위원
안양미술협회 서양화 분과위원장 역임
(현) 한국수채화협회 & 한국미술협회 이사
(현) 안양미술협회 & 대한민국·루마니아 국제미술교류회 사무국장
(현) 소장처 안양시청/불가리아SPA RRSORT 내 전시갤러리/루마니아 티미쇼아라서부대학/진도여귀산
  미술관 레지던시(공모)
2025 진도여귀산미술관
2025/2023 불가리아 Balchik International Fine Art Exhibition & Creating Work
(Lighthouse & SPA RESORT 내 전시갤러리)

E-mail : stellar8040@naver.com

2 p.m. l 116.8x91.0cm l Acrylic on canvas

# 소소한 일상

박영희

점심 식사 후 오후 2시.

한가롭게 커피 타임을 즐기는 소소한 행복을 표현한 작품으로 평촌 귀인동 학원가에 위치한 〈커피시대〉에 걸려 있는 박영희 작가의 작품이다. 이 그림은 6년이라는 〈커피시대〉의 역사와 함께 해오면서 카페에 오시는 모든 손님들에게서 사랑받고 있는 작품이다.

이 그림과의 인연은 2019년 봄, 카페 개업과 함께 시작되었다. 아니 2018년 12월에 시작되었다고 해도 과언이 아니다. 그 무렵 나는 카페 오픈 준비로 바쁜 시기였다. 어느 날 나는 〈그림일기〉라는 빈티지 드레스 숍을 방문하였다. 사장님의 지인이 인사동에서 전시중이라서 인사동으로 가려는 중이었다. 나도 함께 가보고 싶었지만 가게 오픈을 앞두고 있었기에 나는 시간적 여유가 없어 인사동 전시회 나들이를 아쉽지만 포기했다. 인사동 전시회 나들이를 아쉽지만 포기할 수밖에 없었다. 그렇게 그 겨울이 지나갔다. 2019년 새 봄. 3월 〈커피시대〉를 오픈하면서 커피라는 새로운 세계로 뛰어들어 바쁜 일정을 보내고 있었을 때, 나는 지인으로부터 그림 하나를 소개받았다. 그 그림을 보는 순간 나는 깜짝 놀랐다. 마치 〈커피시대〉의 시작을 예견한듯한 그림이었다. 나는 그 그림이 첫눈에 마음에 들었다. 50호의 그 큰 그림이 카페 한 쪽 벽면에 걸리는 순간 이 그림은 가끔 손님들에게 오해를 불러일으키기도 했다. 나는 손님들에 의해서 화가 아닌 화가가 되어 있었다. 카페를 처음 방문하는 손님들은 그 그림을 마치 내가 그린 것으로 착각을 할 정도였다. 손님들은 나의 외모와 스타일에서 풍기는 이미지가 그림과 잘 어울린다고 사람들은 이구동성으로 말했다. 그림속의 바리스타도 나처럼 모자를 쓰고 있었고 그림 속의 의자조차도 내 카페의 의자와 모양이 비슷했기 때문이었다. 그리고 가끔 카페 창밖에서 이 그림의 밝고 강렬한 색감에 이끌려서 카페 안으로 들어오게 되는 경우가 종종 있다고 한다.

그 후 〈커피시대〉 인테리어의 대명사로 불리울 정도로 〈커피시대〉를 찾는 손님들에게 인기있는 그림이 되었다. 앤틱한 스타일의 갈색 가구들로 인해서 카페의 분위기는 약간 어두운 톤이었는데 이 그림의 밝고 화려한 색감이 카페에 생동감 있는 분위기를 불어넣었다. 이런 느낌은 바로 박영희 작가의 모든 그림들이 주는 제일 큰 장점이라고 생각한다. 살아있음. 생동감이 강하게 느껴진다. 박영희 작가를 처음 소개받았을 때 그녀의 이력을 듣고 깜짝 놀랐다. 그 당시 초등학교 교사로서 재직중이었는데 미술을 전공하지 않으신 아마추어 작가로서 인사동 '루벤 갤러리'에서 개최한 첫 개인전인 것이라고 했다. 교사 로서의 삶과 주부 로서의 삶만으로도 바쁜 삶이라는 것은 당연한 일인데 개인전을 개최할 정노의 열정을 지닌 것에 놀라지 않을 수 없었다. 그런 작가의 의미 있는 첫 개인전의 작품과 나의 〈커피시대〉가 인연을 맺다니 너무 기뻤다.

박영희 작가는 어린 시절 예천에서 어린 시절을 보냈다. 7녀 1남, 8남매 중에서 둘째 딸로 태어났다. 초등학교 시절 그린 그림을 보고 선생님이 무엇을 그린 것인지를 작가에게 물으면 그림을 말로 풀어 내었고 선생님이 칭찬해주시는 것에 한껏 우쭐해지곤 했다고 한다. 그 결과 선생님이 큰 미술 대회에 추천해 주셔서 참여할 수 있게 된다. 그것을 계기로 미술에 대한 자신감을 가질 수 있었다고 작가는 회상하면서 초등학교 2학년 때 학교 대표로 미술 대회에 처음 참가했던 기억이 가슴에 깊은 인상을 주었다고

했다. 그래서 나는 그 대회에서 큰 상을 받았을 것이라고 생각했다. 그러나 그것과는 정 반대였다.

아주 오래된 추억이지만 작가는 그 날 미술 대회의 주제를 명확하게 기억하고 있었다. 주제는 '비 오는 날 아침' 이었다. 나는 그 주제도 놀라웠다. 시골 초등학교 사생대회의 주제가 참으로 시적이었다. 그리고 더 놀라운 것은 작가는 상을 타지 못한 그 대회 참가로 인해서 오히려 꿈을 갖게 되었다고 했다.

> '다음에는 제대로 배워야겠어! 나는 잘 할 자신이 있어!'

작가는 미술 대회에 참가해서 상을 타지 못했다는 것 보다 더 중요하게 생각한 것은 학교 대표로 미술 대회에 뽑혔다는 사실 자체에 더 자부심을 느꼈다. 어떤 사물이나 어떤 사건을 바라보는 작가의 시선이 다른 사람들과는 달랐던 것을 나는 느낄 수 있다. 세상을 바라보는 시선이 남다르다는 것은 작가의 학창시절 수업 시간에서도 드러났다. 학교 수업을 들으면서 작가는 선생님이 시험 문제를 낸다면 어떻게 내게 될지를 다각도로 생각했다. 사물과 상황을 다르게 바라보는 눈과 마음을 가지고 있다는 것은 작가에게 아주 특별한 장점으로 작용했고 작가의 천성적으로 타고난 심미안을 발전시켜서 후일에 작가는 작가만의 그림 세계를 펼쳐 나갈 수 있었다.

작가는 고등학교 때 안동에 있는 학교로 진학을 하게 되었다. 현명하고 사랑이 많은 부모님 덕택에 안동이라는 큰 도시로 와서 대학 진학을 위해서 공부하게 되었다. 작가의 이야기를 들어보니 현대판 '폭삭 속았수다'를 떠올리게 했다. 그녀는 미대로 진학하고 싶었지만 막상 용기가 나지 않아서 전공을 다른 것으로 선택하게 되면서 그림과는 멀어지는 듯했지만 작가는 그 어느 순간에도 꿈을 내려놓지 않았다.

　친구들이 서울까지 레슨을 받으러 다니면서 미대를 목표로 공부하는 모습을 보면서 자신의 상황으로는 많이 부족함을 느꼈고 그 당시의 작가 상황으로는 미대 진학은 어렵다는 것을 현실적으로 인지했다. 서울 미대 목표로 준비하는 친구들의 모습은 작가에게 놀랍고 부럽게 느껴졌지만 그것이 그녀의 그림에 대한 꿈을 지울 수는 없었다. 작가는 학창시절 항상 데생에 소질이 있다는 말을 들었고 칭찬도 많이 받았지만 채색에 있어서는 부족하다는 것을 알고 있었다. 그래서 미래 언젠가는 채색 분야를 공부해서 채워 나가리라고 다짐했다. 작가는 그렇게 스스로 부족함이 무엇인지를 현실적으로는 깨달았지만 미래를 위해 준비하려는 마음을 갖고 있었다. 항상 미래를 꿈 꾸는 모습은 잃지 않았다는 것은 정말 놀라웠다. 현실이 미래의 꿈에 전혀 장애라고 전혀 생각하지 않았다.

　그렇게 그림은 작가의 어릴 적 꿈이었고 그 꿈은 어른이 되어서도 놓지 않았고 작가의 마음 한 구석에 자리하고 계속 살아서 숨쉬고 있었다. 작가의 그런 자존심과 자존감은 정말 존경스럽게 느껴졌다.

작가는 교대에 진학하였고 강릉에서 첫 교편 생활을 시작했다. 그곳에서 잠시 그림의 꿈을 펼쳐보았지만 지속하지 못했다. 그리고 결혼하여 안양에 정착하고 화구를 준비하여 문화센터에 나가면서 두 해 정도 그리다가 자녀 육아 문제로 화구를 다시 접어야 했다. 교직 생활과 함께 가정 생활, 육아를 하면서 그림에 대한 꿈을 펼칠 수는 없었다. 대신 작가는 교직 생활을 하면서 만난 아이들의 순수한 미술세계를 바라볼 수 있었던 시간을 소중한 추억으로 간직하고 있었다. 미술 수업 시간에 참여한 반 아이들의 작품을 모두 게시하였다. 수업 시간 내에 완성하도록 강요하지 않고 완성이 덜 된 그림이라 할 지라도 아이들이 그린 그림 있는 그대로의 모습을 의미 있게 생각하였기 때문이다.

그 후 많은 세월이 흐르고 드디어 그녀에게 그림을 배울 수 있는 시간이 주어졌다. 본격적인 그녀의 그림 인생의 시작은 15년전으로 거슬러 올라간다. 자녀들의 고등 교육이 마무리되어 갈 즈음, 40대 후반 기에 접어든 작가는 정식으로 미술 수업을 받기 시작했다. 마치 미대 입시생처럼 학원에서 미술 공부를 시작했다. 안양 귀인동에 위치한 학원에서 6년 동안 수채화를 배우면서 기본기를 탄탄히 다졌다. 그 이후 뜻을 같이하는 화우들과 공유 화실 만들게 된다. 학교 수업 일정이 있었기에 주말에 시간을 내서 그림을 그렸다.

그러나 구상할 수 있는 혼자만의 공간이 필요했기에 집에 화실을 마련하였다. 작가는 학교에 출근하기 전 이른 새벽에 자신만의 공간에서 사색을 하고 그림을 그릴 수가 있었다. 그 후 교원 미전, 경기 수채화 협회전 등 여러 단체전에 참여하며 경험을 쌓았다. 그리고 마침내 그림을 다시 시작하고 8년 만인 2019년 겨울, 인사동 '루벤 갤러리'에서 첫 개인전을 열었다.

갤러리 전시장의 조명이 박영희 작가의 그림들을 밝게 비추는 순간… 바로 작가의 긴 여정을 거쳐온 노력의 흔적들이 빛을 보는 순간을 마주한 작가의 마음을 생각해보았다. 그 감동의 순간에 내가 그 자리에 없었던 것이 많이 아쉬웠다. 예전 같으면 만사 제치고 전시장으로 달려갔을 텐데 그럴 수가 없었다. 나의 제 2의 인생의 오픈을 앞둔 상황이라서 아쉽지만 전시회 관람은 눈 딱 감고 포기할 수밖에 없었기 때문이다. 그런데 그 전시회장에 있던 이 그림이 나의 운명과 함께 할 그림이 되다니… 너무 놀라운 일이라고 느껴졌다.

## 2019년 〈루벤〉과의 첫 인연, 박영희 작가의 개인전의 전시 주제: '쉼(休) – 꽃피다'

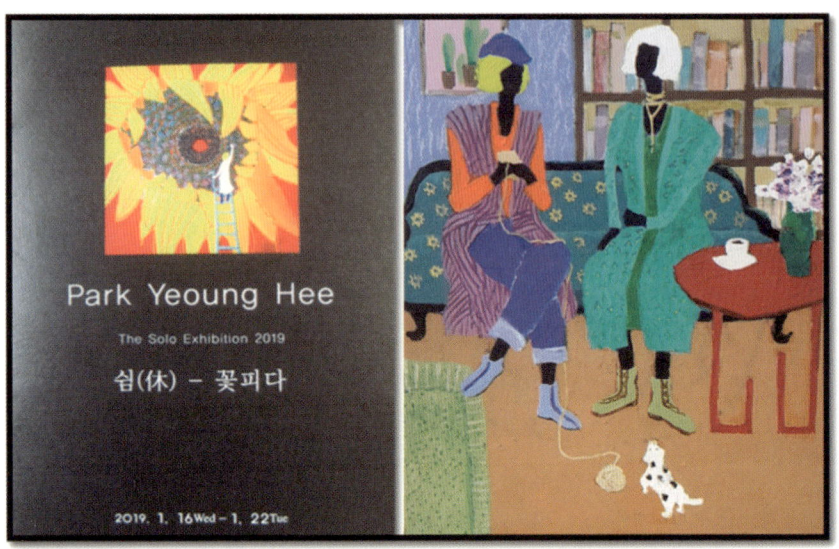

　나는 전시회 나들이는 못했지만 나중에 작가의 작품들을 몇 점 만나게 된 기회가 있었다. 작가의 〈갤러리 루벤〉에서의 첫 전시회 작품들이 참 좋았다. 또 하나 탐이 났던 작품은 〈소소한 일상〉이라는 작품으로 두 여인이 차를 마시고 뜨개질을 하면서 대화를 나누는 장면이다. 이 작품은 나의 카페 한 켠의 작은 테이블 위에 놓고 싶었다. 어느 날 카페에서 친하게 된 손님이 있었는데 그 손님도 그림을 좋아하였다. 그 손님과 그림 이야기를 나누던 중 나의 휴대폰에 저장되어 있던 이 그림을 그 손님에게 보여줬다. 그 손님도 나처럼 단번에 마음에 들어 했다. 이 그림은 내가 자주 가던 〈그림일기〉라는 빈티지 샵에 놓여있던 것이라서 손님에게 연결을 해드렸고 그 손님이 이 그림을 구매하게 되었다. 그리고 그 그림은 손님의 거실 한 쪽 벽면에 있는 테이블 위에 디스플레이 되었다. 물론 아쉬운 마음은 감출 수 없었지만 이

그림이 나의 카페가 아니더라도 멀지 않은 나의 손님 댁에 예쁘게 자리하고 있다는 생각을 하면 마음이 행복해졌다. 나는 이 그림을 소장할 기회는 갖지 못했기에 이 그림이 있는 풍경의 사진만이라도 간직하고 싶어서 그 손님에게 사진 한 장을 요청했다.

소소한 일상 | 40.9x27.3cm | Acrylic on canvas

작가의 그림이 놓인 사진 속의 풍경은 너무 아름다웠다. 거실 한 켠이 아름답고 사랑스럽게 꾸며져 있었다. 작가의 그림을 구매한 사람의 마음과 인품을 내가 잘 알기에 내 마음까지 너무 행복해지는 마음을 느낄 수가 있었다.

널 위해 해도 따줄게! 72.7x72.7cm

첫 개인전에서 작가에게 특히 의미 있는 그림이 하나 있다. 〈널 위해 해도 따 줄게!〉 첫째 아들의 결혼 기념으로 작가가 그 첫째 아들에게 선물한 그림이다. 해도 따줄 수 있을 만큼 사랑한다는 의미를 두고 그렸다고 한다. 이 그림을 보면서 아들은 엄마와 함께 어린 시절로 다시 한번 날아가는 경험을 해보았을 것 같다. 해바라기를 묘사한 작가의 상상력이 내게 너무 아름답게 느껴지는 그림이다. 노란 해바라기 꽃잎 안에 박혀 있는 수많은 해바라기 꽃씨는 작가와 아들이 함께 보낸 추억이 아니었을까? 엄마의 어린 아들이었던 아이가 청소년기를 지나 성인이 되고 한 가정의 가장이 되기 위한 관문인 결혼을 앞두고 있는데 이런 동화 같은 그림을 그려서 선물하다니… 작가처럼 나도 두 아들을 둔 엄마로서 나는 작가의 마음을 헤아릴 수 있을 것 같았다. 아주 오랜 옛날 아들에게 동화책을 읽어주던 엄마의 마음 그대로 아들을 사랑한다는 것을 전하려는 것이 아니었을까? 엄마의 마음이 아들에게 고스란히 전해졌을 것 같다. 그 아이는 어른으로, 엄마는 화가로서 성장하여 아들에게 엄마의 사랑이 담긴 첫 개인전의 작품을 선물하다니 따뜻한 엄마의 마음이 읽히면서 존경스러운 마음이 들었다.

## 2022년 〈루벤〉과의 두 번째 인연,
## 박영희 작가의 개인전의 전시 주제 : 소소한 일상

    2022년 〈갤러리 루벤〉과의 두 번째 개인전을 열었다. 나는 마음 같아서는 시간을 내서라도 전시회에 가고 싶었지만 그때도 카페 운영상의 이유로 전시회에 선뜻 갈 수 있는 상황이 아니었다. 박 작가의 두 번째 전시회를 안내하는 리플렛을 보았을 때 마음에 쏙 드는 그림이 하나 있었다. 바로 〈수퍼밴드〉라는 작품이다. 저마다의 악기를 들고 흥이 나서 연주를 하는 모습이다. 바로 내 눈 앞에서 저들이 연주하는 모습을 카페 테이블에 놓인 리플렛이 아닌 갤러리 불빛 아래서 만나고 싶었다. 음악을 좋아하는 이유 하나 만으로도 그 그림은 내 마음을 충분히 가득 채울 수 있을 것 같았다.

Super Band 116.7x90.9cm Mixed media on canvas 2021

작가는 그 작품에 대해서 이렇게 얘기했다.

> "언제인가 TV 방송 프로그램에서 밴드 써바이벌 프로그램을 방영한적이 있어요. 제가 애정하는 프로그램이었지요. 그리고 주부들이 밴드 동아리 활동하는 것에 착안해서 제 그림에도 <슈퍼밴드>라는 타이틀로 작품을 만들게 되었지요."

나는 작가의 리플렛을 카페 테이블 위에 마치 작은 갤러리처럼 예쁘게 디스플레이 해 놓고 카페를 방문하는 손님들에게 작가의 전시회를 애정 어린 마음으로 소개했다. 내가 인사동 전시회에 가고 싶은 마음을 손님 편에 담아서라도 보내고 싶었다.

박영희 작가의 전시회가 한창 열리고 있던 어느 날 어느 손님께서 카페 테이블 위에 예쁘게 디스플레이 되어있는 그 리플렛의 그림에 관심을 보였다. 나는 큐레이터가 된 것처럼 그 그림에 대한 이야기와 작가에 대한 이야기를 하면서 마음이 행복해지는 것을 느껴졌다. 참 아름다운 경험이었다. 그 후 그 손님은 지인과 함께 인사동 전시회장을 방문해서 내가 좋아하고 내가 갤러리 현장에서 직접 보고 싶어했던 그 <Super band> 라는 그 그림을 구매했다. 나는 그 작품을 전시장에서 직접 만나볼 기회를 갖지 못하고 떠나 보내게 되어 아쉬움이 컸지만 작품을 구매한 손님과 작가에게 큰 기쁨을 줄 수 있었기에 마음이 흐뭇했다.

작가는 이렇게 전시회를 통해서 또는 작은 리플렛를 통해서 우리에게 다가와서 우리가 아름다운 마음으로 작품을 바라볼 수 있는 시간을 선물해주곤 한다. 화가라는 직업은 그래서 아름답게 느껴지는 것 같다. 박 작가도 역시 이 순간을 위해서 오랫동안 준비해왔고 노력했고 기다려왔고 마침내 그 날을 맞이하게 되었다. 작가는 한 가정에서는 아내로서, 엄마로서, 주부로서 살아가면서 학교에서는 어린 학생들을 가르치는 교사로서 삶을 성실하게 리드해 나가면서 화가로서의 삶을 꿈 꾸는 것을 한 순간도 잊지 않았다. 그리고 그 꿈이 현실에서 이루어질 수 있도록 한발한발 실천해나간 작가에 대해 존경심을 느끼지 않을 수 없다.

이런 새로운 길을 걷는 작가 곁에는 묵묵히 그 세월을 함께 곁에서 응원과 격려를 아끼지 않았던 남편이 있었다. 작가가 남편에게 그림에 대한 꿈을 선언한 이후 남편은 적극적으로 작가를 도왔다. 아내의 꿈을 지켜낼 수 있도록 전시회가 있을 때 마다 작품의 출품과 반출을 도맡아 해주는 등 남편이 할 수 있는 지원은 다 해주었다고 한다.

그리고 작가 곁에는 또 하나의 응원군이 있었다. 바로 작가의 친정 가족들이었다. 8남매의 응원이었다. 그리고 여기서 또 하나 기억할 것은 작가에게 흐르고 있는 예술적 감성의 피다. 바로 주변의 가까운 친척들도 화가로서 활동을 했다는 점이다. 그러나 이렇게 예술적 감성의 재능이 이어져 왔다 할지라도 작가의 끈기가 없었더라면 지금 현재 화가로서의 작가의 모습은 볼 수 없었을 것이라고 생각한다. 어느 화가의 말이 생각난다.

> 예술적 천재성, 예술적 재능만이 훌륭한 예술가를 탄생시키지는 않는다. 그 예술성을 지켜낸 '끈기'만이 진정한 재능이다.

그러나 그런 작가에게 시련이 다가왔다. 교사직을 은퇴하고 그림에 집중하면서 자유롭게 화가의 길을 걷고 싶었지만 새로운 난관이 작가에게 다가왔다. 작가 본인의 건강에 적신호가 엄습했다. 작가의 그림 인생에 있어서 최대의 위기였다. 가장 안타까운 것은 말 그대로 든든한 지원군이었던 남편의 건강 상황도 위기가 닥쳐왔다. 그 일은 작가를 많이 위축시켰고 사람과의 관계를 좋아하던 작가의 마음을 닫게 하는 상황까지 이어졌다. 사람과의 대화도 싫어 지고 마음이 점점 힘들어갔다. 그러나 남편의 건강도 어느 정도 회복이 되었고 작가가 그림에 대한 열정이 식지 않도록 남편은 계속적인 격려와 응원을 해주었다. 아픈 상황에서도 한결같은 마음으로 아내의 꿈을 지켜주려는 남편의 마음은 정말 감동적이었다. 작가가 그 힘든 시기를 지나 지금의 모습으로 다시 일어설 수 있었던 것은 남편의 사랑과 응원이 있었기에 가능했다. 그리고 작가는 어떤 순간에도 손에서 놓지 않았던 그림을 통해서 몸과 마음의 상처를 치유 받았고 다시 세상과 소통하기 위해서 밖으로 나올 수 있었다.

> 그림 그리는 것이 내가 힘든 시간을 견뎌 나갈 수 있는 위로의 시간을
> 안겨주었어요. 그림을 그리는 시간은 나를 힐링시키는 순간이었어요.

작가에게 기쁨과 자존감과 성취감을 안겨주었던 그림이 이제 작가의 삶에 진정한 위로를 건네주고 있다는 것을 느낄 수 있었다. 그림은 작가에게 있어서 변함없는 진정한 친구이다. 작가가 어려운 시기를 버텨 나갈 수 있었던 것은 그림이 항상 작가 곁에 있어주면서 작가를 그냥 내버려 두지 않았다는 사실이다. 이 힘든 시기에 그림은 '크로키'라는 영역 안으로 작가를 데리고 와서 작가가 꾸준히 그림 그리는 작업을 수행해 나가도록 이끌었다. 작가는 최근에도 크로키 공부를 꾸준히 이어가고 있다. '크로키'는 프랑스어로 '스케치'라는 뜻이다. 몇 분이라는 짧은 시간 동안 포즈를 취한 모델의 형태를 빠르게 스케치하는 방식으로 관찰력과 구조에 대한 이해가 필요하다. 회화 등 다른 미술 작품을 만드는 기반으로 사용되기도 하지만 크로키 그 자체로서 작품이 될 수도 있다. 작가는 주 1회 3시간씩 크로키 수업을 받는다. 짧은 시간 안에 그려지는 것이기 때문에 완성된 그림이 아닐 수도 있지만 작가는 크로키 그 자체의 멋을 즐기고 있다. 작가는 크로키와 함께 꾸려가는 시간들을 이렇게 말한다.

> 나의 미술 인생에 있어서 위기의 시간을 크로키와 함께 극복해냈다고
> 해도 과언이 아닙니다.

갤러리 '루벤'의 두 번째 개인전에서 작가는 여인의 누드 크로키 작품을 선보였다. 연필로 그린 크로키 그림에 여러 재료를 사용하여 그림을 그렸는데 특히 톱밥을 이용하여 그린 그림이 내게 인상적으로 느껴졌다. 크로키에 대해 화가들 사이에 이런 얘기가 있다.

> 크로키 그림을 그리는 종이가 작가의 키만큼 쌓이게 될 정도가 되면 작가가 내보일 수 있는 크로키 작품이 나온다.

박영희 작가는 충분히 그런 세월을 기꺼이 감당하면서, 또는 즐기면서 멋진 크로키 작품을 관객에게 선보일 것이라고 믿는다.

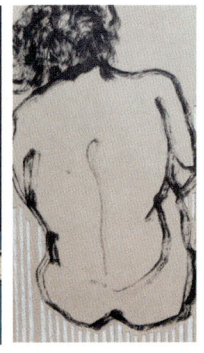
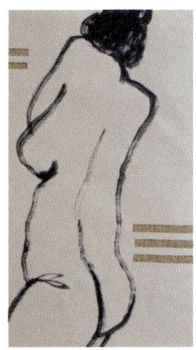

22.0x22.0cm      18x28cm      18x34.0cm

Y의 소소한 일상 35.0x27.0cm, Acrylic on Canvas

소소한 일상-삐딱하게 27.0x27.0cm, Acrylic on Canvas

인생은 즐거워 90.9x72.7cm, Acrylic on Canvas

그녀들의 오후 53x45.5cm, Acrylic on Canvas

환희2, 116.8x91.0cm, Mixed media on Canvas

설레임, 53.0X45.0cm, Mixed media on Canvas

작가만의 특유한 감성과 상상력으로 탄생한 꽃 그림인 것 같다. 새 봄에 새롭게 피어난 꽃이 봄에 대한 새 희망과 함께 설레임 까지도 느껴지는 작품이다.

2022년 10월 말, 가을의 끝자락에 인터콘티넨탈 호텔에서 '뱅크 아트 페어'가 개최되었다.

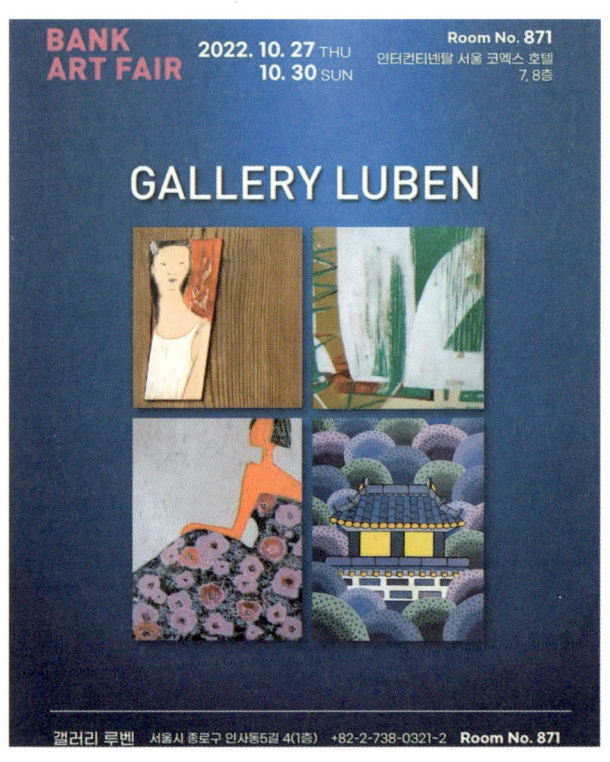

'뱅크 아트 페어'는 갤러리 루벤의 초대로 4인의 작가와 함께 참여했다.

모델 40.9x27.3cm

 이 〈모델〉 그림은 어느 갤러리 관장으로부터 좋은 반응을 얻었고 판매로 이어졌다.

## 2023년 12월 박영희 초대전 소소한 일상 II

소소한 일상II, 115x65cm, Acrylic on Canvas

2023년이 저물어가던 12월의 어느 날, 나의 카페와 가까운 곳에 위치한 평촌 새중앙교회 〈로뎀 갤러리〉에서 진행되었던 박영희 화가의 전시회를 갔었다. 이제는 더 이상 박영희 작가의 전시회를 놓치지 않겠다는 마음을 먹었지만 또 하루하루 날이 흘러가고 있었다. 그러던 중 나의 병원 건강 검진 일정으로 인해서 마침 하루 여유가 생겼다. 전시 마지막 날이었기 때문에 서둘러서 전시장을 찾아갔고 겨우 볼 수가 있었다. 갤러리에서 처음으로 만난 작가의 작품들이 전시장 조명을 받으면서 내게 환하게 미소를 보내는 것 같았다. 〈로뎀 갤러리〉 전시회를 앞두고 코로나 상황에서 미뤄졌던 일정이었다.

모두가 소원하던 대로 코로나 시대가 막을 내리고 2023년 안정을 찾게 되면서 12월 겨울의 시작과 함께 다시 만나게 되었던 전시회였다. 그녀의 밝고 온화하면서 생동감 넘치는 분위기로 코로나로 많이 지쳐 있었던 사람들의 마음을 그 겨울에 따뜻하게 덥혀 주었던 기억이 떠오른다.

전시회 주제는 〈소소한 일상 II〉로 이어졌다.

이 소소한 일상의 그림들은 관람객인 일반인의 마음에 자연스럽고 편안하게 스며들면서 쉽게 공감할 수 있는 것 같다. 그래서 작가의 작품은 좋은 반응을 얻고 있다.

<그림1> 전시회 1 53X45cm, Mixed media on Canvas
<그림2> 외출 45X45cm, Acrylic on Canvas
<그림3> 지난 여름 속초 여행, 45X45cm, Acrylic on Canvas

〈그림 1〉, 〈그림2〉, 〈그림 3〉은 어느 개인 병원이 확장하면서 구입하였다고 한다. 환자들이 밝은 빛의 이 그림을 보면서 환자들에게 잠시 마음의 여유를 줄 수 있기를 바란다고 말했다.

벽화 2024                              벽화 2024

이 작품은 〈그림일기〉라는 드레스 샵의 요청으로 작가가 매장에 그린 벽화 작품이다. 나의 카페바로 맞은 편에 위치한 빈티지 스타일의 가게이다. 내가 좋아하는 작가의 작품이 바로 내 곁에 벽화로 기까이에 있게 되어 얼마나 반갑고 기뻤는지 모른다. 이렇게 작가의 작품은 우리 생활과 아주 친숙하게 우리 가까이에서 만날 수 있어서 더 좋다. 우리의 '소소한 일상'과 늘 함께 하는 작가라서 좋다. '소소한 일상을 그리는 화가, 박영희' 라는 타이틀이 참 잘 어울리는 작가인 것 같다.

'소소한 일상'을 그리는 박영희 작가는 그녀만의 루틴으로 삶을 이끌어 가고 있다는 것을 작가와의 인터뷰를 진행하게 되면서 더 자세히 알 수 있었다. 작가가 성실하게 그녀만의 루틴을 잘 수행해 왔기에 지금 현재의 '서양화가, 박영희' 작가가 존재하는 것 같다. 작가는 자신만의 루틴으로 일궈낸 그녀만의 색깔이 있다. 그 색깔을 마음껏 화폭에 그려가는 화가의 삶을 살아가고 있다. 글 앞에서도 언급했듯이 예술가로서의 재능도 중요하지만 성실하게 수행하는 능력도 중요한 재능이라고 어느 누가 말했던 것이 다시금 마음에 떠올랐다. 바로 작가를 두고 일컫는 말이 아닐까 생각된다.

작가는 주 3회 그림을 그리는 시간을 갖는다고 한다. 하루 일과는 5시 기상과 함께 신문을 보고 책을 읽으면서 하루를 열고 아침 식사 후 그림을 스케치하고 오후에 채색을 한다고 한다.

작가는 스케치를 하면서 여러 번 지웠다 고치기를 반복하는 상황을 즐긴다고 한다. 그렇기 때문에 작가는 아크릴 작업과 유화 작업을 좋아한다. 그래서 겹쳐 그려지는 하나의 작품 속에는 여러가지 이야기가 숨어있을 수도 있다고 말한다. 그리고 이렇게 표현하였다.

| 실패가 내 그림의 밑바탕이 될 수도 있다는 것은 참으로 매력적이다.

이렇게 작가는 예술가다운 자유 분방한 모습을 보여주고 있다. 그리고 계획형 인간상의 일면도 지니고 있어 미래 그림 계획도 세워놓고 있다. 작가는 소박하면서도 큰 꿈을 갖고 있다. 그리고 계획형 인간상의 일면도 지니고 있기에 작가는 미래 그림 계획도 세워놓고 있는 것은 당연한 일이다. 작가는 소박하면서도 큰 꿈을 갖고 있다.

연 1회 카페 전시회를 소규모로 개최하면서 70세에는 개인전을 역시 인사동 〈갤러리 루벤〉에서 개최할 계획을 갖고 있다. 작가가 화가로서 전시회를 열기 시작하면서 인연을 처음 맺기 시작했던 갤러리와 꾸준하게 전시회를 열고 있다. 그리고 이 전시회에서는 작가만의 특별 이벤트도 준비하고 있다고 한다. 작가는 그 3번째 전시회를 위해서 지금부터 준비를 하고 있다. 벌써 최근에 그림을 그리기 위한 캔버스 리폼을 40여개 했다.

그림의 주제는 '소소한 일상, 그리고 그녀들의 오후'.

작가의 작품에는 여자들이 주로 등장한다. 그 이유를 물어보았더니 작가는 이렇게 답했다.

> 나는 360도 회전하며 바라볼 줄 아는 여자, 생각의 폭이 넓은 여자, 강한 여자, 다이나믹한 삶을 살아가는 여자들을 그리기 좋아한다.

그리고 작가 자신이 연약한 존재이기 때문에 그런 여자들의 모습을 동경하면서 그림에 담아내고 그림을 통해서 힐링을 한다고 덧붙여 말했다.

박영희 화가는 이렇게 변함없이 전시회 준비 중이다. 조만간 그녀의 그림으로 다시 힐링 할 수 있는 기회를 맞이하기를 바란다.

작가는 주말은 가족과 함께 시간을 보낸다. 특히 7살 손녀와 6살 손자가 방문을 하는데 이 아이들을 위해서 그날은 거실에 큰 '그림 상'을 차려 놓는다. 물감, 색연필 등 자유롭게 재료들을 갖고 마음껏 그림을 그리면서 재미있게 놀 수 있는 시간을 함께 보내고 있다. 그림을 그린 후에는 벽에 아이들이 그린 작품들을 스스로 붙이면서 갤러리에서 전시회를 하는 놀이를 한다. 작가 본인의 어린 시절을 떠올리면서 아이들이 마음껏 표현하는 기쁨을 누리게 해주고 있는 것 같다. 어릴 적 꿈을 이룬 화가 할머니로서 10년 후 아이들에게 당당한 모습의 여류 화가의 모습을 보여주는 날을 기대해본다.

나는 작가와의 새봄 인터뷰에서 아주 오래 전에 보았던 작가의 어느 미완성 그림 하나를 추억했다. 코로나 전에 작가가 준비 중이던 작품을 하나 내게 보여주었던 기억이 났다. 그 그림은 여행을 떠나려는 세 여인의 그림이다. 비행기를 타기 전 공항 대기실에 앉아 있는 뒷모습... 그 뒷모습 만으로도 여행을 떠나는 들뜬 여인의 마음을 역력히 느낄 수 있었기에 신기하게 느껴졌던 기억이 난다. 그 그림이 완성되었는지 궁금했다. 그리고 그 그림도 전시 계획에 있는지 물어보았다. 오랜 시간이 흘렀지만 내 마음에는 그 그림이 남아있었다. 그렇기에 난 그 그림이 너무 기대가 된다고 말했다. 작가는 그 그림은 완성시킬 계획이 없었는데 고려해보겠다고 했다. 이렇게 작가는 마법처럼 그림을 통해서 사람의 마음에 영혼을 불어넣고 치유하는 존재인 것 같다.

작가의 그림은 인물과 자연을 주소재로 하고 있다. 그리고 지금 현재는 인물을 평면으로 단순하게 표현하고 회화기법을 다양하게 적용해보면서 그림 속에서 스토리와 함께 색채와 구도에 더 관심을 가지고 그리고 있다. 자주 그림 그리는 기회를 많이 가져서 좀 더 단순화시켜 가면서 해학이 있는 그림을 그리고 싶다고 그녀는 말한다. 그녀 그림의 소재와 주제는 사람과 자연이고 소소한 일상들을 표현하면서 관객과 소통하고 있다. 작가는 스토리와 함께 색채를 통해 작가가 회화적 언어로서 표현한 것을 관객들이 자유롭게 느끼고 힐링하고 작가와 관객이 함께 소통할 수 있기를 바란다. 작가 본인도 그림을 그리는 작업을 통해서 힐링 받고 있고 그림과 친구처럼 대화를 나누고 있다.

이렇게 작가는 이제 화가로서의 어릴 적 꿈을 이루고 그림과 함께 제 2의 인생길을 걷고 있다. 그림에 대한 열정으로 묵묵히 꾸준히 끈기 있게 노력한 결과 지금의 화가로서 당당히 그녀만의 색깔로 창작의 길을 걷고 있다.

박영희 작가를 인터뷰하면서 중요한 사실을 새삼 깨달았다. 어떤 이유로든지 개인의 꿈을 중단할 수밖에 없는 상황은 존재할 수 있다.

그러나 마음에 그 꿈을 향한 불꽃의 씨앗이 꺼지지 않는 한, 그 불꽃의 씨앗을 품고 있는 한, 그 꿈은 어떤 시기에 간절함으로 다시 피어날 수 있다는 것이다.

그리고 그 공백의 시간은 허송세월이 아닌 지금의 그를 만들었고 그 인생의 경험들이 모두 녹아 든 작품이 만들어진다는 사실이다. 2023년 청룡영화제에서 어느 여배우가 조연상 수상 소감을 말한 것이 떠오른다.

> 중요한 건 꺾여도 그냥 하는 마음이다. 얼마든지 꺾여도 괜찮다. 그냥 하는 마음 자체가 결과를 나오게 할 수 있는 엔진이 될 것이다. 스스로를 믿어도 된다. 나 자신을 믿는 게 재능이다.

작가는 본인에 대한 믿음으로 화가의 인생을 열었고 발전시키고 꾸준하게 활동하며 발전시키고 있는 작가이다.

> 내 잘난 맛에 산다.

작가의 인생 모토라고 한다. 작가는 진정한 자존감과 자존심을 지닌 사람이라는 생각이 든다. 작가는 참으로 멋진 인생을 살고 있는 것 같다. 내 인생에서 박영희 작가를 만난 것은 '행운'이라고 생각한다. 작가가 바로 내가 사는 아파트의 같은 주민으로 바로 옆 동에 산다는 것을 나중에 알게 되었다. 이런 점에서 어떻게 작가와의 만남을 '운명'이라는 단어로 설명하지 않을 수 있을까? 작가와 같은 하늘 아래 살고 있고 작가의 그림이 있는 공간에서 하루 종일 나의 일과를 보내고 있으니 말이다. 〈커피시대〉의 역사는 이렇게 작가의 그림과 함께 시작해서 흘러가고 있다. 작가와 나 그리고 〈2P.M.〉과 〈커피시대〉의 만남은 인연이었고 운명이었고 앞으로도 함께 흘러갈 '소중한 일상'이 되길 꿈꿔본다.

# 박영희 Park Yeoung Hee

**개인전 : 14회**
2018 쉼(休)-꽃피다(루벤 갤러리)
2022 소소한 일상(루벤 갤러리) 외 12회

**초대전**
2018 8월의 연가(로뎀 갤러리)
2020 소소한 일상(로뎀 갤러리)

**단체전 : 50회**
2013~2017 귀인전
2013~2015 화수분전
2013~2017 안양, 과천 교원 미전
2016 군포아트프래그전, 안양여성작가회전
2016~2021 경기수채화협회전, 군포수채화협회전

**수상 경력**
2015~2016 경기미술대전 특선, 입선
2016 대한민국미술대전 입선
2016~2017 한국수채화협회공모전 특선, 입선
2017 목우회공모전 입선
현재 : 경기수채화협회, 군포수채화협회 회원, 드로잉 수원 회원

E-mail : dnf8251@hanmail.net

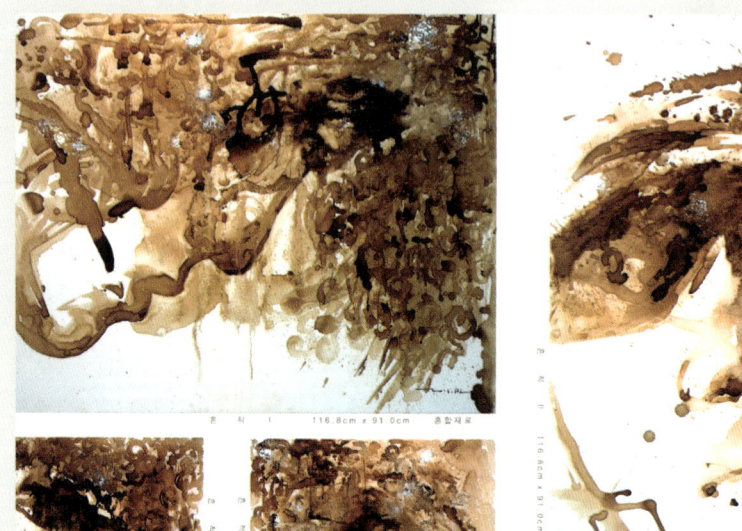

# 인간의 길

## 임용빈

24년 7월 어느 날 오후에 찾아간 임용빈 화가의 작업실은 마치 시간을 초월한 공간처럼 느껴지는 곳이었다. 여름비 소리가 흐르고 장맛비가 후두둑 내리는 풍경 속의 작업실을 상상했는데 작고 낡은 교회당 건물 안에 자리한 이 공간은 나로 하여금 "광화문 연가"의 노래 가사를 떠올리게 했다. 어렴풋한 기억의 이미지에 담긴 작업실은 노래와는 다른 계절을 담고 있었다.

"눈 덮인 조그만 교회당"이 아닌 "비에 젖어 있는 조그만 교회당"이었다. 여름비 소리가 운치를 더해주는 작업실은 마치 1980년대 과거의 어느 세계로 들어간 듯한 느낌이었고 장작 나무로 불을 피우는 난로, 천정 아래에 길게 늘어선 환기통, 파란 레자 소파와 의자들은 1970년대 혹은 80년대 분위기를 떠올리게 했다. 7080세대인 나로서는 꽤 정겨운 느낌이었다.

작가는 필요한 물품들 중에 제작 가능한 것들은 직접 만들어 사용한다. 큰 작업대는 완성된 그림에 필요한 액자를 제작하기 위한 것이고 나무 선반 위에 놓인 책들은 작가가 독서를 즐기고 사색을 하는 성향이라는 것을 보여주었다. 그의 작품들이 자연스럽게 눈에 들어왔다. 예전 작품들과 새로 진행 중인 작품들이 함께 놓여 있어 그의 그림 스타일을 한 눈에 볼 수 있었다.

이렇게 작가가 만들어 놓은 특별한 환경 속에서 만들어진 창작물들이 내게 무척 흥미롭게 다가왔다. 그리고 작업실 한 쪽 벽면에 책이 놓인 선반 아래의 검은 고양이 그림은 나의 마음을 사로잡았다.

<오늘이, 72x60cm, Oil on Canvas>

 이 고양이는 그에게 특별한 의미가 있어 보였다. 작가는 그 고즈넉한 교회당 작업실에서 이제는 곁에 없는 '오늘이'를 추억하면서 '오늘이'를 그렸다. 작가의 그 마음을 헤아려 보니 마음이 아려 왔다. 그리고 이 작품에서 화가의 '오늘이'에 대한 애정을 느낄 수 있었다. 다행히 '오늘이'가 떠난 후에도 또 다른 고양이가 오다가다 머물며 여전히 따스함이 흐르는

작업실을 만들고 있었다. 현재는 작가의 작업실 의자 위, 작가 곁에는 다른 고양이가 작가와 함께 겨울을 따뜻하게 보내고 있기에 다행이라는 생각이 들었다.

　작업실에 있는 그림 중에 내 마음에 강렬하게 들어온 그림들이 있었다. 그 그림들은 벽에 기대어 있었고 사이즈가 큰 대작들이었다. 나는 경이로움과 존경의 마음을 느끼지 않을 수 없었다.

　내게 큰 감동을 안겨준 이 대작들은 바로 법정 스님과 마하트마 간디, 존 레논, 체 게바라, 밥 말리와 다른 인물들, 그리고 임용빈 화가 자신의 젊은 시절의 초상화다.

　위인들의 초상화는 그들 생전의 저서에서 글을 정리하여 그들의 어록으로 작가는 그들의 초상화를 그렸다. 이런 글을 통한 면 구성은 내게 이색적인 느낌을 주었다. 임 작가는 이 작업을 통해서 그들이 인생의 길을 걸어오면서 남긴 발자취를 더듬어 볼 수 있는 시간이었고 그들의 마음가짐과 삶의 방식을 탐구하며 수행하는 시간을 경험할 수 있었다고 말한다. 그리고 일반적인 다른 인물들의 초상화는 면을 연결해서 정확하게 형태를 찾아 초상화를 그렸다. 일반적인 초상화와는 다른 이색적이고 섬세한 기법으로 탄생된 초상화이다. 글자와 면만을 이용한 작업으로 인물들의 이미지를 그렇게 마음에 와 닿게 표현할 수 있는지, 초상화 하나로 어떻게 그 사람O들의 인생이 잘 느껴지게 표현할 수 있는지 나는 감탄할 수밖에 없었다. 초상화 하나로 어떻게 그 사람들의 인생이 잘 느껴지게 표현할 수 있는지 나는 감탄할 수밖에 없었다. 내가 만난 임용빈 작가의 모습은 긴 곱슬 머리를 가지런히 묶은 자유분방한 모습이다. 그러나 그런 외모에서 풍겨지는 이미지와는 달리 그의 작품 속에는 굉장히 수학적이고 과학적인 부분이 많이 녹아 들어 있다는 인상을 받았다. 낮은 목소리로 차분하게 그의 그림 세계를 이야기하는 모습에서 아주 이성적이라는 느낌도 들었다.

&lt;자화상&gt;

<나의 길을 걷다 (법정 스님)>

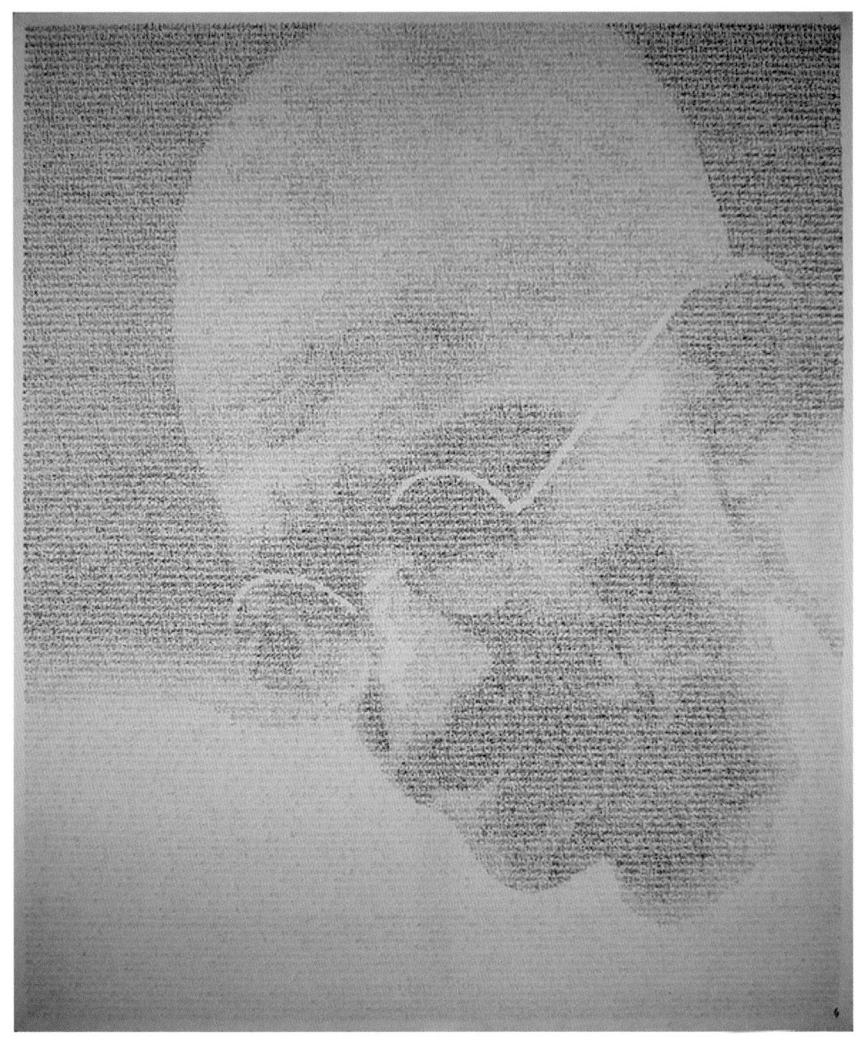

<나의 길을 걷다 (간디)>

<존 레논>

작가의 초상화들은 임 작가의 자화상을 먼저 실험적으로 그린 후에 그리게 되었는데 '산의 기록'이라는 작가의 여행기를 정리하여 30대의 삶과 고뇌에 대한 기록으로 자화상을 그렸다.

"인간이란 무엇인가?" 라는 질문이 머릿속에 맴돌던 시절, 한 해의 끝자락을 정리하며 지리산 천왕봉 새해 일출을 보기 위해 떠난 산행에서 만난 우연한 인연들… 삶을 대하는 자세에 대한 그들의 솔직한 이야기… 그들과 함께 대화를 나누었던 그날의 기록이었다. 세석산장에서 한 여류 편집 디자이너의 배려가 담긴 따끈한 떡국으로 맞이한 새해 첫날과 장터목 산장에서의 재회와 산장에서 의기투합한 4인의 만남, 산인들이 산을 대하는 자세는 '정복'이 아닌 '휴식'이라고 여기는 마음가짐이 중요한 것 같다는 작가의 생각과 기타 여러 가지의 생각들의 기록이라고 말하면서 아련히 떠오르는 그 시절을 추억하는 작가의 모습을 볼 수 있었다.

작가의 얘기를 듣고 난 후에 다시 바라본 작가의 자화상에서 그 어떤 아름다운 의미를 지닌 그날의 산행이 드라마처럼 내 눈앞에도 그려지는 듯했다. 그날의 추억을 더듬어 임 작가 자화상에 얹혀졌을 작가의 시간들, 작가가 깊은 상념에 잠겨 있던 시간들을 가늠해보면서 나도 간접적으로 작가의 마음을 느낄 수 있는 것 같았다. 작가의 마음이 내게도 전해지는 순간이었다. 바로 이런 것이 소통의 순간이 아닐까?

나는 항상 작가들의 그림과의 첫 인연을 궁금해한다. 작가는 어떻게 그림을 그리게 되었는지 물어보았다. 그는 내게 그림을 처음 그리게 된 순간부터 현재의 모습까지 많은 이야기를 해주었다.

부모님의 반대를 무릎 쓰고 늦게 고등학교 3학년에 그림을 시작하게 되었고 89학번으로 서양화과에 입학하여 본격적으로 그림 세계에 입문했다. 대학 졸업 후, 그림을 위한 수단으로 서울에서 직장 생활을 했으나 작업에 대한 열망을 품고 그 자신만의 작품 세계 구축을 위해 모든 현실을 내려놓고 이곳 보령으로 내려와서 작품 활동을 30여년 동안 꾸준히 이어 나가고 있다. 물론 전업작가로서 경제적, 현실적인 부분에서 여러가지로 곤란한 상황에 놓일 때도 있지만 모두 만족스러운 상황에서만 살수 있는 것은 아니고 삶의 기준을 어디에 놓고 살아가는지가 중요하다고 본다고 말했다.

"내가 바라보는 세상, 그리고 나와 타인 사이에서 그림을 소통의 창구로 사용할 수 있다는 점에서 화가라는 직업은 나에게 아주 매력적인 직업이고 만족스러운 직업이다. 그리고 보령이라는 곳은 대도시와 다르게 다양한 문화 활동을 하기에는 어려운 점이 있으나 미술 작업 자체가 개인주의 성향이 강하기 때문에 내 안에 있는 나의 이야기를 풀어내어 표현하는데 있어서 주변 환경에 대한 신경을 쓰지 않고 작업에 집중할 수 있는 환경이라는 장점을 가지고 있다."

그는 또한 그의 작품세계에 대해서도 자세히 설명해주었다. 그는 자신의 작품을 '인간의 길'이라는 한 단어로 표현할 수 있다고 말했다. 다시 말하면 그는 작품에서 '인간의 길'을 큰 주제로 삼아서 작업하고 있다. 길은 처음부터 존재하지 않았으나 누군가 처음 걷고 여러 사람들이 그 길을 밟고 지나가야 비로소 그 길이 만들어지듯이 '인간의 길'도 역사를 거치면서 인간이 살아온 긴 여정 속에서 만들어지는 것이고 산다는 것은 끊임없이 뚜벅뚜벅 길을 걸어가는 것이라는 점에서 인생과 길에 대한 자연스러운 매치가 이루어지고 작업에 표현하게 되었다.

그리고 '인간의 길'을 그의 작품에 표현하는데 있어서 Mahatma Gandhi, John Lennon, Che Guevara, 법정 스님, Bob Marley 와 같은 특정 인물들이 등장하기는 하지만 특정인만을 모티브로 삼고 작업하지는 않는다고 했다. 그는 '인간' 자체에 의미를 두고 표현한다. 인간을 하나로 규정 지을 수는 없고 사람과 사람 사이에 존재하는 그 어떤 것들, 즉, '인간 관계'에 관심을 갖고 있고, 주변인들에 의해서 그 인간 자체가 다르게 보이기도 하기 때문에 그런 상황 속에서 인간을 파악하고 작품에 새롭게 투영하려고 한다. 그리고 이렇게 인간은 우리의 삶 속에서 인간 사이의 인연으로 인해서 만들어지고 그 인연들은 우리 인간이 알지 못하는 '선'으로 연결되어 있다고 말하면서 그의 그림에 많은 '선'들이 표현되고 있다고 설명해주었다.

그리고 그때 작업이 막 시작된 듯한 그림 하나가 눈에 들어왔다. 역시 '선'을 이용한 작업이 시작되고 있었다. 인연의 끈, 인간 존재 사이에서 연결되고 형성되는 관계들을 떠올리면서 화가는 선을 이용한 작업을 하고 있었다. '나' 라는 존재는 여러 관계에서 보여지고 존재하는 것이라고 화가는 또 한번 강조하여 말했다. 이런 그의 생각을 이 작품이 어떤 모습으로 표현될지는 그 다음 전시회를 기다려야 했다. 그렇게 미래 어느 날, 이 작품이 모습을 드러내게 될 전시회에 대한 기대를 안고 그 여름, '비에 젖는 작은 교회당 화실의 추억'이 가슴에 그렇게 간직되었다.

그 후 계절은 또 흘러서 가을이 지나고 어느덧 겨울로 접어들고, 2024년이 마무리되고 있던 12월에 나는 그의 작업실을 다시 방문하게 되었다. 그의 작업실 책꽂이 아래에 있는 고양이 그림을 다시 볼 수 있기를 바라면서… 그런 나의 바람대로 고양이 '오늘이'의 그림은 그 자리에 있었다. 그러나 변한 것이 하나 있었다. 책꽂이 아래에 화분이 하나 놓여있었다. 초록 잎의 화분 덕택에 고양이 그림이 외로워 보이지 않았다. 초록은 역시 생명을 느끼게 해주는 색인 것 같다.

회색 빛 겨울 날씨에 성긴 눈발이 날리고 있었다. 처음 그의 화실을 방문했을 때와 다른 계절 속에서 임 화가를 다시 만날 수 있다는 것은 필경 '인연'일 것이라는 생각이 들었다. 특히 '인연'을 소중히 여기는 마음이 나와 통하는 화가와의 만남이기에 더욱 반가웠다. 화가와의 두 번째 인터뷰에서 어수선한 시국 때문에 작품에 집중하기가 어렵다는 말을 듣고 나는 안타까운 마음이 들었다. 그러나 다행히 그는 시와 산문 작업을 통한 자신과의 대화를 통해서 자신을 되짚어 보면서 솔직한 감정을 적고 내면을 들여다보면서 정리하고 있었다. 외적인 것들은 흘러가게 두고 내적인 것을 돌아보고 있다고 말했다. 기존 구도에서 벗어나서 자신만의 이상적인 구도를 찾아내려는 어려운 과정 속에 있지만 재료, 형태, 색을 의식의 흐름대로 풀어내려고 한다고 말하면서 본인에 대해서 더 알아가는 작업을 하고 있었다. 그리고 이 어려운 상황 속에서 그가 변함없이 지켜내고 있는 그의 작품 활동의 원동력은 '표현하고자 하는 그 자체'가 원동력이라고 힘주어 말했다. 인생은 종국에는 죽음을 향한 여행이라고도 할 수 있는데 작업을 꾸준히 진행하여 후회가 남지 않게 많은 작품들로 그의 생각들을 보여주고 싶다고 했다. 전업 작가라는 힘든 개인적 상황과 어려운 시국상황 가운데에서도 작가의 길을 변함없이 걷겠다는 임용빈 화가의 열정에 감동을 받았다. 화가는 말 보다는 작품 자체로, 그림으로 관객들에게 보여주는 것이고 관객들은 감상하면서 화가와 그림으로 소통하면서 본인만의 느낌을 찾아가는 과정이니 많이 보고 느끼는 과정을 경험하기를 바란다고 관객인 내게 조용하고 단호한 어조로 권유하였다.

 작가의 작업실에서 나올 때 작가는 내게 오래된 리플렛을 하나 건네주었다. 나는 작가들의 리플렛을 얻을 때면 꽃다발을 선물 받는 것 같은 행복감을 느낀다. 2016년 〈웅천 돌문화공원 내 '갤러리 탑' 임용빈 초대전〉이었다. 그 리플렛은 또 한 번 나의 마음을 강하게 흔들었다.

> 흐른다.
>
> 과거는 꽉 찬 공간, 흔적의 공간, 지금은 비어 있는 비어가는 공간, 시간이 흐른다. 비어 간다. 나로 인해 또 다시 채워진다. 또 비어질 때까지…
>
> 우리에게 현실은 상처다. 서로 다른 곳을 보면서 서로 다른 얘기를 하고 있다. 현실은 상처다. 서로 상처를 통해 서로를 통하고 서로를 교감하고 있다. 행위는 시간의 흐름에 자연스레 흔적을 만들고 얼룩진 모습으로 지우면 지워지는 대로 쌓이고 겹쳐져 세월의 형태를 만들어낸다. 흔적을 가두다. 지름은 일상의 부분이 되어버린 커피, 그 얼룩을 화면에 덧입히고 지우고 뿌려 또 다른 형상을 만들었다. 물성을 매개로 일상의 흐름을 표현하고자 하였다.
>
> 작가노트 중에서

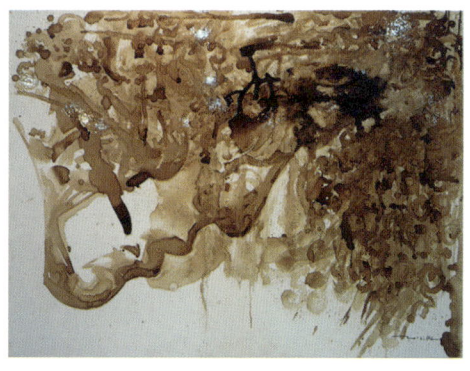

흔적 I, 116.8cm X 91.0cm, 혼합재료

나는 그의 그림에 또 한 번 매료되었다. 작가들이 항상 새로운 소재를 갈구하고 새롭게 창작하는 것을 즐긴다는 것을 한 번 더 깨달았다. 이 그림의 재료는 커피라고 했다. 진하게 볶은 원두를 끓여 물로 농담을 조절하면서 그렸다. 정말 신기했다. 커피 물로 흰 종이에 붓 하나로 어떻게 손 끝에서 저런 그림이 그려질까? 작가가 그림을 그리는 모습을 보고 싶다는 생각이 들었다. 기회가 된다면…

그리고 집으로 돌아와서도 그 여운을 떨칠 수가 없었다. 임 작가에 대한 글이 잘 쓰여 지다가 머릿속에서 맴돌고 어느 순간 멈춰졌는데 이 리플렛이 나의 감성을 다시 자극하였다. 그리고 이 방문 후 나는 집에 돌아오자마자 그날의 느낌을 잃어버리지 않도록 따뜻해진 나의 마음이 식어버리기 전에 테이블에 앉아서 글을 쓰기 시작했다. 임 작가에 대한 글을 쓰는 동안에 커피 한 잔과 함께 리플렛을 펼쳐서 테이블 위에 올려 놓고 그렇게 그의 그림 세계에 빠져들어서 글을 쓸 수가 있었다.

### World Art Expo 2025

임 작가의 그림에 신선한 충격을 받고 그의 그림에 매료되어 2024년 한 해를 마무리하고 2025년 새해가 오고 2025년 1월 16일부터 1월 19일까지 〈월드 아트 엑스포 2025 전시회〉가 서울 한복판 코엑스에서 개최되었다.

작년 여름부터 완성되기를 기다려온 임용빈 화가의 작품이 〈걷다〉라는 제목으로 드디어 전시장에 모습을 드러내었다. 이 그림이 처음 그려지던 초기에 작가의 화실을 방문하게 되었기에 어떻게 그림이 완성되어질지 많이 궁금했다. 〈걷다〉라는 제목으로 완성된 작품을 직접 보게 되어 나는 너무 기뻤다.

<걷다>, 91x44cm, Mix on Canvas

이 〈걷다〉라는 작품은 실제로 화가가 보령 남포 저수지 위에 놓인 어느 철교를 바라보고 있던 특별한 시점과 상황이 있었고 그것을 마음에 담아와서 화폭에 펼쳐 놓은 것이다. 바로 '개늑시' 혹은 '개와 늑대의 시간'이 철교 위로 흐르는 순간이었다고 화가가 내게 말했던 기억을 떠올리면서 감상을 할 수 있었다.

프랑스에서 황혼을 L'heure entre chien et loup 라고 일컫는다. 해질녘에 양치기들 사이에서 유래된 프랑스어 표현이다. 이것을 한국에서는

'개와 늑대의 시간'이라고 은유적으로 표현하게 된 것이다. 더 자세히 설명하자면 해질녘에 멀리 언덕 너머로부터 다가오는 실루엣이 내가 기르던 개인지, 나를 해치러 오는 늑대인지 분간하기 어려운 시간대를 말한다.

영어 표현으로는 'the blue hour'는 프랑스어 표현인 'l'heure bleue'에서 유래하였는데 하늘이 푸르스름한 빛을 내며 오묘한 분위기를 자아내기 때문이다. 여기서 색이 푸른 빛을 띄는 이유는 일출 전과 일몰 후, 대기가 태양의 파란색 파장만 받아들이고 산란시키기 때문이라고 한다. 한자어로 표현하자면 여명(餘命)과 황혼(黃昏)의 시간이고, 우리말 표현으로는 '갓밝이' 또는 '어둑발'의 시간이다. 그리고 순 우리말로는 '이내'라는 말이 있다.

이렇듯 동서양을 막론하고 오묘한 빛이 흐르는 이 시간대만의 이야기가 있다. 이 시간대에 화가가 그 철교를 바라보았던 순간도 화가와의 어떤 '인연'이라는 생각이 든다. 그리고 내가 좋아하는 이 아름다운 시간대의 광경을 임용빈 화가를 통해서 이렇게 색다르게 표현되어져서 내게 의미 있는 어떤 심상으로 떠올릴 수 있는 것도 또 다른 하나의 '인연'으로 이어지고 있다는 생각이 들었다. 그리고 그 '인연'에 감사하는 나를 발견했다.

작년 여름, 그의 작업실을 처음 방문했던 날, 이 그림이 한 쪽 벽면에 세로로 기대어져 있던 그 순간이 떠오른다. 그의 작업실을 둘러보다가 작업 초기의 그 그림을 발견하고 질문을 던졌던 기억이 난다. 내 마음 속에 그림을 떠올릴 수 있게 그 그림의 배경을 내게 차분하게 설명해주던 그 시간 이후로 짧다면 짧고 길다면 긴 시간이 흘렀다. 그리고 보령의 어느 작은 교회당이 아닌 서울의 전시장에서 이제는 완성된 그의 작품을 만나다니… 이런 인연이 어떻게 내게 다가온 것인지 정말 반가운 마음이 들었다. 그 그림을 자세히 묘사해보자면, 그가 그린 철교에는 짧고 가는 선들이 빼곡히 그려져 있었다. 먹을 사용하여 얇은 선을 그리고 농담까지도 그려냈다. 저 선들은 무엇을 의미하는지를 여쭈어 보았을 때, 사람과 사람 사이의 인연을 떠올리면서 그려 넣은 것이라고 했다. 그 여름, 시골의 어느 화가를 인터뷰하기 위해서 여름 빗 속을 달려 내려가게 되었던 글 쓰는 작가로서의 '나' … 바로 그 어떤 인연으로 그의 작업실을 방문하게 되었고, 그렇게 그 여름 시작된 나와의 인연의 한 가닥도 화가는 그 철교에 그려 넣었을 것 같다는 생각이 들었고 나는 미소가 지어졌다. 나도 그 그림이 완성되는데 하나의 인연으로 일조를 한 것 같아서 뿌듯한 마음까지 들었다. 먹으로 표현한 농담들과 회색 분위기는 언뜻 보기에는 개늑시의 시간을 표현하기에 맞지 않는 것 같이 보이지만, 작가는 철교 위의 시점을 the blue hour라고 일컬어지는 표현처럼 사실적으로 표현하기 보다는 그의 마음에 떠오르는 심상으로 표현한 것 같다는 생각이 들었다. 그러기에 회색 톤은 그의 심상을 표현하기에 충분한 색이라고 생각했다.

다시 말해서, 비록 실제 '개늑시의 시간'은 푸른 빛과 붉은 빛이 가득하지만 '작가의 그림에 표현된 개늑시의 시간'은 회색 빛이다. 철교 위에 나타나는 어렴풋한 실루엣과 애매모호한 시간대를 표현하는데 있어서 그 어떤 것으로도 규정짓기 어려운 상황을 표현하기 위해서 회색지대로 표현한 것 같은 느낌을 받았다.

그리고 이 작품에서 나는 '인간애'를 갖고 있는 화가의 입장이 느껴졌다. '개늑시'에 철교 위의 그 형체를 고단한 몸을 이끌고 지팡이에 의지해서 철교를 지나가는 노인으로 결론지어 묘사한 그의 그림에서 나는 그의 인간애를 다시 한번 느낄 수 있었다. 시간은 어김없이 흐른다. 그래서 시간은 '개늑시'에 머무르지 않고 그 형체가 밝혀지는 진실의 시간으로 흐른다. 나중에 화가가 실제로 그곳에 다시 가보았을 때, 그 형체는 노인이 아니었다고 했다. 그러나 그 철교 위의 형체를 바라보았던 그 시점의 화가의 마음 자세가 내게는 인간적으로 따스하게 느껴졌다. 철교 위의 그 형체를 바라보는 화가의 마음은 바로 고단한 삶의 모습을 측은지심으로 바라보는 따뜻한 마음이라는 생각이 들었다. 그리고 개늑시의 모호함을 대하는 그의 자세에서 '인간애'에 바탕을 두고 살아가는 그의 삶의 자세가 엿보였다. 그리고 그가 전달하는 개늑시의 메시지를 읽을 수 있었다.

지금 우리의 시대가 그러하듯이 우리 주변에 만연한 문제들이 흑백을 가리기 힘든 회색지대에 놓여진 상황일지라도 그 찰나의 시간이 흐른 뒤에 진실은 드러나게 되어 있으니 우리가 개늑시를 현명하게 건널 수 있는 자세를 갖기를 바라는 화가의 마음, 화가의 메시지가 아닐까?

이 전시회에서는 임용빈 작가의 고양이 그림들도 등장한다.

지금은 작가 곁에 없어도 여전히 작가의 마음에 추억으로 남아있는 고양이들이다. 내가 첫눈에 반해버린 고양이들… 나는 그 고양이 그림들을 전시회에서 만나서 얼마나 반가웠는지 모른다. 작가의 작업실을 처음 방문했을 때, 나의 고양이에 대한 나의 애정을 알아차리고 나를 위해서 멀리 서울까지 데려온 것은 아닐까 하는 나는 잠시 착각에 빠져 보기도 했다. 모두 너무 사랑스러운 모습이었다. 나도 집에 사랑하는 고양이, 나의 라비가

있어서 더 그들에게 애정이 가는 것 같다.

　아무튼 작가의 작업실에서 처음 본 검은 고양이 '오늘이'에게 나는 마음을 빼앗기고 말았다. 그렇게 나는 '오늘이'를 마음을 담고 왔는데 코엑스에서 열린 〈월드아트엑스포 2025〉에서 전시 작품으로 만날 수 있어서 얼마나 반가웠는지 모른다. 혹시 판매되어 다시 볼 수 없을지 모른다는 서운한 감정까지 들었다. 내가 다시 보령을 찾아갔을 때 '오늘이'가 작가의 작업실 책꽂이 선반에서 작가 곁을 지켜주면서 나를 기다려 주었으면 좋겠다는 생각을 해 보았다.

샤미, 45x53cm, Acrylic on Canvas

치즈, 53x45cm, Acrylic on Canvas

　〈흐르다〉 〈월드 아트 엑스포 2025〉 코엑스 전시회에 전시되었던 임 작가의 또 다른 그림들의 제목이다. 역시 그의 작품의 주제인 '인간'과 '인간관계' 그리고 '소통'에 기반을 둔 작품이었다.

흐르다, 55x47.5cm, Oil on Canvas        흐르다, 55x47.5cm, Oil on Canvas

그림이 흐르는 배경은 도시, 빌딩숲이 있는 삭막한 도시, 그러나 그림 한 켠에 그려진 하늘에는 별자리가 흐르고 또 그림 다른 한 켠에 그려진 강에는 윤슬이 흐르고 있다. 그런 도시를 배경으로 각각의 서로 다른 캔버스라는 공간에 그려진 도시 남녀… 그 도시의 남녀가 서로를 바라보는 눈빛은 소통을 간절히 원하는 것 같은 눈빛으로 그려졌다.

이렇듯 임 작가의 작품은 인간, 인간의 길, 그 길을 걸어가는 인간 사이의 관계, 인간의 소통에 대해서 느끼는 것을 작업 속에 녹여내려고 노력하고 있다.

그의 작가 노트에서 읽었던 글이 떠오른다.

'길'의 의미에 대해 생각해 본다.

내가 걷는 이 길의 처음이 어디인지 나는 알 수 없다. 길은 삶의 긴 여정으로 이어지며 필름위에 삶과 죽음이 기록되는 것처럼 그 감정이 고스란히 흔적으로 남아있다.

인간, 그 현상을 바라본다.

사람과 사람, 그 간극의 사이에서 흐르는 시냅스 같은 존재, 삶의 궤적이 길 위에 끊임없이 자가생식 하듯 인간이란 틀을 만들고 있다. 따라 걷는 이 길이 인간의 길이고 한 인간의 삶을 조망하고 그 결을 따라 길을 만들어 가는 과정 속에서 인간을 이해해간다.

인간으로 살아온 날이 길기도 하다.

하지만 여전히 인간은 궁금하다. 한 인간의 삶이 길이고 또 다른 삶이 그 길 위에 있다. 인간의 길이란 진화하고 때론 머물러 있다. 의식의 흐름을 따라가다 보면 만나게 되는 사람결의 모습에 나를 투영하게 된다."

<작가 노트 중에서>

    2019년 모산 조형 미술관에서 '인간의 길'이라는 주제로 개인전을 열었을 때 리플렛에 그가 적어놓은 또 다른 한 구절도 생각이 난다.

'인간은 타자의 삶을 머금고 있다.'

정말 공감이 가는 글귀였다. 인간은 그들이 걸어온 '인간의 길' 위에서 수많은 '인간관계'를 만들어 왔고 그 인간관계에서 서로 영향을 주고받으면서 살아왔다. 그리고 그 인간 관계 속에서 타자의 삶을 함께 공유하기 때문에 인간은 타자의 삶을 머금고 있는 것이라는 생각이 든다.

World Art Expo 전시회에서는 '가시고기'라는 제목의 그림을 볼 수 있었다. 작가는 어느 날 가시고기 다큐를 보게 되었는데 다양한 형태의 사랑이라는 감정을 표현하고자 했던 작업이라고 말했다. 지구상에서 가장 부성애가 강한 물고기, 가시고기를 그리면서 임 작가는 무엇을 말하려고 했을까? 단순히 부성애만을 표현하고 싶었던 것은 아닌 것 같다.

가시고기, 55x45cm, 혼합재료

나는 임 작가의 '가시고기' 작품을 보면서 조창익의 소설 '가시고기'를 떠올렸다. 일생을 바다에서 살다가 이른 봄, 뭍으로 오르는 생명, 산란을 앞두고 자신이 태어난 곳으로 온다고 한다. 오직 본능 하나로 찾아오는 아버지의 품이 있는 곳이다. 이 곳에서 수컷 가시고기는 먹이 활동을 중단하고 새 둥지와 같은 둥지를 만들고 암컷이 알을 낳고 떠난 후 홀로 알을 키울 준비를 한다. 다른 수중 생물들이 휴식을 취하는 밤에도 가시고기는 쉬지 않고 24시간 알을 지극한 정성으로 돌보면서 생명활동을 한다. 주둥이와 지느러미가 헐고 몸 빛깔이 퇴색되면서도 새끼들이 어느 정도 자랄 때까지 헌신적으로 보살핀다. 그리고 그 만신창이가 된 몸으로 둥지 앞에서 아버지의 역할을 다하고 생을 마감한다.

그러나 여기서 끝나는 것이 아니다. 생을 마감한 아버지 주변으로 모여든 새끼들의 생명원이 되어준다. 죽어서도 기꺼이 육신을 바쳐서 새끼들이 어느 정도 성장하는 동안 먹이가 되어준다. 그래서 '가시고기'는 가히 부성애의 상징이라고 말할 수 있겠다. 이 눈물겨운 부성애의 상징인 가시고기는 2000년 조창익 작가의 가족소설, 〈가시고기〉를 탄생시켰다. IMF 이후 가족을 지켜내는 아버지들의 헌신적인 사랑을 표현했다. 그리고 2022년 코로나 19 이후 어려운 상황에서 역시 가족의 사랑을 깨닫기를 바라는 마음으로 후속작, 〈가시고기 우리 아빠〉가 탄생되었다. 사람 사이에 거리를 둬야 했던 팬데믹을 지나온 사람들에게 다시 사람 사이의 관계를 받아들이고 사람들이 공동체 안에서 살아가야 한다는 것을 일깨우는 작품이다.

주인공 다움이가 아버지의 사랑을 오해하고 성장하였을 때 공동체 삶을 피하게 되었다. 즉, 가족의 사랑이 흔들리게 되면 공통체 사랑도 흔들리게 되어 인간 관계는 더 어려움을 겪게 되는 것을 보여주고 있다. 그러나 다움이가 주변사람들의 도움으로 마음의 문을 다시 열었듯이 조창익 작가는 '누구도 섬처럼 혼자 살 수 없다'라고 말한다. 그리고 내가 속한 공동체를 사랑해야 하는데 그 문제는 가족으로부터 풀어나가야 한다는 것을 강조하고 있다. 다시 말하면 팬데믹의 삭막한 시대를 거쳐왔지만 우리는 사람에 대한 희망을 버리지 않아야 한다는 것을 나타낸다.

조창익 작가는 이렇게 위기가 올수록 사람들이 다시 가족의 사랑을 깨달았으면 좋겠다는 마음으로 22년만에 후속작을 쓰게 된 이유를 언급하였다.

임용빈 작가도 이 작품을 통해서 단순히 부성애 만을 말하려는 것이 아니라 또 다른 방식으로 '인간 관계'에 대한 강조를 하는 것이 아닐까 생각해보았다.

나는 전시장에서 만난 임용빈 작가와 '글 쓰는 작가'가 아닌 '관객'으로써 소통을 하면서 새로운 인간 관계를 느낄 수 있었다. 작가는 작업실에서 그림과 혼자만의 시간을 보내다가 전시회에서 관객들과 색다른 소통을 나누었을 것 같다. 굳이 말로 다 하지 않아도 소통은 마음과 마음으로 나누는 것이라고 생각한다. 작가는 작품을 전시하면서 관객들에게 어떤 의미를 던지고 관객은 보는 관점에 따라서 그 작품을 각자의 느낌대로 받아들이는 것이기 때문이다.

나는 이 World Art Expo 2025 전시회에서 임용빈 작가의 작품 뿐 아니라 나의 책 속의 주인공인 여러 작가들의 작품을 한자리에서 감상할 수 있어서 기뻤다. 신년 벽두에서 전시장을 산책하면서 행복하고 뜻깊은 시간이었다.

전시회 이후 다시 고향 보령의 교회당 작업실로 내려간 임용빈 화가는 많은 생각이 흐르는 시간을 보냈을 것 같다. 그리고 또다른 계절에 관객들과 또다른 소통을 꿈꾸며 화가로서 그의 길을, 한 인간의 길을 또다시 묵묵히 걸어가고 있을 것 같다. 2025년 1월, 새해 벽두에서 그가 만들어 가는 또다른 '인간의 길'을 그의 작품에서 만날 수 있기를 봄을 기다리는 마음으로 기다려본다.

# 임용빈 Im Yong Bin

목원대학교 회화과 졸업
2025 월드아트엑스포(서울코엑스)
2024 대한민국, 루마니아 국제현대미술교류전(YK갤러리, 여귀산미술관)
2024 The grand art fair(서울신라호텔)
2023 the 3rd Balchik International fine art exhibition & creating work(Lighthouse Golf & SPA Hotel)
보령의 아름다운 풍경전(한국중부발전)
드로잉전(대천 문화원)
공기해열전(보령모산미술관)
보령미술'해를 품다'전 (보령문화예술회관)
미술관에서 길을 묻다(진도 현대미술관)
한국미술협회보령지부전(보령문화예술회관 전시실)
자연회귀프로젝트(보령문화의 전당 기획전시실)
보령,울진교류전(문화의 전당)
보령미협전(보령 문화의 전당)
선율전(보령예총전시실)
서울인사동미술축제
전국우수작가초대전(보령문화의 공간)
아름다운 동행전(당진문예의 전당)
보령아트뱅크전(보령박물관기획전시실)
인사아트페어(라메르)
보령 충혼탑, 계룡 충혼탑 제작 참여(디자인) 2006년
개인전 다수 (2008~2021)

E-mail : pierim@hanmail.net

# 내 안의 식물원

윤선홍

수채화를 좋아하고 보라 빛 아네모네 꽃을 좋아하는 나는 어느 날 우연히 찰스 매킨토시의 수채화 〈아네모네〉 그림을 보고 그의 수채화 그림에 매료되었다. 그의 그림을 사진으로 처음 접하게 되었는데 사진만으로도 수채화의 투명한 색채를 느낄 수가 있었다. 수채화로 만난 아네모네는 너무 아름다웠다. 그가 남긴 꽃 그림에는 이 아네모네 작품 이외에도 〈노란 장미〉와 〈작약〉이라는 작품도 수채화의 매력을 느낄 수 있는 아름다운 작품이다. 매킨토시는 건축과 인테리어에 업적이 뛰어난 사람이지만 뛰어난 수채화 실력을 지니고 있었다. 그가 학창시절 즐겨 그렸던 꽃 그림은 그가 건축과 인테리어 사업만으로는 어려웠던 시절에 이 꽃 그림들이 탄생했다는 것은 참으로 아이러니 하다. 영국 출신의 건축가이지만 그는 말년에 프랑스로 가서 수채화 화가로서 차분하게 그림을 그리면서 암과 투병 생활을 하다가 일생을 마쳤다. 그가 치열한 삶을 살아오면서 그의 나무에 가득해진 푸른 나뭇잎, 그 푸른 나뭇잎들은 바람에 흩날리는 인생을 살다가 그의 예술성은 마침내 꽃으로 피어났다.

*Art is the flower. Life is the green leaf.*

매킨토시가 남긴 말이다. 꽃을 좋아하는 만큼 나는 꽃에 대한 이런 저런 말들을 모아두기를 좋아한다. 꽃에 대한 유래와 꽃이 지니고 있는 다양한 꽃말에도 애정 어린 마음을 갖고 있다. 매킨토시의 이 말은 꽃에 대한 명언 중에서 내가 가장 좋아하는 말이다. 우리에게 작은 평온과 휴식, 힐링을 주는 꽃, 예술도 우리에게 그런 마음을 준다. 그래서 매킨토시는 이렇게 말한 것 같다. 꽃과 예술은 내게 진정한 힐링을 주는 존재이다. 나 뿐만 아니라 만인에게 그런 존재일 것이다.

꽃에 대한 명언 중에서 어느 하나 꽃을 비평하는 말은 없다. 꽃은 언제나 칭송 받는다. 이름 모를 야생화, 풀 꽃들까지… 그래서 화가들의 작품에도 꽃이 그들 만의 언어로 표현되어지고 그려지는 것 같다.

2019년 3월 나는 카페 〈커피시대〉를 오픈했다. 1년이 지나면서 내 카페는 지나가는 사람들로 하여금 Flower Café로 착각하게 할 정도로 꽃과 나무가 많아졌다. 그런 나의 카페 〈커피시대〉에서 2020년 어느 날 그렇게 자기 만의 언어로 꽃을 그리는 화가를 만났다. 난 그것을 또 '운명'이라고 부르고 싶다. (내게는 정말 운명 같은 일이 자주 일어나는 것 같다.) 꽃을 그리는 화가, 윤선홍 화가와의 첫 인연은 그렇게 나의 카페 앞에서 시작되었다.

카페 데크에 놓인 나의 꽃을 휴대폰으로 찍는 그녀를 처음 만났을 때, 꽃을 좋아하고 그 꽃의 아름다움을 사진으로 찍는 것을 좋아하는 나와 취미가 비슷한 분으로만 생각했었다. 그녀는 작은 식물 카페를 방불케 하는 나의 카페를 칭찬도 해주고 좋아하는 것 같았다. 그렇게 그녀와 나는 나의 카페 앞에서 이런 저런 식물들 얘기를 나누며 짧지만 반가운 만남을 우연히 몇 번 하게 되었다. 그러던 어느 날, 그녀는 꽃을 그리는 화가라고 본인을 소개했다. 화가가 나의 꽃을 사랑하고 그 모습을 그림으로 표현한다고 생각하니 나는 너무 좋았다. 그녀는 한국화 화가라고 했다. 나는 그녀가 꽃을 한국화로는 어떻게 표현하여 그리는지 보고 싶었다. 그녀의 그림이 궁금해서 전시회 계획이 있으시면 소개 부탁드렸고 그녀는 내게 다음 해, 2021년 6월에 여수에서 개최되는 〈GS 칼텍스 예울마루 출향작가 초대 개인전〉의 도록을 내게 선물로 주겠다고 약속했다.

　나는 그 날부터 윤선홍 화가가 도록 선물로 주겠다는 말을 마음 속에 간직하고 잊지 않고 기다렸다. 어느 날 문득 윤 작가가 나의 카페 앞을 지나면서 들리게 될 날을 손꼽아 기다렸다. 그러나 그 이후 코로나 19시대가 본격적으로 시작되고 그녀를 만나기는 쉽지 않았다. 이런 저런 이유로 많은 시간이 흐르고 2023년 6월의 어느 날 SNS에서 그녀를 발견하고 얼른 메세지를 보냈다. 마침 주민자치 신문에 화가 인터뷰에 대한 기사를 올릴 예정이라서 반가운 마음에 얼른 요청을 드렸다.

> 안녕하세요~ <커피시대>입니다. 한신 아파트 맞은편, 화초 많은 카페.
> 제가 이번에 귀인동 주민자치 위원이 되었습니다. 그리고 신문부
> 위원으로 활동하게 되었습니다. 신문 문화 예술에 관련된 기사로 화가
> 소개와 함께 그림에 대해서 인터뷰를 하게 되었습니다. 윤선홍 작가님과
> 그림에 대해서 인터뷰하고 기사를 올리고 싶습니다. 혹시 실례가
> 안된다면 시간 되실 때 연락 부탁드립니다.

그녀는 흔쾌히 수락해 주었고 8월 그녀의 작업실을 방문할 기회를 얻게 되었다. 그녀는 갤러리 관장님을 제외하고 일반인에게는 작업실을 오픈하지 않는다고 말하면서 그녀의 작업실로 나를 안내했다. 난 너무 영광스럽게 느껴졌다. 화가의 소중한 공간을 방문할 수 있는 기회를 갖게 되었으니 말이다.

화실에 초대받은 날, 작가의 그림을 실제로 처음 보게 되었을 때, 나는 울컥하고 감정이 올라왔다.

눈이 부시게 아름답고 너무 감동스러워서 눈시울까지 뜨거워졌다. 특히 내가 감동받은 색은 노란색이었다. 작가가 표현한 노란 색의 아름다움에 난 황홀한 느낌을 받았기 때문이다. 나는 놀라지 않을 수 없었다.

> '어떻게 저렇게 눈부시게 색을 표현할 수가 있을까?'

그날 내가 작가의 작업실에서 만난 작품은 분명 노란 화분이었다. 그러나 전시회에 진열된 작가의 작품에서는 노란 화분을 만날 수 없었다. 난 그 이유를 나중에 알게 되었다. 보통 한국화 작가들은 2합 장지를 쓰는데 윤 작가는 다른 한국화 작가들보다 더 여러 겹의 두꺼운 장지 위에 스크래치를 내며 채색하는 방식으로 작업을 한다고 했다. 그래서 내 마음에 가득 들어왔던 그 황홀한 노란 빛은 작품 속에 깊이 뿌리를 내리고 있다는 것을 알게 되었다. 대신 그 노란 빛은 작가의 첫 개인전부터 선보인 해바라기 시리즈에 표현되고 있었다. 해바라기가 주는 이미지를 적극 활용하여 다양한 스타일의 그림으로 해바라기를 표현하였고 작가만의 독특한 기법을 사용하여 해바라기를 표현하였다. 해바라기 씨앗 가운데를 만지면 거친 돌가루처럼 느껴지는데 방해말이라는 돌가루가 들어간 색채 기법을 사용하였다. 그리고 황홀감이 느껴지는 꽃잎은 마치 살아있는 것 같이 보인다. 해바라기 작품들은 모두 긍정적인 제목이다.

| 즐거운 소식, 자신만만, 희망으로, 미소로 살기, 웃음, 기쁨, 미소 가득…

2017년 6월에는 가나인사아트센터에서 '해바라기 이야기 -태양 따로 내 기분 따로'로 전시회가 있었다. 2020년 7월에는 '8월의 해바라기전'이 갤러리 두에서 있었다. 긴 장마비에 태양이 그리워지는 시점에서 열린 해바라기 전시회 덕택으로 관객들이 잠시 장마비를 피하면서 작가의 해바라기 그림을 보면서 위안을 얻었을 것 같다.

그래서 작가는 한때 '해바라기 작가 윤선홍'이라는 수식어가 붙었을 것 같다.

내가 전시장에서 만난 작가의 해바라기는 다른 작품들을 비추는 등불처럼 전시장 한 켠에 항상 비치되는 모습을 보았다. 다른 사람들처럼 작가에게 있어서도 해바라기는 희망이고 꿈이었던 것 같다.

<작가 노트> - 1

어느 오후 우울한 기분에 만난 해바라기는 해를 보지 않고 나를 위로하듯 밝은 얼굴로 불편한 내 마음을 안아주었다. 난 그 자리에서 해가 질 때까지 여러 장을 드로잉하고 작업실에 와 그 에너지를 어떻게 표현해야 할까? 많은 고민을 했다. 사실에 가깝지 않으면서도 그 에너지와 밝음이 살아있으면 좋겠다 생각했다. 그 표현법이 점묘법으로 표현되었고 50호에 점을 찍으면 당연히 수십만개가 넘는 듯하다 한곳에 한점이 아니고 반복해서 찍어야 한점이 되는 것이 분채의 특성이기 때문이다. 해바라기 씨앗부분을 우주의 수많은 행성으로 우리가 자세히 알 수 없지만 신비한 그 순리 신비에서 나오는 에너지 그 에너지를 담아보고 싶기에 해바라기 점묘를 할 땐 마음을 모아 염원하여 본다. 그 밝은 기운이 내 마음 우리 마음으로 들어오길 바라며...

<작가 노트> - 2

즐거움을 선물하고 싶은 날

소나기가 올 듯...

구름과 태양이 힘 자랑을 하는 하늘을 보고 지하작업실로 들어와 현재는 날씨와 단절 상태!

난 이런 날 선 긋기 하듯 해바라기 점을 찍고 노란 꽃잎을 칠한다. 해바라기 씨앗 부분의 무수한 점들을 찍다 보면 자신과의 싸움에서 이긴 내 모습을 발견한다. 기분이 좋아지고 에너지가 생기고 무엇이든 할 수 있는 용기까지 생기기 때문에 내 작업 중 해바라기를 두세번째 손가락으로 뽑는다. 오늘도 에너지 충전은 이정도면 OK!

열심히 살자~~ 즐겁게~~

즐거운 소식, 장지에 분채, 150x80cm

희망으로, 장지에 분채, 112x162cm

말괄량이, 장지에 분채, 120x120cm

〈작가 노트〉 - 3

내 마음에 비가 계속 내리는 날들 연속이었다. 이유 없는 우울과 알 수 없는 불안한 감정으로 심기가 불편 했었다.

수업을 마치고 교정을 산책하는데 우뚝 키가 커 외로워 보이는 해바라기가 큰 얼굴로 태양이 아닌 나를 보고 웃고 있었다.

왠지 모르는 미소로 서로를 바라보니, 평온함이 찾아왔다. 끝없는 우울과 불안은 내가 어떤 바라기를 하고픈, 바라기를 당하고 싶은 마음이 아닐까? 마음에 담아 놓는 사람보다 해바라기처럼 크게 활짝 감정 표현을 하는 것이 좋지 않을까? 내 얼굴도 해바라기만큼 큰 얼굴이잖아. 활짝 웃으며 바라기 해야지…

2017년 〈해바라기 연작〉은 가나아트스페이스 개인전의 작가 표현이었다. 그 후 마음 다짐한대로 작가는 해바라기처럼 크게 활짝 자신의 감정을 그림으로 표현하면서 지금 현재 '화가 윤선홍'으로 멋지게 살고 있는 것 같다고 나는 생각을 했다.

기쁨, 장지에 분채, 85x50cm

함께 활짝 웃어요, 장지에 분채, 73x91cm

## 장지에 분채

작가의 그림 재료였다. 미술에 문외한인 내게는 또 다른 새로운 영역이었기에 신선하게 느껴졌다. 그 재료의 특수함에서 묻어나오는 색감, 그 색감의 느낌에 난 황홀함을 느꼈던 것 같다. 작가가 직접 일본에서 재료를 사오고, 그 재료로 그림을 그리기 위해 기쳐야 하는 과정들에 대한 이야기를 들었을 때, 나는 또 한 번 놀랐다. 그 어려운 과정들을 기꺼이 감수하고 '美'를 표현하는 작가의 열정에 감탄하였다. 윤 작가 그림의 소재와 주제는 꽃과 식물들에 대한 이야기인데 특별한 이유가 있는지 여쭤보았다. 그녀의 어린 시절에 대한 이야기를 듣게 되면서 나는 작가의 그림에 피어난 꽃의 이야기가 자연스럽게 이해가 되었다.

어린시절 정원이 있는 집에서 살면서 꽃과 함께 성장하였고, 정원의 꽃과 나무들과 함께 보낸 작가의 이런 저런 옛 추억들이 고스라니 윤 작가의 마음 속에 남아있게 되었다.

> "꽃에 대한 그 추억들은 나의 혈액처럼 나의 몸을 흐르고 있는 것 같아요."
>
> "꽃을 그리면서 추억을 떠올리기도 하고, 나의 삶의 흔적들을 그림으로 표현하면서 그림일기 스타일의 그림을 그리고 있어요."

그리고 그 꽃을 하나씩 꺼내어 그림으로 표현하면서 사람들과 소통하는 것이라고 했다.

> '몸과 마음이 정말 꽃으로 가득한 화가라니…'

정말 아름다운 사람이라고 느껴지면서 나는 윤 작가를 부러워하는 마음이 들었다.

작가는 표현하고 싶은 어떤 대상의 이미지를 직설적으로 표현하지 않고, 그 이미지를 형상화하고 그것을 꽃으로 의인화하는 작업을 통해서 작가는 사람들과 소통하고 관객들로 하여금 공감을 이끌어 내고 있었다.

*There is nothing more difficult for a truly creative painter than to paint a rose. Because before he can do so. He has first to forget. All the roses that were ever painted.*

Henri Matisse

진정으로 창의적인 화가에게는 장미 한 송이를 그리는 것이 제일 어려운 일이다. 장미 한 송이를 그리기 위해서는 지금까지 그려진 모든 장미를 잊어야만 하니까.

앙리 마티스

윤선홍 작가에게 내가 물었다.

"이 꽃은 어떤 꽃이죠? 이름이 무엇인가요?"

"이름이 없어요. 그냥 내가 그리고 싶은 내 마음에서 피어나는 꽃을 그렸어요."

윤 작가는 나의 물음에 이렇게 답했다.

매킨토시의 말을 듣고 나니 작가가 내게 건네었던 말의 의미를 깨달을 수 있었다. 윤 작가는 마음 속에 피어난 꽃을 그려왔던 것이다. 윤 작가의 마음 속에 어린시절부터 보아왔던 꽃들이 많지만 그녀 마음에 담겨서 추억이 입혀지고 새롭게 태어난 그녀만의 꽃들을 그려냈다는 것을 알게 되었다. 자신이 화가가 된 것은 꽃 덕분이라고 했던 모네의 말에서도 알 수 있듯이 꽃은 우리의 삶에 큰 의미를 지니는 것 같다. 특히 꽃을 그리는 화가로서의 윤 작가의 삶은 참으로 아름다운 인생 여정이라는 생각이 들었다.

'꽃을 보고자 하는 이에게는 언제나 꽃이 있다.
- 마티스 -

작가는 어린시절부터 꽃을 바라보았을 것이고 언제나 그곳에 꽃이 있었을 것이다. 나도 어린 시절 동네 골목길 화단에 피어 있던 꽃들이 마음에 떠오른다. 그러나 나는 비교되지 못할 만큼 작가의 마음에는 내가 상상할 수 없을 정도로 엄청난 양의 꽃들이 가득 있는 것 같다. 윤 작가는 작가가 바라본 꽃의 수만큼 언제나 마음에 꽃을 피울 수 있는 사람이다. 그리고 윤 작가의 꽃 이야기는 내게 작은 평화와 휴식을 주었다. 그녀의 꽃 그림으로 가득한 화실을 방문했을 때 그런 마음이 들었다. 화구들이 가득한 지하의 작업실, 여기저기에 기대어 있던 꽃 그림들이 그러했다. 윤 작가가 화가로서 사람들과 그림으로 소통하는데 있어서 왜 그 매개체가 꽃이어야 했는지에 대한 답은 위에서 언급한 어린시절 꽃과 함께 나눈 추억도 있지만, 꽃이라는 자체의 이미지가 주는 의미에서도 답을 찾을 수 있다. 사람들은 어느 시작과 끝에서 꽃을 통해서 마음을 전해왔다. 마음을 전하고 공감을 이끌어내기에 더할 나위 없이 훌륭한 매개체인 것이다. 꽃으로 그 마음을 극대화할 수 있기 때문이다.

어느 문구가 떠오른다.

*Say it with flowers.*
*(꽃으로 마음을 전하세요.)*

1920년대 초 미국화훼협회에서 꽃 마케팅을 위해서 한 광고대행사를 통해서 만들게 된 짧은 표어이다. 그리고 이제는 꽃집과 잘 어울리는 광고 문구가 되었다. 이렇게 동서 고금을 막론하고 꽃은 대화의 매개체로 역할을 해왔다.

이 진리를 작가는 어린시절부터 체험을 하듯 살아왔기에 작가의 꽃 그림은 필연적인 것이었다.

작가의 꽃 그림들은 작가의 마음 속에 가득한 꽃들 중에서 하나씩 꺼내어 보기도 하고, 길을 가다가 찍은 사진 속에서도 꺼내어 오기도 한다고 작가는 말했다.

작가는 화가로서 본인 그림 작업을 하면서 초등학교 방과 후 수업을 오래전부터 계속 병행해오고 있다. 나는 깜짝 놀랐다. 뒤늦게 다시 화가로서 출발하게 된 상황에서 본인 작업 시간만으로도 바쁘실텐데 굳이 초등학교 방과후 수업을 놓지 않고 진행하시는 이유는 무엇인지 물어보았다. 그녀는 피카소의 말을 인용하였다.

> "아동처럼 그린 그림이 제일 잘 그린 그림이다."

그리고 이렇게 말을 이어갔다.

> "어린아이가 그리는 그림, 그 천진난만함을 성인 예술가는 따라갈 수 없는 것 같아요. 우린 그런 기성세대이지만 문득 어린아이 같은 순수한 마음이 열릴 때, 빛처럼 우리의 마음도 잠깐씩 빛나는 것이 아닐까 생각이 돼요."

> "순수한 아이들과 오히려 깊은 얘기를 하게 돼요."

> "수업에서 느낀 것을 내 그림에 반영하기도 하고 내가 그림을 그리면서 느낀 것들을 내 수업에 반영하기도 해요."

윤 작가는 계속해서 방과 후 수업에 대한 이야기를 들려주었다.

> "내 방과 후 수업 시간은 '도서관' 같아요"

윤 작가는 일반 교실과는 다른 분위기로 아이들 마음을 끌어 모은다. 아이들에게 눈과 마음으로 선생님을 바라보게 하고 항상 미술의 3요소인 균형, 변화, 조화를 아이들이 스스로 그리는 그림에 반영하게 하고 그것에 대한 생각을 함께 나눈다. 단순한 그림 실력이 느는 것은 중요하지 않고 무엇을 표현하려고 했는가를 아이들로 하여금 생각하게 하는 수업을 진행한다. 아이들과 이런 소통을 중요시하는 작가의 마음 자세는 작가의 자녀들과 소통에서도 나타난 사실을 알게 되었다.

대학 졸업 후 고향 여수로 내려가서 휴식을 취한 후, 미술 입시 학원을 운영하던 중 초등학교 1학년 큰 딸의 육아 문제가 수면에 드러나게 되었고, 큰 딸의 육아를 위해 모든 활동을 과감히 중단하였다. 오랜 세월 외부 활동과 본인의 작품 활동을 중단하고 집에서 입시를 위한 수업만을 간간히 진행하면서 딸과 엄마라는 모녀관계를 다시 회복하기 위해 많은 노력을 했다. 그리고 세월이 흘러 이곳 안양으로 이사 온 후, 고등학생이 된 큰 딸이 엄마에게 한가지 제안을 했다. 본인의 용돈을 모아서 엄마의 화실 월세 비용을 마련하고 엄마에게 다시 그림을 그릴 것을 권유하였을 때, 윤 작가는 딸의 권유를 기꺼이 받아들여서 화실 생활을 새롭게 시작하게 되었다고 한다.

그리고 작가의 방과 후 활동 미술 교사 로서의 시작은 10여년 전, 작가의 늦둥이 막내 아들이 초등학교 1학년 때의 일이다. 작가는 그 당시 집에서 입시 미술을 가르치고 있었다. 어느 날 초등학교 방과 후 수업을 마치고 집에 돌아온 아들이 엄마에게 질문을 하였다. 방과 후 미술 수업의 수업료는 저렴한데 엄마는 왜 그리 수업료가 비싼지 묻고는 엄마는 나쁜 사람인 것 같다는 말을 했다. 그래서 고액의 입시 수업을 정리하고 방과 후 수업을 최대한 주 5일로 하게 되었다. 작가의 딸과 아들과 관련된 이 두가지 상황의 이야기에서 나는 또 한번 깜짝 놀랐다.

아이의 말에 귀를 기울일 줄 아는 어른, 엄마라는 생각이 들었다. 보통 말하길 자식의 성공 뒤에는 훌륭한 어머니가 있다고 한다. 윤 작가의 경우는 반대인 것 같다. 윤 작가의 '화가로서의 성장' 뒤에는 작가의 사랑하는 자녀들이 있었다.

 작가는 말 잘 듣는 엄마, 아이들의 말에 귀를 기울일 줄 아는 엄마였던 것처럼 작가는 교사로서 아이들의 말에 귀를 기울일 줄 아는 교사였다. 방과 후 활동 교사로서 아이들을 매일 만나면서 아이들과 소통하는 수업시간이 사람들에게 순수한 감동을 주는 원동력이 되어 작가의 작품 속에서 표현되었다.

 지금의 윤 작가는 최근 10년간 급성장한 작가들 중 한 명으로 알려져 있다. 미대 졸업 이후 30여년이라는 공백 기간을 거쳐서 다시 화가의 길에 서있는 윤선홍 작가는 바로 지금의 작업실에서 10여년간 차근차근 본인의 미술 세계를 만들어왔다. 2014년 이대 동문전에서 "이제 윤선홍 그림을 그릴 것 같은데~"라는 교수님의 말씀이 마음에 울림이 되었고 2016년 드디어 인사동에서 첫 개인전을 개최하였다. 그 후 윤 작가의 그림 세계의 행보는 계속 이어졌다. 윤 작가는 아이를 가르치는 마음으로 차근차근 성실하게 그리고 꾸준히 노력하였기에 '최근 10년 동안 급성장을 하게 된 작가 중 1인'으로 평가받고 있다.

대학 졸업 후 보장된 서울에서의 미술 활동을 접은 데는 작가만의 이유가 있다. 대학 졸업 작품을 준비하면서 그 당시 본인 미술 표현에 한계가 있다는 것을 느끼고 고향으로 돌아갔다.

작가는 지금 이렇게 말하고 있다.

> "그때 쉬지 않았으면 지금 이렇게 나의 작품 활동을 과연 할 수 있었을까요?"

윤 작가의 인생에 있어서 그 30년의 세월은 결코 헛되게 보낸 세월이 아니었던 것 같다.

물론 다른 사람들처럼 꾸준히 졸업 후 활동을 쉬지 않고 이어 나가면서 성장하는 것도 의미 있는 일이지만, 그녀의 개인적인 상황에서는 그 '멈춤의 순간'이 필요했다. 채우기 위해서 비워내야 하고 비워야만 채울 수 있다는 말은 우리가 잘 알고 있는 철학적 진리이다. 미술 학도로서 살면서 영혼을 갈아 넣은 학창 시절을 보내고 일단 멈춤의 시간이 오래 걸렸던 작가는 이제 다시 차근차근 쌓아 올리면서 화가로서의 길을 다시 걷고 있다.

## 〈내 안의 식물원〉 GS 칼텍스 예울마루 출향작가 초대전

윤 작가와의 첫 인터뷰를 마치고 작업실에서 나오려고 할 때, 나는 예전에 작가가 내게 약속했던 도록을 선물로 받을 수 있었다. 난 소원했던 그 도록을 받고 꽃을 한 아름 선물 받은 것 같았고 아주 부자가 된 듯했다.

도록의 제목은 GS 칼텍스 예울마루 출향작가 초대전, 〈윤선홍 내 안의 식물원〉.

'문화 예술의 너울이 가득 넘치고 전통 가옥의 마루처럼 편안하게 휴식할 수 있는 공간'이라는 의미를 지닌 "예울 마루"는 지역미술계의 발전을 위해서 출향작가 공모전을 개최하고 있다. 고향을 떠나서도 작가의 길을 걷고 있는 작가를 초대해 480평의 넓은 공간에 자신의 이야기를 전하는 공간으로 여수 미술의 저변 확대와 전국적인 영향력을 펼치려는 취지를 갖고 있다. '윤선홍 작가 초대전'은 그렇게 공모전을 통해 기획된 첫 전시였다.

〈내 안의 식물원〉은 여수가 낳은 윤선홍 작가 초대전의 부제이다.

"제 작업실이 지하실인데, 어느 날 지하 작업실 어두움 속에 조그만 창으로 너무도 예쁜 빛이 들어오는 거에요. 빛을 관찰하다 이 지하실에 식물이 올려져 있으면 공기도 좋고, 더 아름답겠다 해서 실제로 지하실에다 화분을 키울 수는 없고 해서 화분에 그림을 창에다 그리기 시작했어요."

> 그리고 어느 순간 식물이 그냥 외면적으로 보이는 것뿐만 아니라 식물에 내가 아는 많은 사람들을 넣기 시작했지요. 가족, 또는 친구의 이야기를 할 수도 있어요. 작업만 하다 보면 항상 혼자 있게 되는데 그렇게 혼자 있는 시간 동안 식물을 의인화했기에 식물들과 대화를 할 수 있었던 것 같아요.

작가의 그림에 등장하는 식물들은 그냥 식물이 아니라고 했다. 그냥 사전적 의미의 꽃이나 식물이 아니라 작가가 만나고 싶은 사람들을 그 속에 담아서 표현했다. 작가는 '내 안의 식물원'에 삶의 방향, 삶을 산책하는 의미를 넣어 그리게 된 것이라고 작가는 설명해 주었다.

그리고 작품 기법에 대해 이렇게 덧붙여 말했다.

> 한지를 겹친 장지에 안료를 가루로 만든 전통 동양화 물감인 분채를 30~50번 덧칠을 하고 그 위에 색이 겹쳐졌을 때 스크래치 기법, 상감 기법처럼 무의를 파내거나 긁는 방법을 사용해서 밑 색과 덧칠한 윗 색이 어우러지게 표현하는 방법을 주로 사용하였다.

<작가 노트 중에서>

> 좋아하는 사람끼리 함께 있기만 해도 좋다. 말을 하지 않아도 이심전심 통하고, 설령 의견이 달라도 상대에게 공감할 수 있다. 이렇게 좋은 사람과 함께 있는 것만으로도 힘이 될 때, 우린 행복감을 느끼며 마음이

부자가 될 수 있다. 그러니 그런 상대를 만나고 나 또한 상대에게 그런 사람이 될 수 있다면 그거야말로 생의 행운이고 삶을 살아내는 즐거운 에너지가 된다. 윤선홍의 화분에서는 자연뿐만 아니라 우리들 각자의 모습까지 찾아볼 수 있다. 각양각색의 형태로도 그렇고 화분 하나하나가 향기와 느낌으로 작가의 내면에 숨어 있는 언어들과 만나 우리들 공통의 새로운 이야기가 또 태어나기 때문이다. 조형 언어로서의 녹색만으로도 행복하지만 그것에서 숨은 그림처럼 전설 같은 이야기가 새어나와 어느새 공감의 미소로 이어지는 순간, 우리는 예술 속에서 새로운 존재로 변한다.

<작가 노트 중에서>

화가의 그 도록이 내 카페 한 가운데에 있는 우드 슬랩 테이블 위에 놓여졌다. '학원가'라는 카페 위치의 특성상 주부들이 많이 오시는데 카페를 찾은 손님들께서도 나처럼 이 도록에 그려진 꽃만으로도 힐링을 받으시는 듯했다.

*Flowers are words even a baby can understand.*
*꽃은 아기도 이해할 수 있는 언어입니다.*
*(19세기 미국 뉴욕 성공회 주교, Arthur Cleveland Coxe)*

이 명언처럼 카페에 오는 손님들과 나, 그리고 작가 사이에 어느새 꽃으로 표현되어지는 언어로 벌써 소통이 이루어지고 있다는 것을 증명했다.

**식물원 작가 윤선홍**

마음에 식물원을 품고 사는 화가의 그림을 보면서 나는 나의 어린 시절 집으로 가는 길에 만난 오솔길을 거니는 것 같은 느낌을 받았다. 나의 마음과 머리속에서 흐르는 그 오솔길과 작가가 거니는 그 오솔길은 각자 마음에 품고 그리워하는 '마음 속 식물원'으로 이어지고 있다는 점에서 참 많이 닮았다는 생각을 했다.

내 어릴 적에, 장지에 분채, 먹 60x120cm

이 작품은 나의 어릴 적 추억이 깃든 능소화 담장을 떠올리게 했다. 그 추억으로 나는 지금도 능소화가 늘어진 담장을 보면 가만히 있지 못하고 뛰어 가서 사진에 담아오곤 한다. 그리고 그 추억은 현실로 이어졌다. 나의 카페와 가까운 어느 집 담장 위에서 능소화가 바람에 흔들리는 풍경을 매년 볼 수 있다. 그리고 능소화가 카페 창문을 따라서 흘러내려와서 내게 인사를 하는 꿈을 꾸어 본다. 능소화가 피어난 담장은 나의 추억이자 꿈이 되었다. 그런 의미에서 이 작품은 내게는 너무 반가운 작품이었다. 곧 다가올 능소화의 계절과 함께 이 작품을 전시장에서 다시 만날 수 있는 날을 기다려본다.

내 안의 식물원, 장지에 분채, 380x122cm

미소, 장지에 분채, 먹, 150x90cm

심쿵, 장지에 분채, 먹, 91x117cm

〈미소〉와 〈심쿵〉, 정말 사랑스러운 그림이다. 푸른 잎 사이에서 살짝 얼굴을 내밀고 피어난 작은 보라 빛 꽃은 나로 하여금 미소 짓게 했다. 그리고 연초록의 작은 잎들이 팔을 벌려서 나를 반기는듯한 그림에 내 마음도 함께 심장이 콩닥거림을 느낄 수가 있었다. 작가의 마음에 충분히 공감을 할 수 있는 그림을 만나서 기뻤다.

안녕하세요, 장지에 분채, 먹, 227x162cm

기억이 난다, 장지에 분채, 먹, 97x162cm

반갑게 인사를 건네는 꽃들… 맞다. 내가 즐겨 가던 화원 안에 가지런히 놓여있던 꽃들도 내게 이렇게 인사를 건네던 때가 떠올랐다. 그리고 나의 카페에 들어오는 손님들도 언제나 마음의 꽃을 심은 화분을 하나씩 가져와서 내게 건네주면서 인사를 건넬 때 나도 나의 마음 속 화분을 하나 꺼내어서 인사를 하게 된다. 소통의 기쁨이고 행복한 순간을 표현한 그림이라는 생각이 든다.

인연이 되어, 장지에 분채, 162x97cm

우리, 장지에 분채, 먹, 162x97cm

내게 너무나 익숙한 느낌으로 다가오는 잎들이다. 그래서 작가도 이 그림을 '인연'이라고 지었을 것 같다. 그리고 산세베리아 잎을 닮은 그림에서는 어쩜 이렇게 생명력이 느껴질까? 작가는 특히 이 그림에서 잎들을 참 생동감 있게 표현하고 있다. 봄이라는 계절을 맞아서 쑥쑥 자라고 있는 것처럼.

My way, 장지에 분채, 85x50cm   함께 있음이, 장지에 분채, 먹, 85x50cm

이 작품을 보면서는 작가가 인터뷰 중에 했던 말이 떠올랐다. 나의 길을 가는데 있어서 가족이 함께 곁에 있어주는 것만으로도 힘이 되는 경험을 했다고 했다. 어려운 순간에 말없이 곁에 있어주는 것만으로도 위로가 되고 힘이 되어주는 것이 가족이 아닐까 생각해본다. 작가는 이 그림을 그리면서 가족을 떠올리지 않았을까 미루어 짐작해보았다.

찾아가는, 장지에 분채, 먹, 혼합재료, 80x80cm

이 전시회에서 특이한 점은 작가가 '바다'를 등장시켰다. 바다는 기분이 좋지 않을 때 가서 보기만 해도 우리에게 선물 같은 감정을 주면서 힐링을 시켜준다고 작가는 말한다. 어릴 적 부모님과 함께 오동도를 산책하던 시절을 떠올리면서 그 여수의 바다를 추억하면서 전시장 한 쪽을 바다라는 테마로 꾸몄다. 내가 제일 좋아하는 그림은 바다에 아름다운 윤슬이 흐르는 그림이다.

### 〈Low Whisper〉, 두나무 아트 큐브 전시회

어느 날 윤 작가는 엽서 두 장을 들고서 나의 카페를 방문했다. 드디어 윤 작가 개인전이 2023년 초겨울, 안양 만안구 안양 예술 공원 안에 위치한 갤러리인 〈두나무 아트 큐브〉에서 2023년 11/24~12/13 개최된다는 소식이었다.

첫 번째 엽서에 그려진 그림의 제목은 〈윤선홍 식물원〉이다.

식물원 한쪽에 식물원으로 들어가는 작은 길이 열려 있는 것이 보인다. 어디로 가는지는 작가도 모른다고 말했다. 신비로움을 추구하는 작가의

마음을 엿볼 수 있었다.

작가는 '윤선홍 식물원'에 있는 식물들의 이름을 모른다고 했다. 그림에 그려진 식물들이 함께 공존하는지도 알 수 없다고 했다. 작가는 사람을 만났을 때 느낌을 식물들과 잘 부합시켜서 그림으로 표현한다. 다시 말하면 만나는 사람들을 식물로 빗대어 그림으로 그린다. 작가에게는 이름과 생김새가 중요하지 않았다. 그 사람의 마음과 생각을 알고 싶을 뿐이라고 한다. 작가는 사람을 만나면 식물과 연결이 잘되어 작가 마음 속에 있는 꽃을 하나 꺼내서 내보이면서 소통하고 이야기를 공유하기를 바란다.

두 번째 엽서에 그려진 그림의 제목은 〈빛이 좋아 2〉이다.

빛이 좋은 창가에 나란히 올려 놓은 식물들과 꽃, 이 창틀 아래의 벽에는

벽화처럼 여러가지 문양들이 있다. 작가는 이 벽에는 꽃과 여러 가지 식물들로 의인화되어 표현된 사람들과 무엇을 할 것인지 사실적인 내용을 그렸다.

> "나는 이런 사람들과 이렇게 구름이 있는 곳에서 재미있는 이야기를 하며 꽃향기를 맡고 이 사람들과 하고 싶은 이야기를 합니다."

단색화 표현을 이용하여 벽화로 그려내는 작가의 그림은 그림일기와 같다고 할 수 있다.

작가의 전시회를 소개하는 이 두 장의 엽서는 작가의 그림 두 점을 소장한 것처럼 내 카페 한 쪽 벽면에 소중하게 진열되어 있다. 작가의 꽃과 식물 그림들로 가득한 전시장을 한가로이 거닐면서 작품을 감상하는 것은 마치 화원이나 정원에 들어와서 산책하는듯한 모습일 것이라고 상상할 수 있었다. 그러면서 식물들의 속삭임들을 마음으로 공감하길 바라는 뜻으로 작가는 이 전시회의 모토를 〈Low Whisper〉라고 정했다고 한다. 〈나지막이 속삭이다〉

도록으로 처음 작가의 작품을 만나게 되었던 카페 손님들은 작가의 작품을 실제로 보고 싶어 했다. 마침 머지않아 안양에서도 윤선홍 작가의 전시회가 열릴 계획이니 방문하여 직접 감상하실 것을 권유해드리면서 손님들에게 전시회 일정을 소개해드렸다.

나는 그녀의 그림을 카페 손님들께 소개하면서 내가 화가가 된 것처럼 손님들과 소통하는 기쁨을 누릴 수 있었다. 이 기쁨이 내게 주어진 것에 나는 감사하는 마음이 들었다. 그리고 나도 작가의 전시회를 방문해서 작가의 작품과 직접 소통하는 기쁨을 누리고 싶었지만 바쁜 카페 일정으로 차일피일 미루고 있을 수밖에 없었다. 그러다 결국 마지막 날 클로징 1시간 전에 달려가서 볼 수 있었다. 관람객이 거의 끊긴 시간이었기에 〈두나무 아트 큐브〉 관장님과 개인적으로 담소도 나눌 수 있었다. 마치 큐레이터 처럼 친절하고 다정하게 작품 설명을 해주시는 모습이 친근하게 느껴졌고 왠지 가깝게 느껴졌던 만남이었다. 그리고 관장님도 내게 호의를 표하시면서 다음 기회에 더 많은 이야기를 나눌 수 있기를 바란다고 말했다. 윤선홍 화가의 전시회 덕택에 알게 된 〈두나무 아트 큐브〉 갤러리는 아주 아담하고 사랑스러운 공간이다. 그 이후 관장님은 내게 가끔 전시회 소식도 전해주었고 2024년 여름에는 작가들과의 만남에 나를 초대해주었다. 이 만남을 통해서 다양한 분야에서 활동하는 작가들의 작품 세계를 만날 수 있었다.

> 작은 화분에도 온 우주가 들어있기에 삭가의 마음도
> 그 우주 속에 던져보며 새로운 존재로 성숙하기를 바란다.
>
> 작가 노트 중에서

다정한 이웃, 장지에 분채, 먹, 110x24cm

다정한 이웃 19, 장지에 분채, 먹, 110x25cm

따로 또 같이, 장지에 분채, 150x25cm

따뜻한 오후, 장지에 분채, 먹, 116x91cm

정말 다양한 종류의 화분과 그 각각의 화분에 담긴 각양각색의 식물들. 그러나 우리에게 전하는 공통된 메시지가 있다. 그것은 바로 함께 마음을 나누기를 바란다는 메시지인 것 같다. 그리고 이 작은 화분에 담긴 식물들은 어디서 본 듯한 모양들이다. 아주 낯설지는 않다. 바로 우리 가까이에 있는 이웃이기 때문이다. 이 친근함 때문에 작가의 작품들이 마음에 더 들어오는 것 같다. 작가가 설정한 창틀이나 선반도 우리에게 친근한 이미지를 준다. 우리 일상생활에서도 창틀이나 선반은 우리의 소중한 마음을 담은 어떤 것들을 올려 놓는 역할을 하기 때문에 그 위에 올려진 화분들은 우리에게 각각의 화분들에 담긴 이야기를 따스한 언어로 말을 건네는 듯하다. 한마디로 창틀 위의 화분들은 사랑스러운 언어로 우리에게 다가온다.

**〈바람이 마음으로 들어와〉 정부 서울 청사 갤러리 기획 초대전**

그 후 작가로부터 두 번째 도록을 선물 받았다. 내게 또 다른 식물원을 하나 선물해준 것처럼 느껴졌다. 2024년 가을, 9월 27일 ~10월 25일에는 정부 서울 청사 갤러리 기획 초대전을 개최하였다.

그 제목은 〈바람이 마음으로 들어와〉 였다.

지나갔던 길가의 높은 담장에 개나리가 잔뜩 피어 있는 게 눈에 띄었다.
마치 비처럼 쏟아져 내리는 꽃사태가 때늦은 바람이 되어 마음으로 들어왔다. 온몸이 꽃 비에 젖는 듯 태풍이 몰아쳐 왔다.

마음은 벌써 콧노래를 부르고 있었다.

'왜 이렇게 좋지!' 정화되어버린 내 몸과 마음.
그들과 한편으로 뒤섞여 쏟아지는 비가 되어 무아지경이었다.
아! 자연의 힘이구나~~라는 말이 절로 나왔다.
그 아래 담장도 이야기를 건네고 있었다.

그 길을 지나가면서 나눈 수없이 많은 이들의 사연을 간직하듯 담장 곳곳에 이끼와 잡초가 가득했다. 그들의 전설 같은 이야기들을 모두 다 새겨 놓은 듯하다.
그들의 숨은 그림 약도들을 내 그림에 새겨 놓고 싶었다.

구구절절한 사연을 꾹꾹 담아두었다가 내가 느낀 그 이야기로 내 그림을 통해 우리들의 마음에 전하는 사람이 되고 싶었다.

자연의 좁은 문이 열릴 때 본 비밀이야기를 나는 정신없이 옮겼다.

작가 노트 중에서

내가 작가 인터뷰를 처음 갔을 때, 작가가 '길상사'를 다녀오다가 만난 낯선 길가 담장의 노란 개나리 꽃에 대한 이야기를 내게 들려 주었었다. 내 마음에도 작가의 그림이 나의 눈 앞에 펼쳐지듯 그려지고 있었던 기억이 난다.

담장 위에 늘어져서 초봄을 보내고 한 철이 지나는 길목에 있던 개나리, 그 흐드러진 개나리들은 담장에 늘어져서 있으면서 그 길에 떠도는 전설 같은 이야기를 황토 빛 담장부터 듣고 있는 것 같았다고 작가는 표현했다. 작가는 이 작품을 통해서 그 길목에 떠도는 전설을 들려주고 싶은 마음이 바람처럼 마음으로 들어왔다고 말한다. 그리고 그 이야기를 작가는 이렇게 우리에게 그림을 통해서 마침내 들려주고 있다. 작가는 마음에 불어오던 그 아름다운 바람의 이야기를 우리에게 전한다. 그리고 작가의 그 그림을 보면서 그 바람이 작가의 마음 속에 들어오던 그 순간이 얼마나 아름다운 순간이었는지 가늠을 할 수 있었다. 바로 그 이야기가 도록 겉표지에 피어난 것을 보고 난 너무 반가웠다. 그러나 나는 그 작품을 직접 감상할 수 있는 전시회를 놓쳐서 아쉬운 마음이 컸다. 다음에는 이 그림이 어느 전시장에서 전시가 될지 모르지만 기회가 된다면 윤선홍 작가가 전하는 그 바람의 이야기를 들으러 그곳을 꼭 방문하리라 마음먹었다.

바람이 마음으로 들어와, 장지에 분채, 먹, 227x424cm

　식물을 좋아하는 나는 화분에도 많은 애착을 갖고 있다. 화분에 식물을 심지 않더라도 화분 그 자체의 모습을 바라보는 것을 좋아한다. 그래서 작가의 이 화분 그림은 내 마음을 빼앗아가기에 충분히 아름다웠다. 장지에 스크래치를 넣어서 표현한다는 것은 아주 힘든 작업인데 토분의 느낌을 내면서 섬세하게 표현된 무늬에 나는 매혹되고 말았다. 게다가 작가는 이 작업을 하면서 작가는 화분 안에 많은 이야기를 담아놓은 듯하여 더 의미 있게 느껴졌다. 게다가 청화국을 닮은 꽃한송이를 올려놓은 작가의 소녀 같은 마음에 내 마음에 미소가 번졌다.

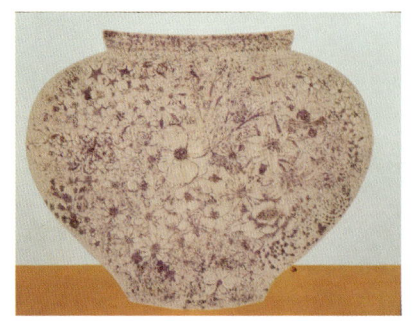
내 안의 즐거움, 장지에 분채, 91x116cm

소녀, 장지에 분채, 91x116cm

### 〈빛이 좋아 아트스페이스 퀄리아〉 초대 개인전

겨울이 지나고 2025년 새봄이 왔다. 이 봄 그 '길상사' 가는 길에 다시 흐드러지게 피어났을 노란 개나리 꽃들을 보고싶었다. 마침 작가는 이 봄에 평창동에서 전시회 계획이 있다고 했다.

〈빛이 좋아 초대 개인전〉 아트스페이스 퀄리아(Art Space Qualia)

봄 꿈을 마음에 품고 평창동으로 향했다. 아트스페이스 퀄리아(Art Space Qualia)는 고즈넉한 분위기의 작은 전시장이다. 전시장 담벼락에서 늘어져 있는 개나리꽃 줄기를 보았다. 노란 모습은 거의 사라지고 꽃잎만 전시장 앞 데크에 한 잎 두 잎 떨어져 있었기에 아쉬웠다. 내가 보고 싶어하는 그 어느 길가의 늘어진 노란 개나리꽃을 볼 수 없는 것이 아닐까하는 마음에 살짝 걱정스러운 마음이 들었기 때문이다. 그러나 그 걱정은 잠시 뒤로하고 전시장 안으로 들어가려고 할 때 전시장안에 가득 피어 있는 꽃들을 보았다.

유리창을 통해서 보이는 작가의 작품들이었다. 평창동의 파란 하늘과 전시장 안에 피어 있는 꽃들이 잘 어울렸다.

> 작업실에서 웅크리고 앉아 자신의 이야기를 감정을 드러내지 않고 단색으로 그림일기처럼 벽화로 그렸다. 벽화는 이미 과거이며 희로애락이 녹아 현재 모습에 흡수, 소멸되었기에 단색으로 표현한 것이다. 창 밖을 향한 시선은 미래에 대한 희망과 작가로서의 의지를, 과거와 미래를 이어주는 징검다리 같은 화분들은 작가의 미래에 대한 희망적인 메시지를 표현한 심상의 빛이다.
>
> 표현 기법은 한지를 여러 장 겹쳐 붙인 장지에 안료를 가루로 만든 분채로 칠하고 덧칠을 거듭한 뒤에 스크래치 기법, 상감 기법처럼 무늬를 파내거나 긁는 방법을 사용해 밑색과 덧칠한 색이 어우러지게 표현하는 방법을 주로 사용하였다.
>
> 작가노트 중에서

내 마음은 항상, 장지에 분채, 먹, 97x162cm

나의 이야기 1, 2
장지에 분채, 먹, 120x50cm

더불어 즐거워, 57x76cm    더불어 즐거워, 91x73cm    더불어 즐거워, 91x73cm

빛이 좋아 3, 장지에 분채, 먹, 91x73cm

추억 속으로, 장지에 분채,
먹, 57x73cm

작품 관람을 마치고 나와서 나는 계획했던 대로 '길상사'로 향했다. 어느 높은 담장 아래로 노란개나리꽃이 흐드러지게 피어있기를 바라는 마음을 안고서…

평창동을 나와서 15분~20분 차로 이동하여 '길상사의 봄'을 만날 수 있었다. '길상사' 절 내부를 산책하면서 나는 길상시 인의 꽃무릇에 얽힌 이야기가 떠올랐다. 이 봄에 가을 꽃인 꽃무릇을 떠올린다는 것이 아이러니한 이야기지만 내 마음 속에서는 바람이 전하는 또 다른 이야기가 들려왔다.

작가는 이 곳에 왔을 때, '길상사' 안의 꽃무릇에 얽힌 이야기 보다는 '길상사'를 나와서 거닐었던 낯선 길에 만난 개나리 꽃들이 들은 이야기가 더 마음에 들어왔다고 했다. 그러나 내 마음에는 또 하나의 바람이 전하는 이야기가 들어왔다. 만약 내가 그 길의 담장에 늘어진 개나리 꽃들을 만나게 된다면 '길상사' 안의 꽃무릇의 전설 같은 이야기도 들을 수 있을 것 같았다.

붉은 꽃무릇, 꽃이 필 때는 잎이 없고, 잎이 자랄 때는 꽃이 지는 특징이 있다. 꽃과 잎이 서로 만나지 못한다는 것에서 비롯되어 꽃은 잎을 잎은 꽃을 그리워하는 것처럼 보이기 때문에 애틋한 사랑이야기, 이루어질 수 없는 사랑을 상징하는 꽃이다.

'길상사' 안의 그 꽃무릇 이야기는 시인 '백석'과 그 시인을 사랑한 '자야'의 이야기였을 것이다. 김 영한, 진향, 자야, 그리고 마지막에는 길상화라는 법명으로 생을 마감한 여인, 바로 길상사의 공덕주이다. 그 붉은 꽃무릇의 이야기를 그 황토 빛 담장위에서 노란 개나리도 전해 듣지 않았을까 나는 생각했다. 그리고 백석의 시, '나와 나타샤와 흰 당나귀'라는 시가 떠올랐다.

*가난한 내가 / 아름다운 나타샤를 사랑해서 / 오늘 밤은 푹푹 눈이 나린다*

*(중간 생략)*

*눈은 푹푹 나리고 / 아름다운 나타샤는 나를 사랑하고 /어데서 흰 당나귀도 오늘밤이 좋아서 응앙응앙 울을 것이다.*

나의 마음에 이렇게 또 하나의 바람이 불어오면서 전설처럼 전해 내려오는 꽃무릇의 이야기와 백석의 시를 떠올리고 또 한번 마음이 아련해졌다.

집으로 돌아오는 길에 작가의 문자 하나를 받았다.

> "바람이 마음으로 들어오던가요?"

정말 아름다운 말이었다. 나는 내 마음에 바람이 들어온 이야기 보따리를 작가에게 풀어놓고 싶은 마음을 사진에 담아서 보냈다. 내가 작가의 그림을 마음에 담고 와서 거닐던 평창동의 길거리, 작가와 나는 그 시간 같은 공간에 있는 것은 아니었지만 작가와 이야기를 나누는 것 같은 느낌이 들었다. 높은 담장에 흐드러지게 피어 있는 노란 개나리 꽃 사진을 찍어서 작가의 질문에 답했다. 작가가 만난 그 봄의 개나리 꽃과 내가 이 봄에 만난 개나리 꽃을 통해서 작가와 마음을 나누는 시간이었다. 그리고 그 길은 내 마음 속에 오래 간직될 풍경으로 마음 속에 담아 두었다.

2025년 4월의 봄은 윤작가에게는 정말 바쁜 달이었다. 〈서울 코엑스 화랑미술제〉가 거의 동시에 개최되었고 좋은 결실도 맺을 수 있었다. 봄에 꽃이 개화하듯이 전시장에서 윤 작가의 꽃 그림들이 어김없이 피어나기 시작했다. 그리고 2025년 6월, 장미꽃의 개화와 함께 윤 작가는 내게 여름 선물을 하나 주었다. 〈화랑미술제 IN 수원 2025〉

1979년에 시작된 국내 최장수 아트페어인 '화랑미술제'가 국내 유수 104개 갤러리가 참여한 가운데 열렸다. 윤 작가가 선물로 준 〈화랑미술제 초대장〉으로 그 풍요로운 전시회에서 윤 작가가 여름의 시작과 함께 새롭게 피워낸 화려한 작품들을 비롯해서 여러 작가의 작품들을 하루 종일 여유롭게 감상하면서 황홀한 시간을 보냈다. 그리고 이제 새롭게 다가올 새로운 계절에 작가가 피우게 될 꽃들을 기대해본다. 꽃을 좋아하는 내가 마음에 꽃이 가득한 작가와 꽃이야기를 앞으로도 오랫동안 나눌 수 있을 것 같아서 마음이 행복해진다.

# 윤선홍 Yoon Sun Hong

이화여자대학교 미술대학 동양화학과 졸업

### 개인전 25회
갤러리 두 초대전, 이랜드문화재단선정작가 초대전, GS칼텍스예울마루 출향작가 초대전 서울정부청사갤러리 초대개인전, 아트뮤제갤러리 초대전, 갤러리 숲 초대전, 아산병원 갤러리 초대전, 희수개럴리 초대전, 인사아트센터, 가나아트스페이스, 자미갤러리 초대개인전, 아트스페이스퀄리아 초대개인전 등

### 단체 및 아트 페어
박영갤러리 시프트 9기-1전, 단원미술제, 일요신문기획한국미술응원프로젝트전, 희수갤러리13주년특별전, 중견작가전-돈화문 갤러리, 기억의 색채 3인전-라온제갤러리, 꽃에 대한 기억 3인전- 갤러리두, 채연전-이대동문전, 갤러리 두 13주년기념 6인전, 3인전 돈화문 갤러리, Dreamy3인전 밀스튜디오갤러리, 2023인기작가전-갤러리 두, Affordable Art Fair Hampsteead London, Affordable Art Fair New York, Affordable Art Fair Singapore, Affordable Art Fair Hong Kong, Affordable Art Fair Brussels, 아트 부산, 아시아프 & 히든아티스트, Kiaf+ 화랑미술제, 제주 아트페어, 서울 아트쇼, 광주아트페어, Asia Contemporary Art Show Hong Kong, 부산 국제화랑아트페어(BAMA), 대구아트페어, 울산아트페어, 조형아트서울, 뱅크아트페어, Art X SEOUL, 130 주년 Art Festa Ewha 등

### 소장처
국립현대미술관미술은행, 국립현대미술관정부미술은행, 경기문화재단(경기도 미술관), 전남도립미술관, 인천미술은행, 오미갤러리, 희수갤러리, ㈜한샘EUG ㈜홈푸드, 아이뜰소아과, 정세주내과, 법무법인Win & Win, 다수 개인 소장

E-mail : brushhong@hanmail.net

서재로망, 한국 국보, 96x174cm, 장지에 분채 튜브 금분

# 책거리와 꼭두

## 이경주

## 〈쓰임이 예술이 되는 순간〉 두나무 아트 큐브

안양 예술 공원, 〈두나무 아트 큐브〉

2024년 6월 22일 토요일, 나는 오랜만에 미술관으로 나들이를 나갔다. 소나기와 함께 여름이 시작될 무렵 안양 예술공원에 위치한 갤러리 〈두나무 아트 큐브〉에서 전시회가 열렸다. 〈쓰임이 예술이 되는 순간〉이라는 전시 주제 아래 다섯 작가들의 작품이 전시되고 있었다. 갤러리 〈두나무 아트 큐브〉 관장님께서 이 작가 들과의 만남에 나를 초대했다. 〈관객과 나누는 예술 이야기〉라는 행사였다. 내가 책을 쓰기로 마음먹고 작가들을 섭외하고 있던 차라서 갤러리 관장님의 초대는 내게 너무나 반가운 일이었다.

전시회 주제인 〈쓰임이 예술이 되는 순간〉은 쓰임이 다한 대상에서 고유한 아름다움을 발견해 새로운 생명력을 불어넣는다는 의미를 지닌다고 한다. 5인의 예술가가 기존의 자원을 새롭게 해석하고 제작하여 쓰임의 용도를 달리 할 때, 예술이 새롭게 탄생하는 순간의 경험에 대한 작가 자신들의 이야기를 직접 들려주었다.

 이 행사에 참여하고 있는 내내 나는 가슴이 뛰고 있었다. 이 날 한꺼번에 여러 분야에 있는 작가들을 만날 수 있었다는 사실은 내게 흥분되는 일이었다. 혹시 이 다섯 분이 모두 내 책 속의 주인공이 되는 운명적인 날이 될 수도 있다고 생각하니 가슴이 벅찼다. 그러나 그것은 욕심이라고 생각했다. 그러면서도 내 마음은 자꾸 5인의 작가들을 내 책과의 인연으로 만들고 싶다는 생각으로 흘러가고 있었다. 그래서 나는 작가들에게 하는 질문에서 작가들의 사진을 찍어도 되는지 요청을 드렸다. 이 날을 기록하고 싶다는 마음이었다.

 그러나 나는 잘 알고 있었다. 미술의 다양한 영역에서 예술가로서 빛을 발하고 있는 작가들을 보는 것만으로도 내게는 황홀한 경험이라는 것을. 이 행사가 끝나고 기념 촬영이 있었고 나는 뿌듯한 마음으로 사진 속에 추억을 담을 수 있었다. 아무튼 카페 안에서만 살아오던 나는 이날 다른 세상으로 날아간 것 같은 느낌이었다.

 이 날 참여한 예술가들 중에서 홍일점으로 이경주 작가가 있다. 그때는 알지 못했다. 이경주 작가가 나의 책 속의 주인공 중 한 명이 될 수도 있다는 것을 나 자신도 그때는 알지 못했다. 그런데 참으로 신기하게도 이경주 작가와 나의 인연에는 서막이 있었던 것 같다. 예전에 신문 기사를 쓰기 위해 한국화 윤선홍 전시회가 열리고 있던 〈두나무 아트 큐브〉를 처음 찾아가게 되었다. 그 날 내게 갤러리 관장님과 오붓하게 대화를 나눌 시간이 주어졌었다. 그리고 그 날 관장님과의 만남은 따뜻한 만남으로 내 마음 속에 기억되었다.

지금 돌이켜 생각해보면 그 날의 인연은 또 그 이전의 인연으로 거슬러 올라간다. 카페 앞에서 나의 꽃과 나무의 사진을 찍고 있던 윤선홍 작가의 첫 만남. 그 인연을 시작으로 지금 이경주 작가와의 인연으로 이어질 수 있었다는 생각이 든다.

다시 말하면 한국화 윤선홍 작가의 전시회 인연이 〈두나무 아트 큐브〉 갤러리 전시회 나들이로 이어졌고 이로 인해서 같은 한국화 작가인 이경주 작가와의 인연으로 이어지게 되었다고 말할 수 있다. 이런 흐름을 생각해 볼 때, 인연은 정말 신비로운 힘을 지니고 우리 곁에서 흘러가고 있는 것 같다는 생각이 든다.

〈관객과 나누는 예술 이야기〉라는 행사가 시작되기 전, 전시되어 있는 작품들을 자유롭게 감상할 수 있는 시간이 주어졌다. 내가 이경주 화가의 그림을 감상하고 있을 때, 이경주 작가가 다가와서 살짝 독특한 tone의 목소리로 마치 큐레이터 처럼 내게 작품 설명을 자세히 해주었다. 언젠가부터 나는 목소리에서 묻어나는 진솔함에 귀를 기울이게 되었고 그 목소리로 인해서 마음이 열리곤 했다. 그런 진솔함이 이경주 작가의 목소리에서도 느껴졌고 내게 전해지는 작가의 진솔함이 그냥 좋았다. 게다가 작가가 호랑이 띠라는 말에 호랑이 띠인 나의 친정 언니를 떠올렸고 작가에게서 친정 언니 같은 포근함과 친근함 까지도 느낄 수 있었다. 그리고 나는 찰랑거리는 그녀의 단발머리에서 단아함과 한국의 미를 느낄 수 있었다. 이 찰랑거리는 단발머리는 또한 내게 친정언니를 떠올리게 했고 멀리 있는 친정 언니에 대한 그리움으로 나의 마음은 흔들렸다. 나는 그렇게 이 작가에게 흘러가는 내 마음을 느낄 수 있었다. 이렇게 해서 이경주 작가와의 인연이 시작되었다. 이경주 작가의 그림을 보다가 문득 마주한 그림이 하나 있었다. 그 그림 앞에 섰을 때 나는 마음이 아파왔다. 밝은 색감으로 그려진 다른 작품들과 사뭇 다른 그림으로 어두운 분위기의 작품이다. 무슨 사연이 있을 것 같은 작품이라고 느껴졌다.

상처받은 집, 40x40cm

행사가 시작되는 바람에 작가와 작품에 대한 이야기는 더 하지 못하고 행사 참여를 위해 착석을 하였기 때문에 어떤 그림인지 설명을 들을 수는 없었다. 그 작품을 보자마자 마음이 아파왔던 기억이 너무 아련해서 나는 며칠 후에 다시 갤러리를 방문했다. 이 작품에서 내가 작가에게 마음이 더 흘러가게 되었기 때문에 나와 작가와의 인연이 가까워질 것이라는 예고편이었던 것 같다. 혹시나 작가를 만날 수 있지 않을까 하는 바램으로 갤러리를 방문했다. 작가는 만나지 못했지만 〈두나무 아트 큐브〉갤러리의 큐레이터로 부터 작품 설명을 좀 더 들을 수 있었다. 내 느낌대로 어떤 아픔이 묻어 있는 작품이었다. 평범한 집 속에 깃든 아픔을 표현했다. 어두운 집 분위기. 그러나 그 대문 앞에 서있는 꼭두 인형은 사랑스러운 얼굴이다. 집이 있어도 들어가지 못하고 밖에 서있는 아이들, 부모로서 최선을 다했고 상처를 안준 것 같은데 아이들은 밖에서 겉돌고 있다. 그게 나의 잘못일까? 그렇게 슬픔 또는 아픔이 묻어 있는 작품이지만 그래도 여지를 남겨두고 있다. 비록 집 밖에서 서있지만 대문을 지키고 있는 아이들의 밝은 모습에서 희망을 찾아볼 수 있다.

그 그림을 통해서 작가와 내가 또 한번 오버랩 되는 것을 느낄 수 있었다. 작가와 내가 겪고 있는 아픔이 비슷하다는 느낌이 들었다. 작가와 나 뿐만 아니라 우리 개인들의 이야기 같기도 했다. 어느 가정에나 하나의 아픔은 존재할 수 있다. 그 아픔을 사랑으로 함께 보듬어 가는 것이 가족이라는 메시지를 주는 것 같았다. 나는 이 작품을 보면서 부모로서 동병상련의 아픔이 느껴지면서 그녀의 마음을 보듬어주고 싶다는 생각이 들정도로 더 가까워진 느낌이 들었다.

전시회에서 만난 또 하나의 인상 깊은 작품은 호랑이 가족을 그린 소품들이다.

호랑이 가족 작품은 내가 좋아하는 밝은 노란색이다. 아이들의 미래를 위해서 일찍 외국 유학을 보냈던 작가의 가족애가 느껴졌다. 나는 작가의 그 마음을 공감할 수 있었기에 엄마 호랑이와 아기 호랑이를 데려왔다. 나는 이 호랑이 가족을 보면서 나와 둘째 아들을 마음에 떠올렸기 때문이다. 나는 둘째 아들을 어린시절 너무 일찍 품에서 내려 놓고 일을 했기에 항상 안스러운 마음이 들었다. 그래서 둘째 아들에 대한 엄마의 사랑을 담아서 카페로 데려왔다. 밝은 노란 빛깔의 두 호랑이가 서로 사이 좋게 바라보면서 가까이 있게 테이블에 진열해 놓았다.

그렇게 나는 작가의 마음과 나의 마음을 오버랩 시키면서 작가에게 다가가고 있었다. 나는 그녀에게 더 다가가고 싶은 마음이 들었다. 그래서 관장님을 통해서 이경주 작가를 소개받을 수 있었다. 내 책의 또 한 명의 주인공이 되어 주기를 바라는 마음으로 작가에게 만남을 제안했고 작가는 흔쾌히 나를 그녀의 작업실로 초대해주었다.

2024년 7월 23일, 무더운 여름이 무르익어갈 무렵, 이경주 화가 인터뷰를 하러 서울로 가면서 어떤 분위기의 화실일까 기대되고 설레는 마음으로 찾아갔다. 이경주 화가의 화실에 들어서자마자 들리던 첼로 연주! Air on the G-string (by J.S Bach) 바흐의 G선상의 아리아.

화가의 화실 한가운데에 놓여 있는 큰 스크린에서 Stjepan Hauser의 연주가 동영상과 함께 흐르고 있었다. 바로 내가 예전에 감동받았던 2018년 Croatia, Arena Pula Gala Concert 그 연주 동영상이었다. 그 순간 나는 깜짝 놀랐다. 나의 이 설렘 또한 예정되어 있었던 것이 아니었을까 하는 생각까지 들었다. 〈두나무 아트 큐브 갤러리〉에서 이경주 화가와 첫 만남부터 나와 무엇인가 비슷한 분위기를 느낄 수 있었던 것은 우연이 아니었던 것 같았다. 그리고 그녀의 화실에 들어섰을 때 들려오던 음악 소리에 나는 나와 닮음 꼴을 하나 더 발견한 것 같았다. 모반을 좋아하고, 窓을 좋아하고 고재를 좋아하고… 그리고 그녀와 이야기를 나누면서 서로의 개인적인 아픔까지도 서로 충분히 공감할 수 있었다. 화가와의 얘기가 너무 잘 통하고 행복한 시간들이었기에 화실을 떠나오기 아쉬웠다. 그래서 원래 일정에는 없었지만 점심 식사를 함께 하자는 그녀의 제안을 나는 기쁘게 받아들였다. 그녀와 더 오래 얘기를 나눌 수 있는 시간이 주어지기 때문이다. 갑자기 비가 내리기 시작했고 우리는 근처 밥집까지 우산을 함께 쓰고 뛰어갔다. 식당에서 김치 찌게를 먹으면서 이야기를 계속했다. 그녀는 나보다 6살이 많은 언니였지만 내 앞에서 이런저런 얘기를 들려주는 모습이 너무 귀엽고 사랑스럽게 느껴졌다. 우리가 그동안 오랫동안 알고 지내오던 사이였던 것처럼 친근하게 이런 저런 얘기를 털어 놓은 그녀의 모습에 편안하게 대화를 이어갈 수 있었다.

작가는 동덕여대 회화과 한국화를 전공하고 1985년 졸업을 하고 조계사 불교 용품을 판매하는 가업을 도와서 부적을 그리고 탱화와 같은 불교 그림을 20여년 그렸다. 이렇게 일상이 그림이었던 그녀는 휴지 기간의 외로움과 적막감으로 인해서 그림은 그녀의 숙명이라는 것을 깨닫게 되고 민화를 통해서 다시 그림을 그리기 시작했다. 그 결과 2014년 현대 민화 공모전 최우수상, 2016년 전국 민화 공모전 최우수상을 수상했다. 그리고 항상 그녀의 마음 속에 자리하고 있던 "너의 그림을 그려라." 라는 스승이신 황창배 교수님의 가르침은 마침내 그녀를 스스로 깨닫게 했다. 바로 책거리를 보는 순간 그녀는 마음을 빼앗기고 말았다. 책을 사랑하던 어린시절의 추억이 떠올랐다. 책은 그녀의 갈증의 대상이었다.

## 〈책거리 산책〉 성북동 작은 갤러리 (2017)

　작가의 책에 대한 로망은 2017년 〈책거리 산책〉이라는 주제로 전시회를 〈성북동 작은 갤러리〉에서 처음으로 개최하게 하였다. 이경주 작가의 첫 개인전이다.

　성북동은 북악산 동편자락에 터를 잡은 동네로 한양 도성의 북쪽이란 뜻이다. 맑은 시냇물과 수석이 아름답게 어울린 산자수명인 마을이다. 이곳을 거쳐간 예인가 문인들이 자연스럽게 모인 곳으로 화가, 작가 등 문화예술인들이 살았던 자취가 남아있는 곳이기도 하다. 미술사학자 최순우 선생이 사시던 곳이고 독립운동가이자 시인인 만해 한용운의 생가 심우장이 있고, 김환기, 간송 전형필 등 우리나라를 대표하는 문화예술인들이 교류하면서 창작활동을 펼친 곳이다. 성북동 거리 자체가 근현대문화예술의 숨결이 느껴지는 곳으로 2013년에는 서울 도성 밖에서 문화재가 가장 많은 지역으로 서울시 최초로 역사문화지구로 지정되었다. 이곳에 2016년에 개관한 〈성북동 작은 갤러리〉는 한 건물주가 이웃을 위해 무상으로 제공한 공간에 마련된 갤러리라고 한다. 그 후 예술인과 시민을 위한 열린 문화공간이 되어 오고 있다. 골목마다 예술의 향기가 스민 동네, 성북동에서 2017년 이경주 작가의 첫 전시회가 열렸었다는 것은 내게 더 낭만적으로 들렸다.

책거리 병풍, 127x160cm

문갑 책거리, 60x36cm

백묘 책거리 66x207cm

책거리는 책이 중심이 된 정물화이다. 책과 함께 도자기, 청동기, 문방구, 생활용품 등 물건들과 식물과 동물 등 자연물이 함께 그려졌다. 조선시대 18세기 후반부터 20세기 초까지 '책거리' 정물화가 유행했다. 조선시대 고유의 전통적 색채를 지니면서도 서양에서 강조하는 원근법이 아닌 작가자신의 관심도에 따라 크기를 다르게 표현한 독특한 기법은 독특한 아름다움을 지니고 있다. 이렇게 책이 중심이 된 정물화인 우리나라의 책거리는 전세계에서 유일한 것으로 우리나라를 대표하는 글로벌한 예술이라고 할 수 있다.

### 〈서재로망〉 갤러리 이즈 (2019)

'책'이라는 말을 들으면 떠오르는 단어가 있다. '소유'와 '갈등'이다. 어릴 때부터 유난히 책을 좋아했지만 풍족하게 접하기 어려워 책이 있는 집을 찾아서 온 동네를 돌아다녔었다.

그러다 보니 나에게는 책을 소유하고 싶은 갈증이 있었다. 이러한 어린 시절의 갈증은 '책거리' 그림을 만나면서 내 그림 속에 녹아 들었다. 나는 '서재로망'이라는 전시명으로 개인전을 열면서 문화유산들을 책거리 속에 녹여 넣는 국보시리즈를 그렸다.

한국 국보는 블루 톤으로, 중국 국보는 레드 톤으로 그렸다. 특히 한국 국보 그림에는 책 뿐만 아니라 내가 가지고 싶어도 가질 수 없는 우리나라 국보들을 컬렉션처럼 그려 넣었다.

이 책거리 그림에 대한 사람들의 반응은 뜨거웠다.

- 작가노트中에서 -

서재로망, 한국 국보, 96x174cm, 장지에 분채 튜브 금분

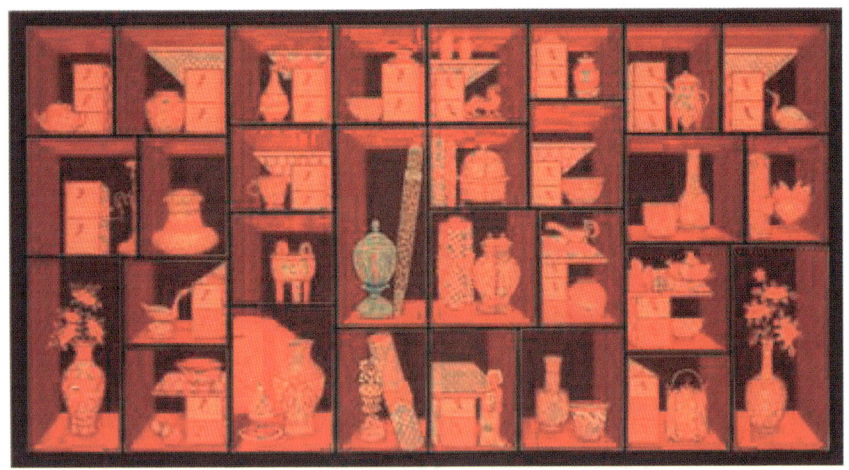

서재로망, 중국 국보, 96x174cm, 장지에 분채 튜브 금분

작가는 6~7년간 오로지 책거리를 소재로 그림을 그렸고 2019년 인사동 이즈 갤러리에서 두 번째 개인전 〈서재로망〉을 통해서 떠오르는 샛별로 인정을 받게 되었다. 그후 2021년 이경주 작가는 한국의 글로벌한 예술인 책거리를 유럽에 소개하는 전시회에 참여했다. 2021년 5월 펜데믹 봉쇄가 해제되면서 주프랑스한국문화원은 2021년 6월~9월 책거리를 주제로 "Chaekeory... de la beaute des livres (책은 한껏 아름다워라)" 전시를 개최했다.

이 전시회 제목은 이태준, '冊', 〈無序錄〉, (1941년)에서 표현된 내용이다.

> 책만은 '책'보다 '冊'으로 쓰고 싶다. '책'보다 '冊'이 더 아름답고 더 책답다....(중간 생략) 책은 한껏 아름다워라. 그대는 인공으로 된 모든 문화물 가운데 꽃이요 천사요 영웅이기 때문이다.

이 전시회는 책을 예술로 승화시킨 한국 현대 민화작가들의 새로운 책거리 세계를 유럽에 알리는 계기가 되었다. 한국민화학교 교장, 정병모 교수가 기획한 책거리 전시팀과 한국민화협회 및 한국전통민화연구소가 공동으로 출품한 47명의 작가들의 민화 책거리 작품으로 구성되었고 이경주 작가도 이 전시회에 참여했다. 이런 흐름 속에서 '책거리 작가'라는 수식어가 자연스럽게 이경주 작가를 표현하는 한 단어가 되었다.

## 〈호모 루덴스〉 갤러리 '이즈' (2021)

Homo Ludens, Man the Player는 문화사를 연구한 요한 호이징하(Johan Huizinga)에 의해서 1938년 시작된 개념이다. '인간의 본질을 놓고 즐긴다'는 관점에서 파악하는 인간관이다. 다시 말하면, '유희의 인간'이다. 그러나 '유희'는 단순히 논다는 것이 아니라 인간의 문화적 활동을 놀이의 관점에서 바라보는 것으로 정신적인 창조 활동을 일컫는다. 우리 선조들은 일상적인 시공간과 분리되는 개념인 저승세계로 이끄는 꼭두의 활약을 통해서 인간의 풍부한 상상의 세계를 표현하였다. 이경주 작가는 '호모 루덴스' 라는 개념을 한국의 '꼭두'에서 발견하게 되었다.

작가는 예술가로서 가장 힘든 슬럼프 시기를 겪고 있을 때, 이 꼭두와의 운명적인 만남을 하게 된다. 작가는 〈놀이하는 인간, 호모 루덴스〉에서 이렇게 고백하고 있다.

> 2년 전 갤러리 이즈에서 개인전을 마치고 난 후 커다란 슬럼프를 겪었다. 그 어둡고 긴 터널을 빠져나오게 해준 것이 바로 나무 작업이었다. 나무를 깎고 다듬고 색칠하면서 나는 몰입할 수 있었고, 시간을 즐기게 되었다. 그림의 제목들이 보여주듯
>
> '삶은 계속된다', '숲의 요정들, 밤의 정령', '축제', 'fun fun한 민화'까지…
>
> 내게는 꼭두 인형이 소통이자 놀이였다.

'서재로망'은 책거리만 가지고 만든 전시였다. 이번 전시는 책과 모란, 꼭두 등 그동안 작업하고 작게 전시했던 작품들을 한자리에 모았다. 우리의 삶이 그러하듯 닮은 듯 닮지 않은 부조화 속에서 서로에게 빛이 되어주는 존재가 되길 나는 열망한다.

-작가 노트에서-

  책가도 작업은 치열하고 꼼꼼한 작업으로 도서관 같은 느낌이 있어서 즐겨 그렸지만 그림이 주는 중압감이 있다고 작가는 말한다. 그래서 작가도, 보는 사람도 재미있기를 바라는 마음으로 꼭두를 해학적으로 표현하고 싶다는 바람으로 작업을 한다. 처음에는 종이에 그림을 그려서 나무에 붙였는데 그림이 주는 치밀함과 꼼꼼함이 두드러져서 실제 사람에 가까운 형상이 자꾸 나오게 되고, 꼭두 자체가 가지고 있는 인간적인 면이 부각되기 힘들어서 직접 나무에 작업을 하게 되는 목각작업을 즐기게 되었다. 그리고 광대, 악사, 신랑 신부 등, 다양한 표정의 꼭두와 사람을 닮은 꼭두의 표정과 몸짓에서 작가는 작은 위로와 격려를 받았다.

Life goes on, 53x53cm

구름우산, 53x53cm

호랑극단

작가는 그녀의 작품 세계의 변화에 대해 작가 노트를 통해서 이렇게 말한다.

> 우연히 방문한 제주도 본태 박물관에서 이루어진 꼭두와의 운명적인 만남으로 새로운 전기를 맞이하게 되었다. 도대체 이 투박하고 단출한 목각 인형들은 무엇인가? 그 인형들의 세상을 달관한 듯한 표정 앞에서 나의 소유와 갈등에 대한 욕망이 모두 허무하게 느껴졌고, 각양각색의 등장인물과 동물들, 상징을 묘사한 꼭두 목각들을 보면서 인생을 보는 듯한 느낌이 들었다.
>
> 그렇게 꼭두를 그려가면서 꼭두에 대한 연구를 심화해 나갔다. 그 과정에서 꼭두가 상여를 장식하는 용도 뿐만 아니라 어린아이들의 소꿉놀이로, 마을 잔치를 할 때는 인형극 소품으로도 쓰이는 등 우리와 늘 가까이 있었음을 알게 되었다. 죽음의 그림자가 스며든 암울한 존재로서 터부시할 대상이 아니라는 것을 깨닫고 이 꼭두를 '일상에서의 행복'이라는 이름으로 끌어 들이고 싶었다. 그런 의미에서 나는 두 번째 개인전 주제를 꼭두로 하게 되었고, 제목을 <호모 루덴스: 놀이하는 인간>으로 붙였다.

## 〈꼭두랑 모란이랑〉 갤러리 '한옥' (2021)

내 작품에 쓰이는 주 재료는 나무이다. 나는 나무를 깎고 다듬고 색칠해서 목인, 동물, 신화 속 인물, 구운몽에 나오는 팔선녀를 만들기도 한다.

우리나라의 전통 목각은 아이들의 장난감이나 인형극에도 쓰이며, 선물용으로 만들어서 답례품으로도 쓰였다. 꽃상여가 등장하면서 우리 조상들은 남은 사람들의 슬픔을 위로하고, 망자에 대한 정성을 나타내고자 망자가 살아서 보았던 모든 인물이나 동물 꼭두를 만들어서 상여에 장식하였다.

꼭두가 상여에 다는 장식물이라는 이유 때문에 터부시하는 경우가 있는데, 꼭두는 꼭대기, 꼭두새벽 처럼 '가장 위에 서있는 자', '어둠을 다스리고 광명을 가져오는 자'라는 듯이 담겨져있다.

나는 전통 목각이 가지고 있는 투박한 아름다움은 살리고 색이나 의상은 현대에 맞게 고쳐가는 작업을 하면서 우리나라 목각이 가진 우수성을 널리 알리는 작업을 하고 싶다.

작가 노트에서

  2021년 '불화, 민화 공모전'에서는 최우수상의 영광을 안았고 '갤러리 한옥'에서 초대 개인전을 개최했다. 민화에 많이 등장하는 모란은 부귀를 상징한다. 은은한 모란의 색깔은 꼭두의 오방색을 돋보이게 하고 자연스럽게 어울려서 나는 편안하다는 느낌까지 받았다. 그리고 길상화, 행복화라는 이미지의 민화와 꼭두를 접목시켜서 꼭두의 표정도 다양하게 바꾸고 옷 색깔도 현대적으로 회화적으로 바꾸어서 사람들에게 터부시되었던 이미지를 벗고 친근하게 우리 마음에 다가올 수 있는 이미지로 재창조하고 있다.

작가는 전통 책갑을 화분으로 대신 표현하고 있다. 작가의 새로운 발상이다. 나무가 종이가 되고 다시 나무로 태어나게 하여 종이와 나무를 하나의 생명으로 연결된 유기체로 여겼다. 그리고 역시 전통 문양인 모란을 그려 넣었다.

책갑 화분 2, 43x23cm

책이 있는 풍경, 43x23cm

## 제 2회 〈황창배를 기억하다〉 작고 20주기 추모 전시회

이경주 작가의 스승이신 황창배 작가 작고 20주기를 맞아 추모 전시회, 〈황창배를 기억하다〉를 개최하였을 때 황창배 작가를 사랑하는 작가와 제자 120명이 참여한 가운데 이경주 작가는 운영위원으로 참여했다. 2021년 12월 동덕 아트 갤러리 전시에 이어 2022년 1월 금보성 아트 센터로 이어진 전시회이다. 1999년부터 2001년 동덕여대 초빙 교수로 역임하면서 큰 가르침을 주셨던 황창배 작가는 '한국화의 테러리스트' 라고 불리우면서 1990년대 '황창배 신드롬'을 일으켰고 '한국화에 새로운 생명'을 불어넣었다는 평가를 받은 작가이다. 이경주 작가는 스승의 가르침이 작가의 마음 속에서 항상 울림이 되었기에 이 전시회는 작가에게는 아주 의미 있는 전시회였다고 회고하고 있다.

2022년 여름, 〈Ten Tones〉 전시회에서 이경주 작가는 기획자로 변모된 모습으로 그녀가 직접 기획한 Ten Tones 단체전이 인사동 〈마루아트 센터〉에서 개최되었다. 민화를 기반으로 하면서 서로 다른 분위기와 스타일의 창작 작업을 하는 10명 작가들의 현대 민화 전시였고 성황리에 막을 내렸다. 그리고 2022년 싱가포르 Affordable Art fair 참여는 우리의 전통 문화인 한국화를 알리는 기회가 되었다.

### 〈동덕여대 대학원 민화학과 석사 청구전〉 인사동 동덕 아트 갤러리 (2023)

2023년 동덕여대 대학원 민화학과 석사 청구전을 인사동 '동덕 아트 갤러리'에서 개최했다.

이 전시회에서는 특히 벽화 작품들이 아름답게 전시되었다.

〈벽화작업으로 그린 책가도〉

〈벽화 시리즈〉

　이경주 작가는 이렇게 급성장을 하면서 그녀의 새로운 시도들은 호평을 받았고 이 시기에 갤러리 〈단정〉과 인연을 맺게 된다. 그 인연은 이경주 작가 초대 개인전과 해외 아트 페어 참여라는 기회로 이어진다.

## 〈가을이 찬란함을 잊을까〉 갤러리 '단정' (2023)

갤러리 〈단정〉에서 이경주 초대전이 개최되었다. 민화에서 영감을 받은 한국화와 인생 희로애락이 담긴 전통 나무인형 '꼭두' 공예 작품이 전시되었다. 우리나라 고유의 오방색인 적, 청, 황, 백, 흑으로 표현된 작품에서 세련된 전통미가 흐르는 한국화가 전시되었고 비단, 한지, 나무 쟁반, 돌 등 다양한 소재들로 구성된 작품들을 선보였다는 평을 받았다. 다양한 표정을 지닌 인물형상의 꼭두를 통해서 우리 선조들의 해학적인 분위기를 표현했다. 이런 작가의 작품들을 통해서 팬데믹 시대를 지나온 사람들에게 위로와 희망을 주었을 것이라는 생각이 들었다.

기와편 위로 날아온 목각 새들

비단 책거리, 67x45cm

꼭두야 놀자 1,2 40x40cm

### 〈Edinburgh Art Fair(EAF)〉 (2023)

갤러리 〈단정〉은 이경주 초대전을 마치고 2023년 11월 Scotland Edinburgh에서 열리는 EAF 참여 작가로 이경주 작가를 선정했다. EAF는 종합 예술적 성격을 띤 이름난 국제 행사로서 이경주 작가는 한국화의 품위와 우리의 해학이 담긴 '꼭두'의 미적 가치를 세계 미술 애호가에게 널리 알렸다. 스코틀랜드 사람들은 꽃을 사듯 그림을 산다고 한다. 그리고 마당에 아름다운 꽃이 피거나 미술 작품을 한 점 구입하게 되면 파티를 열정도로 예술을 사랑하는 스코틀랜드의 문화에 우리 한국의 예술을 알리는 계기가 되었고 이경주 작가는 한국 전통 꼭두와 민화를 토대로한 실험적인 한국화 작품을 보여주었다는 평가를 받았다.

### 〈AURA - 목인 박물관 목석원 기획 초대전〉 (2024)

작가와 나는 어떤 인연으로 이렇게 마주 앉아서 많은 이야기를 나눌 수 있었는지 지금도 신기하게 느껴진다. 작가의 작업실에서 작가가 작가의 많은 이야기를 내게 진솔하게 털어 놓았던 그 시간들, 이렇게 그녀만의 작품 세계를 구축한 이경주 작가를 가까이에서 만나서 얘기를 나누는 시간들이 허락된 것이 내게 큰 의미로 다가왔다. 작가로서의 긴 여정을 내게 회고하듯 털어놓으면서 앞으로의 여정도 내게 스스럼없이 얘기해주었다.

나와 만난 다음날의 미팅 약속은 '목인 박물관' 관장님과의 만남이라고 하면서 그녀는 마음 설레어 하는 모습이 역력했다. '목인 박물관'은 목인(나무로 만든 사람 모형)을 전시하고 있는 목조각 전문 박물관이다. 이 박물관은 전시 공간으로서 역할을 할 뿐만 아니라 이 곳을 찾는 방문객들은 문화와 자연을 함께 느낄 수 있다. 입장료에 차 한 잔 가격이 포함되어 있기에 박물관 이곳 저곳을 산책하면서 차 한잔의 여유를 즐기면서 인왕산과 북한산의 경관을 감상할 수 있다. 작가의 그림과 목인 박물관은 아주 잘 어울릴 것 같았다. 작가의 얘기를 들으면서 목인 박물관에서 작가의 그림이 전시회가 열리기를 바랬고 그 바램은 이루어졌다.

2024년 10월 15일부터 12월 15일까지 그 해 가을부터 겨울 초입까지 2개월 간 '목인 박물관 목석원'에서 이경주 작가의 초대전, 〈AURA, 목인 박물관 목석원 기획 초대전〉이 개최되었다.

나는 10월의 마지막 날 목인 박물관을 방문할 수 있었다. 아름다운 가을에 만난 목인 박물관은 내게 새로운 느낌을 주는 박물관이었다. 나를 반갑게 맞이해준 작가는 내게 박물관의 이곳 저곳을 안내해주었다. 마침 목인 박물관 소장품 특별전인 〈해주 항아리 특별전〉이 열리고 있었다. 조선 후기 황해도 해주 지역에서 제작된 독특한 청화 백자로 하얀 바탕에 물고기나 목단 꽃무늬 등을 장식하였고 왕실 백자와는 다른 느낌이었다. 실용성과 장식성을 함께 갖추고 있는 해주 항아리는 곡식과 술을 담는 용도로 사용되었으며 당시 상류층의 부를 과시하는 작품으로 인기가 있었다고 한다. 나는 전시되어진 해주 항아리를 보면서 빈티지한 멋을 느낄 수 있었고 그 매력에 빠져들지 않을 수 없었다. 그리고 또 다른 전시관에서는 목인 박물관의 소장품인 전통 목조각품들, 전통적인 목인들이 전시된 것을 볼 수 있었다. 이곳의 많은 목인들은 세상사를 달관한듯한 무표정으로 이경주 작가의 목인들과는 다른 느낌의 목인들이었다.

이경주 작가의 목인들은 친근감을 주기 위해 얼굴 표정은 밝게 표현되었다. 다시 말하면 〈AURA, 목인 박물관 목석원 기획 초대전〉은 이경주 작가의 '꼭두에 대한 재해석'이 표현된 전시회로 과거의 전통 목인들을 현대적으로 재해석한 목인, '꼭두'로 창조되어졌다는 것을 느낄 수 있었다. 전통이 살아있는 목인 박물관에서 개최된 이경주 작가의 전시회는 바로 전통과 현대의 융합이라고 느껴졌다.

> AURA(아우라)는 그리스어로 숨, 생명을 의미한다.
>
> 사람이나 물체가 발사하는 기운 또는 영적 분위기를 뜻하며 예술 작품에서 느껴지는 고상하고 독특한 분위기나 신비로운 기운을 나타낸다. 나무로 만든 '꼭두'의 아우라는 나의 근심을 덜어주고 위로해주는 존재, 나의 근심을 대신 짊어지고 가는 '꼭두'는 수호자이며 작업의 길을 함께 가는 동반자가 되어 주기도 한다."
>
> -작가 노트-

<꼭두의 의미와 나의 작업>

내 작품에 등장하는 나무 인형은 '꼭두'라고 부른다.

꼭두는 꼭두새벽이나 꼭대기처럼 어두움을 물리치고 제일 먼저 빛을 가져오는 존재, 사물의 제일 윗부분을 관장하는 존재로 해석할 수 있다.

꼭두는 상여를 장식하여 살아남은 사람의 슬픔을 달래 주고, 망자에 대한 정성을 나타내며, 망자가 묘지까지 잘 도착하도록 지켜주고 위로해주는 역할을 한다.

일반적인 의미는 그렇지만, 아이들이 가지고 놀던 목각 인형에서부터 인형극, 무덤에 부장했던 목인, 토우까지 모두 꼭두로 볼 수 있다.

꼭두는 형태와 역할로 분류할 수 있는데, 형태로는 여인, 남자, 광대(재인), 동자, 동물을 타고 있는 꼭두, 동식물 형상의 꼭두 등으로 나눈다.

역할에 따라서는 대략 안내자(The Guide), 보호자(The Guard), 시중(The Caregiver), 광대(The Entertainer) 네 가지로 분류할 수 있다.

꼭두가 상여를 장식한다는 이유만으로 죽음과 연관시켜 터부시하는 경우가 있는데, 이런 부정적인 인식때문에 우리나라 전통 목각이 사라져 가고 있는 것에 대한 안타까움이 많다. 앞에서 언급한 것처럼 꼭두는 상여

장식 외에 아이들의 장난감, 인형극에도 쓰이며 선물용으로 만들어 귀한 사람들에게 답례품으로 주기도 했다.

나는 꼭두 본래의 의미를 잃지 않으면서 표정도 익살스럽고, 의상도 아름다운 우리 전통의 목각을 되살리는 작업을 계속 해 나아갈 것이다.

- 작가 노트 -

이 전시회 제목과 같이 제목이 〈Aura (아우라)〉인 작품이 있다.

아우라, 121x136cm

부귀의 상징인 모란 정원 위에 책으로 만든 아파트가 있고 그 위에 꼭두를 세워놓았다. 이 작품은 다양한 꼭두가 들어 있어서 꼭두의 역할을 다 보여주고 있다. 다양한 부부의 모습, 혼인식을 하는 신랑과 신부의 모습, 축제에 가는 여인들, 하녀의 역할을 하는 여자 꼭두, 오락을 담당하는 어릿광대, 피리부는 꼭두와 같은 해학이 담긴 여러 인물 형상들의 모습이 표현되었다. 그리고 동물 꼭두도 자주 등장을 한다. 하늘과 땅을 연결하는 메신저 역할을 하는 새, 귀신이 범접하지 못하도록 막는 호랑이, 길잡이 역할을 하는 말, 복되고 길한 일이 일어날 것을 예고하는듯한 봉황과 용의 형상이 있다. 봉황은 우리나라 전설 속에 등장하는 상상의 새로 저 세상으로 떠나는 망자의 영혼을 안전하게 지켜준다고 생각했다. 그래서 상여의 앞뒤에는 봉황 꼭두가 장식되어져 있다. 또 하나 상상의 새인 용도 신비한 힘을 가졌다고 생각해서 나쁜 기운을 막을 수 있도록 상여에 장식했다고 한다. 작가는 이렇게 다양한 꼭두를 통해서 마치 아름다운 세상을 그려냈다는 느낌이 들었다. 조선시대 후기에 꽃상여에 달았던 목인, 꼭두는 우리의 조상님을 편하게 모시려는 효심의 표현이었고 망자의 육과 혼이 묘까지 가는 길을 위로하면서 예를 다하기 위한 표현이었다. 이런 전통 목각이 터부시 되고 전통이 사라지는 것을 우려해서 작가는 이 전통 목각의 긍정적 이미지가 부가되어 지기를 바랬다. 예술 작품에서 느껴지는 기운을 '아우라' 라고 표현한 발터 밴야민의 개념을 작가는 '꼭두'에서 발견하고 있다. 우리 나라의 전통 목각 인형, 꼭두는 저마다의 '아우라'를 품고 있다고 작가는 말하면서 해학적이고 즐거운 축제를 배경으로 꼭두를 소개하고 있다. 그리고 이경주 작가에게 있어서 '꼭두'라는 목인들은 작가가 작업하는 동안 '나를 위로해주는 친구' 로서 역할을 하고 있다고 말한다. 이경주 작가는 이 전시회를 통해서 꼭두를 재해석하였고 사라져가는 전통을 재조명하였다. 100% 창작은 아니지만 사실화처럼 '꼭두 스토리'를 만들어가는 작업이라고 작가는 설명하고 있다.

축제1, 87x118cm, 한지, 한국화물감

축제2, 87x118cm, 한지, 한국화물감

행진 1,2,3,4

I'm done 1, 110x81cm

그리고 작가는 다른 도구들을 사용하여 꼭두를 부각시켜 표현하고 있다. 예를 들면 모반을 사용하여 그 밖의 다른 여러 꼭두의 모습을 표현했다. 100년 이상 된 고재를 사용하여 만든 오래된 나무 그릇, 모반에 꼭두의 다양한 모습을 어필했다. 얼굴은 모두 꼭두를 하고 있는 호랑극단, 신께 기원을 드리기 위해 공양을 바치기 위해 꽃과 과일 등을 머리에 이고 가는 여인의 모습을 모반에 담기도 했다. 이는 '모반과 꼭두'라는 오랜 전통들이 서로 잘 매치되어지고 있는 것을 느낄 수 있다.

모반을 이용한 작품인 〈꽃 피고 새가 울면〉이라는 제목을 지닌 시리즈는 작가의 트레이드 마크가 되었다. 사실 〈꽃 피고 새가 울면 우리 마음에도 평화가 올 것이다.〉라는 말의 줄임말이다. 이러한 작품들은 고재 모반 위에서 한국적인 색채를 더 아름답게 드러내면서 한국의 미가 표현되고 있다. 모반에 꽃을 피우니 새가 날아와 앉은 모습, 풍요와 다복을 기원하는 의미를 지닌 물고기를 은은한 파스텔 톤으로 표현한 작품에서 자연을 사랑하는 작가의 따뜻한 시선이 느껴졌다.

꽃 피고 새가 울면 2, 45x25cm    꽃 피고 새가 울면 3, 60x40cm

작가의 전시회는 가을과 함께 겨울이 공존해 있었다. 바로 꼭두 트리 였다. 정말 흥미로운 아이디어라는 생각이 들었다. 우리의 아이들에게도 우리 전통 예술의 하나인 꼭두가 자연스럽게 와닿을 수 있을 것 같았다.

동물 꼭두로 자주 등장하는 것은 봉황과 용이 있다. 봉황은 우리나라 전설 속에 등장하는 상상의 새로 저 세상으로 떠나는 망자의 영혼을 안전하게 지켜준다고 생각했다. 그래서 상여의 앞뒤에는 봉황 꼭두가 장식되어져 있었다. 또 하나 상상의 새인 용도 신비한 힘을 가졌다고 생각해서 나쁜 기운을 막을 수 있도록 상여에 장식하였다고 한다.

범 내려온다,120x60cm

꼭두를 상여에 다는 인형으로만 국한해서 생각하는 것으로부터 탈피하고자 그것과 다르게 이어져 왔던 전통을 소개하고 있다. 꽃상여 이전에 아이들의 장난감으로 쓰이기도 하고 마을의 잔치에서 인형극으로 쓰였던 것을 설치 작업을 통해서 알리고 있다. 무대 양 옆에 문을 달아서 연극의 시작과 끝을 알리는 세심한 표현까지 하였고 이것은 또한 마을 잔치에서 무대를 보는 느낌을 표현했다.

또한 작가는 이런 꼭두와 여러가지 민화적 배경이 되는 소재들을 연결해서 작업을 했다. 예를 들면 전통 한국화 인 민화에서 여러가지 뜻을 담고 있는

꽃 그림이 그려졌는데 복숭아 꽃, 모란, 연꽃, 석류 등이 작가의 작품에 배경으로 많이 그려졌다. 복숭아 꽃은 장수와 여성성의 상징이고, 인간 사이의 신의를 상징하는데 이 꽃은 작가가 좋아하는 꽃이기에 작가는 그림에 즐겨 넣었다. 그 밖에 연이어 과거에 급제하라는 의미를 지닌 꽃이면서 아들을 상징한다는 연꽃, 부귀영화를 상징하는 모란, 자손이 잘되기를 바라는 의미를 지닌 석류 그림이 배경에 표현되고 있다. 이러한 배경에서 이경주 작가는 전통 민화에서 영감을 받은 한국화와 인생 희로애락을 담고 있는 전통 나무 인형 '꼭두' 공예 작품을 매치시켜 표현하는 화가라고 말할 수 있다.

도원 결의, 65x65cm, 한국화물감

작가에 의해서 새롭게 창조 되어진 '꼭두'를 통해서 나는 우리의 전통을 다시 새롭게 바라볼 수 있게 되었다. 다시 말하면, 이경주 작가의 〈아우라〉

전시회 작품들을 통해서 여러 '꼭두'들이 풍기는 새로운 의미의 '아우라'를 느껴볼 수 있었다. 그리고 전통 한국화인 민화에 독특하고 재미있는 표정을 지닌 전통 나무 인형 '꼭두'를 이용하여 입체감을 더하면서 동화 같은 느낌을 주는 이경주 작가의 독창적인 작품을 보면서 꼭두에 대해서 더 친근감이 생겼다. 그리고 다양한 표정을 지닌 인물형상의 꼭두들을 통해서 우리 선조들의 해학적인 분위기를 느낄 수 있었다.

작가는 〈목석원 아우라 전시회〉를 통해서 다양성을 가지고 작업을 하고 있는 작가의 모습을 모두 보여주었다. 그리고 책거리, 꼭두, 벽화라는 서로 다른 이 3가지 주제를 가지고 1~3층을 다르게 전시하겠다는 꿈을 갖고 있다.

> 한국화를 바탕으로 이어진 책거리 그림, 꼭두와 한국화의 만남, 그리고 고대 그림에 뿌리를 둔 벽화 작업까지, 스승님이 그러셨듯이 나는 계속해서 혁신과 변화를 추구하고 있다.
>
> - 작가 노트에서

나는 2024년, 그 가을에 새로운 세계를 다녀온 듯한 느낌이었다. 그 좋은 가을날 함께 점심 식사를 하면서 그동안의 회포를 풀고 싶었지만 나는 다른 일정으로 인해서 이경주 작가와 함께 이야기를 더 나누지 못하고 돌아와야 했기에 아쉬운 마음이 컸다. 그래서 조만간 다시 목인 박물관 목석원 나들이를 약속하고 돌아왔다. 그러나 그 후 나의 여러가지 상황이 그렇게 편안하지 않아서 다시 갈 수가 없었다. 정말 아쉽게 뒤돌아서 온 나들이었지만 내 마음 속에는 아름다운 가을의 추억으로 남아있다. 목인박물관 목석원의 커다란 창문을 통해 들어오는 가을 햇살과 전시장 안에 가득한 이경주 작가의 아름다운 한국화 작품들은 너무나 잘 어울렸고 나의 시간을 행복하게 해주었던 기억이 난다. 카페지기인 나에게 주어졌던 짧은 가을 여행이었다. 그 가을의 추억을 가슴에 묻고 겨울이 가고 봄이 왔다. 나의 개인적인 상황들도 좀 안정이 되었기에 오랜만에 이경주 작가를 만나러 다시 서울 나들이를 하게 되었다.

 2025년 3월 4일. 3월의 눈이 흩날리는 길을 1시간가량 달려서 도착한 작가의 작업실. 서울에 사는 작가 덕택에 눈발 날리는 서울 풍경을 맞이하였다. 운전하는 내내 음악도 내가 좋아하는 곡들이 흘렀다. 작가를 만나러 가는 길은 마치 친정 언니를 만나러 가는 길처럼 설레었다. 오늘은 가지런한 단발머리를 찰랑찰랑 나풀거리는 모습이 아니고 그 사이 많이 자란 머리카락을 가지런히 하나로 묶은 모습이었다.

 두 번 째의 방문이지만 작업실 풍경들은 정겨웠다. 여전히 정갈한 작업실 분위기. 사랑스러운 꼭두들, 자그마한 스크롤쏘 작업대, 책을 사랑하는 그녀의 책꽂이, 그리고 커다란 스크린… 작가의 작업실은 여전했다. 이 날은 스크린에서 첼로 연주가 흐르지는 않았지만 아쉬움은 없었다. 작업실 첫 방문에서 작가가 내게 보여주었던 환대, 그 황홀한 느낌은 그 첫날로 충분히 빛났기 때문이다. 대신 이번 두 번째 방문에서는 내가 가져간 봄 꽃으로 장식된 아일랜드 테이블이 빛이 났다. 내가 작가의 작업실을 처음 방문했던 날, 작가가 내게 보내주었던 그 환대에 답하듯 나는 그녀에게 봄 선물을 주고 싶었다.

그녀를 처음 만났던 여름이 지나고 가을이 지나고 겨울이 지나고… 새 봄을 맞은 반가움의 선물이었고 이렇게 계절이 흐르고도 다시 이어질 수 있었던 인연에 대한 고마움이었다. 봄 꽃 한 다발, 그리고 홍매화 가지. 나의 거실에 홍매화 가지를 디스플레이 하면서 작가를 떠올렸었다. 홍매화 가지가 작가와 잘 어울릴 것 같았다. 동양화 전공의 작가를 떠올리게 하는 모습이었다. 벽에 걸린 작가의 작품과도 아주 잘 어울렸다. 홍매화의 나뭇가지 수형이 너무 아름다웠다. 나는 그렇게 작가에게 봄을 선물하고 꽃과 어우러진 한국화 작업실의 모습에 마음이 뿌듯했다. 점심 시간에 맞춰서 도착했기에 우리는 근처 카페에서 커피와 샌드위치를 함께 먹으러 나갔다. 작업실에서 아주 가까운 거리의 카페를 날리는 눈을 함께 헤치면서 뛰어 들어갔다. 그녀의 작업실을 처음 방문했을 때는 한 여름의 소나기가 내리는 날이었는데 그녀와의 인연은 카페 창밖으로 3월의 눈을 함께 바라볼 수 있게 했다. 가족의 근황까지 챙기면서 진짜 친자매처럼 마주보면서 이야기를 시작했다. 내가 어느 누구도 이렇게 빠른 속도로 친근함을 느낀

적이 없었던 것 같다. 난 너무 좋았다. 마치 아주 친한 언니와 오랜만에 만나서 회포를 푸는 것 같이 느껴졌다. 식사 후에도 카페가 편하면 카페에서 인터뷰를 해도 된다고 하셨지만 나는 작가의 작업실이 더 좋았기 때문에 다시 작업실로 자리를 옮겼다. 테이블 위에 '푸른 세상을 빚다'라는 국립중앙 박물관 전시에 관한 도록이 놓여있었다. 바로 전날이 전시회 마지막 날이었기에 작가는 그 고려 상형 청자 전시회 다녀왔다고 한다. 그리고 작가는 '국보 시리즈'를 계획하고 있다. '국보 시리즈'는 '책거리' 형태가 아닌 '책가도' 형태로 표현할 계획이다. '책가도'에 넣을 국보 그림의 예를 보여주었다. 실제 전시회를 가지 못해서 아쉬웠지만 사진만으로도 그 진가를 가늠할 수 있었다.

'책가도'는 18세기 후반부터 20세기 초반까지 궁중에서 유행하였던 그림 형태이다. '책가도'란 책 선반에 진열된 책과 각종 문방구 및 그릇을 그린 그림으로 책거리와 구별된다. 책거리 그림은 책 선반 없이 책과 장식물만 배치하여 마치 정물화처럼 그린 그림으로 민중들이 많이 그린 그림이다. '책'은 책을 의미하고 '거리'는 대상이나 소재임을 의미하는 말이다.

작가는 국보 시리즈를 포함한 책가도 병풍제작을 계획하고 있었다. 작가가 좋아한다는 블루 톤으로 품위가 느껴지는 그림이었다. 그리고 벽화 작품도 심혈을 기울이고 있다면서 자세한 과정을 얘기해주었다. 사실 벽화 작업을 하는데 있어서 기본판을 만드는 과정이 힘들다고 한다. 그림 사이즈에 맞는 판넬을 맞추고 그 위에 흙벽과 회벽을 바르는데 건조시키는 작업을 함께 병행하면서 5~6회 반복해야 한다. 이렇게 벽화와 똑 같은 컨디션을 만든 후, 위에 채색을 하는데 진한 발색이 잘 안올라온다. 그러나 이것이 벽화의 장점이자 특색으로 그림이 은은하게 표현되고 앤틱스런 효과를 보여줄 수 있다. 나는 깜짝 놀랐다. 작품을 위해서 그 어려운 과정을 감수하는 작가의 모습이 존경스러웠다.

### 〈그대는 봄날 땅 같구나, 사랑하는 사람아〉 모리스 갤러리(2025)

푸르르고 찬란한 5월이 시작되었지만 날씨는 계속 오락가락한 상황이었지만 나는 평창동 모리스 갤러리로 향했다. 갤러리가 출판사 〈새움〉의 사옥에 꾸며져 있었다. 여느 갤러리와 다른 분위기일 것 같아서 기대가 되었다. 그리고 전시회 제목이 특이했다.

> 그대는 봄날 땅 같구나, 사랑하는 사람아

전시회 제목이 너무 근사했다. 나는 이렇게 예술 작품들을 오마주한 표현들을 좋아한다. 우리가 예술 작품을 통해서 작가와 마음을 나누고 소통하고 있다는 증거이기 때문이다.

터키 시인, '나짐 히크메트'는 백석 시인이 사랑했던 시인이라고 한다.

이번 전시 제목은 나짐 히크메트의 〈옥중서한〉이라는 시에 나오는 구절을 인용하였다.

　땅 위에 나는 앉아 / 땅을 들여다 본다 / 풀들을 들여다 본다 / 파리들을 들여다본다

　푸른 꽃들을 들여다 본다 / 그대는 봄날 땅 같구나, 사랑하는 사람아--

　이 전시회에서 이경주 작가는 '봄 날의 땅을 생각하게 하는 사랑하는 사람'을 어떻게 표현했는지 작가의 마음이 궁금했다. 그리고 또 하나 나의 마음을 끈 것은 작가의 작품 중에서 특히 보고 싶은 작품이 있었다. 지난 3월 새봄이 오자마자 인터뷰를 위해서 달려갔던 작가의 작업실을 찾아 갔을 때 '블루톤의 책가도 병풍과 벽화'를 준비 중이셨기 때문이다.

　내가 기대했던 대로 완성된 작품들이 있었다.

Grace Blue 53x53m

블루 책거리, 98x34cm

책을 그리며... 그리워하며...

'책'하면 떠오르는 단어가 있다.

갈증이다.

어릴 때부터 유난히 책을 좋아하던 나는

보이는 대로 손에 잡히는 대로 책을 읽었다.

주변에 도서관도 없고, 책 사기도 만만치 않던 시절.

그 갈증은 커가면서 책을 소유하고 싶은 욕심으로 바뀌었다.

책에 대한 욕심은 그림을 그리면서 자연스럽게

서재와 서가에 꽂힌 여러 기물들에 대한 관심으로 바뀌었다.

서양그림의 호기심의 방이나, 중국그림의 다보각경.

거기에 등장하는 책과 고급스럽게 장식된 기물들은

마치 한편의 만화경을 보는 듯했다.

언제쯤 부터 이런 주제로 그림을 그려야 겠다는 생각이 들었을까....

나이 들어 이미 청춘이 다하고

이제는 돌아와 거울 앞에 선 후에야

나는 내 서재를 꾸미기 시작했다.

한국국보 시리즈, 서재로망, 책이 있는 풍경,

호기심의 방, 그리고 지금 그리고 있는

블루시리즈까지... 책은 늘 나에게 꿈 이자 삶을 지탱해준 버팀목이었다.

새움 출판사 사옥이 있는 모리스갤러리에서의 전시는

어린시절의 꿈을 다시 떠오르게 한다.


모란처럼 흐드러지게 펼쳐진 책의 향연속에서,

전시 제목이기도 한 백석 시인의 시 한구절을 조용히 소리 내어 읽어본다.

"그대는 봄날 땅 같구나, 사랑하는 사람아 "

2025년 봄날 나만의 서재를 꿈꾸며...

-작가 노트에서-

이번 작가 인터뷰로 인해서 평창동 전시회 방문이 두 번째이다. 난 너무 행복했다. 평창동 갤러리 '퀄리아' 방문 이후 '모리스'까지도 오게 되다니 말이다. 평창동과 아담한 갤러리는 잘 어울리는 것 같다. 그리고 너무 아름다웠다. 갤러리 주변 바깥 풍경도 그렇고 갤러리 내부도 너무 자연스럽고 좋았다. 특히 작가의 작품들이 책과 잘 어우러져 있었다. 작가 노트에서 작가가 마음을 털어놓았듯이 작가는 정말 소원을 이루었을 것이라는 생각이 들었다.

<작가의 작품에 가득한 책, 그리고 작가 작품 곁의 가지런한 책꽂이 풍경>

작가의 전시회 관람을 마치고 나는 알게 되었다. 작가가 사랑하는 존재는 '책'이고 작가의 봄날 땅 같은 존재도 역시 바로 '책'이라는 것을… 그리고 책이 가득한 책꽂이가 있는 '새움 출판사' 사옥, 그곳에 함께 있는 '모리스 갤러리'에서의 전시회 자체가 작가에게 꿈이고 사랑이라는 것을… 다시 말해서 새봄, 이곳 평창동 '모리스 갤러리'에서 열린 전시회 자체가 작가에게 있어서 '봄날 땅 같은 존재'로서의 의미를 지니고 있다는 것을 느낄 수 있었다.

이경주 작가의 전시회는 내게 특별한 선물과 같은 전시회로 내 마음에 기억될 것 같다. 초여름 비가 내리던 〈두나무 아트 큐브〉 전시회, 그 인연을 시작으로 〈목석원의 전시회〉는 가을의 아름다운 자연경관과 함께 꼭두들과 더 가까워지고 친근하게 된 기회가 내게 주어졌었다. 그리고 이경주 작가 그림의 여정과 우리나라 전통 문화의 역사가 담긴 전시회를 만날 수 있었기에 내게 의미가 있는 전시회였다. 우리나라 전통 예술에 대한 작가의 변치 않는 애정이 어린 전시회를 통해서 나도 우리나라의 전통 예술에 대한 관심이 살아나게 되었기에 이경주 작가와의 만남은 더 의미가 있었다. 나의 이경주 작가 전시회 탐방기를 통해서 독자들도 우리나라 전통예술에 대한 관심과 애정이 피어나기를 바라는 마음이다.

특히 이번 모리스 전시회에서는 여러가지 형태의 소품들이 진열되어 눈길을 끌었다. 우리 전통 문화와 더 가까워지기 바라는 작가의 마음이 표현된 것 같다.

작가의 작품들을 접할 때마다 나는 작품에 어린 작가의 정성과 사랑과 마음이 느껴진다. 나도 작가의 소품을 하나 가져와서 작가와 마음으로 계속적인 소통을 하고 있다. 바로 에스프레소 잔이다. '까치와 호랑이'라는 우리의 전통 문양이 그려져 있는 에스프레소 잔이다. 과거와 현대의 조화, 동양과 서양의 만남이라고 표현할 수 있을 것 같다.

이번 평창동 〈모리스 전시회〉에서는 아담한 갤러리에서 가족 같은 분위기와 함께 갤러리가 출판사 사옥이라는 분위기에 맞게 책거리 위주의 작품들이 전시되었기에 내 몸을 책으로 모두 감싸 안아주었던 전시회여서 마음까지 따뜻했다. 그리고 작가의 지인들과 함께 인사를 나누고 식사와 차를 함께 나누면서 나는 작가의 따스한 모습을 한 번 더 느낄 수 있었다. 동양화라는 전통적인 영역이라는 점에서 느껴지는 선입관과는 달리 작가가 사람들과 문화적인 소통을 하는 모습에서 열린 마음으로 사람들과 더불어 살아가도 있는 모습이 참 아름답게 느껴졌다. 내가 〈두나무 아트 큐브〉 전시회에서 작가를 처음 만났을 때 그 느낌과 다르지 않았다.

어느 인터뷰에서 작가가 남긴 말이 떠오른다. 작가가 제자들이나 후배에게 항상 당부하는 말이 있다고 했다. 그림도 중요하지만 '따뜻한 사람'이 먼저라고 생각한다는 말이다. 그리고 좋은 선배, 좋은 선생님으로서 초심을 잃지 않고 그림 작업을 하는 것이 목표라고 덧붙여 말했다. 이 봄날 내게 따스한 모습을 보여주었던 작가에게 나는 이 말을 전하고 싶다. 이번 전시회 제목처럼 작가야 말로 '봄날 땅 같은 사람' 같다고… "그대는 봄날 땅 같구나, 사랑하는 사람아"

작가는 봄에 태어났다고 한다. 그래서 그 봄의 생명력을 가슴에 품고 이렇게 활발한 작품 활동을 할 수 있는 것 같다. 그래서 이 봄날 맞이한 작가의 이번 전시회는 '봄 날 땅 같은 사람'인 이경주 작가가 '봄날 땅 같은 존재'로서의 '책'에 대한 열망을 잘 풀어낸 것 같은 전시회였다.

항상 전시회를 앞두고 들떠 있고 행복해하는 작가가 사랑스럽게 느껴졌다. 다정한 언니 같은 작가의 모습을 보기 위해서라도 앞으로도 작가의 전시회를 자주 찾게 될 것 같다. 다음 전시회는 친구와 함께 가려고 한다. 작가처럼 책을 사랑하는 친구가 있다. 친정 아버지를 닮아서 책을 사랑하는 친구에게 작가의 서재를 보여주고 싶다.

  얼마 전 그 친구와 오랜만에 전화 통화를 하면서 이경주 작가를 소개했다. 이경주 작가의 이야기를 마지막으로 집필 작업이 마지막이 될 것 같다는 말을 전했다. 친구는 전시회 제목이나 작품 제목이 마음을 끌었던지 전시회 제목이나 작품의 제목은 누가 지은 것인지 내게 물었다. 친구도 나와 같은 느낌을 받은 것 같아서 마음이 따뜻하게 느껴졌다. 나는 작가가 직접 짓는 것이라고 친구에게 말하면서 나의 친구, 그녀처럼 '책을 사랑하는 화가'라고 소개했다. 나의 친구도 나처럼 책 속에서 지혜를 얻는 작가의 모습을 좋아하는 것 같이 느껴졌다. 그리고 이렇게 내 친구와 함께 작가의 마음을 공감할 수 있어서 기뻤다.

  책 안보는 시대, 디지털 시대에 살면서도 아날로그에 대한 그리움, 향수를 갖고 있는 작가의 마음이 작가의 작품들에 녹아 있는 것 같다. 특히 '책의 도시'는 아주 창의적이라는 작품이라고 느껴졌다. 책이 아파트처럼 쌓여 있고 그림 아래부분에는 작가가 좋아하는 모란 꽃밭이 가득하다. 책이 손에서 멀어져가는 시대에 경종을 울리는 작품인 것 같다.

책의 도시,114x135cm

카페 안쪽에 위치한 내가 사랑하는 창가에는 작가의 작품이 놓여있다. '새가 있는 창'은 '꽃 피고새가 울면'과 함께 이경주 작가의 또 하나의 트레이드 마크이다. 나무와 한지를 사용한 작품이다.

새가 있는 창, 30x30cm, 고재 창문 틀, 한국화물감

옛날 한옥(韓屋)에서 어떤 손님이 왔는지 내다볼 수 있는 '머리 창', 또는 '눈썹 창'이라고 한다. 황학동에서 구한 고재로 창틀을 만들고 파란색 한지를 붙여서 창을 만들고 새와 꽃이 있는 창을 표현했다. 마치 창을 열면 새와

하늘이 보일 것 같은 느낌을 표현하였고 새가 꽃을 입에 물고 날아오는 모습은 기쁜 소식을 가져와 주기를 바라는 염원을 담고 있다고 한다. 나도 그런 바람을 안고 작가의 작품을 바라보려고 내가 사랑하는 창가에 두었다. 작가는 언젠가 나의 카페를 방문하고 싶다고 말했다. 서울의 바쁜 일정 속에서도 서울에서 멀리 떨어져 있는 나의 카페를 와보고 싶어하는 작가의 마음이 고맙게 느껴졌다. 그녀의 작품이 놓인 창가에 앉아서 그녀와 함께 친자매처럼 다시 얘기를 나누게 될 날을 기대해 본다. 그 계절은 어느 계절이 될지 궁금하다. 겨울이어도 좋을 것 같다. 지금으로부터 아주 먼 계절이 될지는 모르지만 겨울은 작가와 함께 하지 못한 계절이다. 겨울 바람이 차갑게 부는 창밖을 보면서 나의 따뜻한 카페 창가에서 창을 사랑하는 두 여인이 커피를 마시는 모습을 그려본다.

詩人 김 현승의 詩, 창(窓)에 나오는 한 구절을 나는 좋아한다.

> 창(窓)을 사랑하는 것은, 태양(太陽)을 사랑한다는 말보다
> 눈부시지 않아 좋다.

# 이경주 Lee Kyung Joo

동덕여자대학교 동양화과 졸업 / 동덕여대 대학원 민화학과 석사 수료

## 개인전 및 초대전
2024 AURA (我憂裸) 목인박물과 목석원 특별전
2023 가을이 찬란함을 잊을까 (갤러리 단정) / 종이-나무-흙 (동덕아트 갤러리)
2022 호모루덴스 (아트필드 갤러리)
2021 꼭두랑 모란이랑 (갤러리 한옥) / Fun fun한 민화 (마루아트센터)
2020 Life goes on (갤러리 아트 플라자)
2019 서재로망 (황갤러리, 갤러리 이즈)

## 단체전 다수
2025 그대는 봄날 땅 같구나, 사랑하는 사람아 (모리스 갤러리)
2024 쓰임이 예술이 되는 순간 (두나무아트큐브)
2023 Edinburgh Art Fair (UK)
2023 Ten Tones 2 전시 및 기획 / 마루아트센터
2022 널 위한 꼭두 (동곡 박물관) / Singapore Affordable Fair (Singapore)
2021 한국민화 특별전 (오사카 한국문화원) / 책거리 Today (국립중앙도서관)

## 수상경력
2016 전국민화공모전 최우수상 수상

E-mail : lkjoo62@naver.com

# 비밀의 정원과 기억의 정원

육경란

*'Song From A Secret Garden' by Secret Garden*

내가 아주 오랜 전부터 매료되었던 New Age 계열의 음악이다.

Secret Garden은 1995년 작곡가 Rolf Lovland와 바이올리니스트 Fionnula Sherry, 두 음악가의 만남으로 결성된 듀엣이다. 그들은 George Winston, Yanni, Enya 등 다른 New Age음악가들가 함께 청중들에게 평온과 힐링을 나누어 주는 음악가로 자리매김을 하였다.

"시크릿 가든의 아이디어는 모든 사람들이 공감할 수 있는 것입니다. 우리 모두는 우리 안의 풍경들, 감정과 인상이 작은 정원처럼 자라나는 비밀의 방을 가지고 있어요. 우리는 이 정원을 찾는 나름대로의 방법을 가지고 잇습니다. 어떤 사람은 그것을 이야기하고, 시나 편지로 쓰기도 하고, 그림을 그리거나 삶을 성찰하기 위해 사색의 산책을 하기도 하죠. 이렇게 우리 모두는 저마다의 방식을 가지고 있어요.

그럼에도 공통된 것은 우리 본성의 본질인 강렬한 감성적 느낌입니다. 이것을 다루는 저의 방식은 음악으로, 제가 쓰는 모든 것은 저의 비밀의 정원으로부터 나옵니다. 이 단순한 곡은 수년 동안 '피아노 C 단조'라는 이름밖에 없었습니다. 그러나 비밀의 정원 프로젝트가 발전했을 때, 저는 이 곡이 제 생각의 본질을 표현할 수 있다고 느꼈습니다. Fionnula의 바이올린 연주를 통해 마음으로부터 우러나오는 티없는 멜로디가

이어지죠" – Rolf Lovland

비원에서 바이올린 연주로 들려오던 그 비밀스러운 이야기…

Rolfland가 가꿔온 Secret Garden에서 Fionnula의 소울풀하고 섬세하고 꾸밈없는 바이올린 연주가 흘러나온다. 나는 그런 비밀스러운 이야기를 바로 육경란 작가의 Secret Garden, 작가의 작업실에서 작가의 그림을 통해 새롭게 만나게 되었다.

2024년 어느 여름 날, 545 작업실, 작가의 비밀의 정원, Secret Garden을 방문했다. 안양 역 근처 대로변에 위치한 작가의 작업실은 그 주변을 지나면서 나도 한 번쯤 스쳐 지나갔을 공간이었을 것 같다. 통 창을 통해서 안이 훤히 들여다 보이는 작업실이기에 사실상 그림의 제목인 Secret Garden과는 다른 이미지의 작업실이다. 작가를 만나러 가기 전 작가에 대한 자료들을 탐색해보았을 때, Secret Garden 그 단어 자체에서부터 떠올렸던 이미지와는 아주 다른 느낌을 받았다. 처음에 나는 살짝 놀라움을 느꼈지만 그녀와 대화하면서 그 궁금증이 해소되었다.

많은 사람들이 지나다니는 전철역 주변 작가의 작업실, 그 주변을 지나가는 수많은 사람들은 저마다 비밀스러운 이야기를 지니고 있다. 그리고 이런 저런 서로 다른 다양한 추억을 마음에 품고 살아가고 있다는 것을 우리는 서로 잘 알고 있다.

그러다가 어느 날 문득 그녀의 '비밀의 정원' 앞으로 지나가는 사람들이 작가의 '비밀의 정원'을 방문하게 되고, 작가의 그림을 통해서 작가의 비밀스러운 이야기를 들여다보게 된다. 그리고 관람자들 그들도 역시 그들의 비밀스러운 이야기와 그들의 마음에 간직하고 있는 추억들을 안고 와서 그림을 통해서 작가와 함께 이야기를 나누고 풀어놓기를 바란다. 한마디로 말해서 관객들과 자유롭게 그림으로 소통하기를 바라는 작가의 마음을 읽을 수 있다.

저녁 무렵이었기에 Secret Garden의 주인이신 작가께서 내게 따뜻한 차를 내어 주었다. 차를 마시면서 작업실 창밖을 내다보니 새롭고 재미있는 기분이 들었다. 작업실 안의 우리는 관람객이고 작업실 창밖의 행인들은 어떤 행위 예술의 주인공들인 것 같았다. 참 흥미롭게 느껴졌다. 잠시 그런 착각에 빠져서 창밖을 바라보다가 작가의 Secret Garden인 작업 공간을 둘러보았다. 작고 아담한 정원에 와 있는 것 같다는 생각이 들었다. 바쁜 와중에도 Secret Garden의 주인답게 작업실에서 식물들을 기르고 있다. 작가의 Secret Garden 판화 작품들이 작업실 안의 화분들과 잘 어우러져 있는 모습을 볼 수 있다. 작가와 내가 식물을 사랑하고 아끼는 마음을 갖고 있다는 공통점을 작가의 작업실 풍경에서 느낄 수 있었다. 아마도 작가는 이 식물들의 싹 틔움과 푸른 잎으로의 성장, 아름다운 개화, 그리고 낙엽이 지는 과정을 보면서 실제로 아주 감탄했을 것 같다. 내가 나의 카페, 나의

Secret Garden에서 그렇게 느끼기에 작가의 마음을 읽을 수 있었다. 작가의 작업실 입구 쪽에도 나의 카페와 비슷하게 통창이 있고 그 통 창 앞에 옹기종기 모여 있는 작은 다육이들 정말 사랑스러운 모습이다. 그리고 그 작은 다육이 화분들도 작업실 창밖을 내다보며 지나가는 사람들을 바라보고 있다. 햇볕이 아주 좋은 날에는 알로카시아가 통 창을 바라보면서 활짝 잎을 펴고 있을 풍경이 그려진다. 지나가는 사람들이 밖에서 보게 되는 작업실 통 창 뷰도 사람들에게 정겹게 느껴질 것 같다. 이 또한 작가와 관람객들 간의 마음과 마음을 이어주고 있는 무언의 소통이라는 생각을 했다. 작가는 내게 작가가 아끼신다는 식물을 하나 선물로 주었다. 나는 카페 사장다운 선물, 콜드브루 한 병을 작가에게 건네었다. 서로가 가꾸고 있는 Secret Garden에서 가져온 비밀스러운 이야기를 하나씩 서로에게 건네면서 인사를 나누었다. 그런 후 작가와 나는 조금 더 편해진 분위기에서 이야기를 나눌 수 있었다.

어린시절부터 누군가 그녀에게 장래희망이 무엇인지를 질문을 하면 그녀는 항상 막연히 '예술가'가 되고 싶다고 말했다고 한다. 그리고 고등학교 시절에 진로를 선택해야 하는 상황에서 그녀는 '화가'가 되겠다는 꿈을 꾸게 되면서 드디어 그녀의 마음이 현실로 드러나게 되었다. 여고시절에 4명의 친구가 화가의 꿈을 함께 키워갔다. 친구 2명은 디자인과로 진학을 했고 그녀는 그 당시 회화과에 진학을 했다. 그리고 그녀는 1986년에 경기미술대전 공모전에 작품을 출품하여 수상을 하게 되면서 사실상 작가 활동을 시작하게 되었다. 그녀는 본인의 그림을 더 풍부하게 하고자 배우게 된 판화에 점점 더 매료가 되었고, 판화 인들과 만남이 계속되면서 대학원 진학의 필요성을 느끼게 되었다. 그러나 이런 저런 이유로 대학원 진학은 어렵게 느껴질 수밖에 없는 상황이었다. 1991년 결혼을 한 후에도 그녀는 꿈을 버릴 수 없었기에 2005년부터 준비를 하여 2007년 홍익대학교 판화과에 입학했다. 그러나 그녀는 건강상의 문제와 다른 여러가지 개인적인 이유로 휴학을 할 수밖에 없었다. 그리고 마침내 입학한지 4년만인 2011년 우여곡절 끝에 졸업을 했다. 4년의 기다림. 아니 20년이라는 기다림은 결코 쉬운 기간이 아니었다. 그녀는 결혼한지 20년 만에 꿈에 그리던 대학원 졸업을 할 수 있었던 것이다. 음악 프로듀서 릭 루빈이 예술과 삶의 균형에 대해 했던 말이 떠오른다. 그는 예술가들이 부딪치는 현실적 어려움에 대한 이야기를 하면서, 현실 속에서 이상적인 삶을 꿈꾸는 사람들에게 하는 조언을 했다.

> "삶의 치열함을 통해 이상적인 아름다움에 다가갈 수 있다"
> - 음악 프로듀서 릭 루빈

예술적 열정과 실생활 사이의 균형을 찾는 것이 중요하다고 강조하여 말했다.

육경란 작가가 바로 이런 균형을 이루면서 살아가려고 노력하는 예술가라고 생각한다.

### A. 2011년 씨앗(Seed) 출발

2010년 대학원 마지막 학기의 논문과 2011년 그녀의 졸업 작품 속에서 '씨앗(Seed)'이라는 주제를 출발시켰다. 바로 이후의 작품 주제인 비밀의 정원 (Secret Garden)의 근원이 되는 전시회였다. 그리고 "나의 존재는 무엇인가?"라는 물음에 대한 깨달음이었다. 이는 기독교 적인 출발이라고 할 수 있겠다. 성경에서 신앙의 성장 과정을 상징하는 '겨자씨의 비유'가 이를 더 자세히 설명해주고 있다.

> "천국은 마치 사람이 자기 밭에 갖다 심은 겨자씨 한 알 같으니 이는 모든 씨보다 작은 것이로되 자란 후에는 풀보다 커서 나무가 되매 공중의 새들이 와서 그 가지에 깃들이느니라."
>
> 마태복음 13장 31절~32절

이렇게 성경에서 겨자씨는 주로 하나님의 나라와 믿음을 상징한다. 작지만 크게 자라는 특징을 지닌 것으로 영적 성장을 의미힌다. 다시 말하면 겨자씨 한 알만큼의 믿음은 처음에는 작고 미미해 보이지만 그것이 지닌 강력한 힘과 잠재력은 온세상을 품을 수 있을 정도로 성장하고 확장된다는 의미도 담고 있다.

참깨 한 알의 1/4 정도의 크기만한 겨자씨의 비유는 단지 성경에서 만이 아닐 것이다. 현대 사회의 여러 분야에서 삶을 살아가는 우리에게 어떤 메시지를 전하는 것이라고 생각한다. 작은 시작의 중요성, 무한한 가능성을 지닌 씨앗 하나가 자라서 큰 나무가 되기 위한 인내의 시간이 지나면 그 작은 시작은 큰 변화를 일으킬 수 있다는 것을 의미한다. 작가는 이 씨앗의 개념을 작품에 도입시켰다. 작가의 작품에서 씨앗은 생명의 근원으로 작가 자신의 존재 이유를 여기서 찾게 되었다.

많은 가능성을 내포하고 있는 씨앗, 그 씨앗의 알고리즘을 마음에 품고 대학원의 마지막 학기를 마치고 졸업을 하고 그녀가 새로운 씨앗이 되어 새롭게 펼쳐갈 새로운 세상으로 나온 것이다. 비록 작은 겨자씨와 같은 아주 작은 시작이지만 작가는 싹을 틔우고, 꽃을 피우고, 나무가 될 준비를 마친 것이다.

**Seed 졸업 작품**

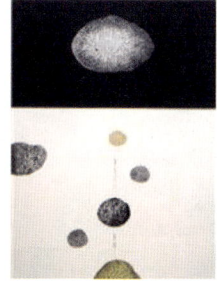

작가는 작가 노트에서 이렇게 얘기하고 있다.

> 나의 작업, Garden Seeds는 생명의 근원이 되는 씨앗(Seed)을 출발점으로 한다. 평범한 삶 가운데에서 의미를 찾고, 나를 궁금하게 또는 걱정하게 만드는 대상을 향한 애정 어린 시선이다.

### 2012년 전시회

작가는 "생명의 근원이 되는 씨앗(The Seed as a Source of Life)"이라는 주제로 2012년 인사아트센터에서 개인전을 열었다. 그리고 작가는 작가 노트에서 이렇게 말하고 있다.

> 나의 작업에서 여러 가지 형태의 원들은 씨앗을 상징한다. 그 속에는 무수한 점들로 가득 메우고 있으며, 그 점들은 선으로 변화한다. 그것들은 생성과 소멸을 무한히 반복하는 자연의 순환성을 의미한다. 또한 원은 치료를 상징하기도 한다. 원이 삶의 균형과 조화를 추구하는 특징이 회복을 일으킨다는 점에서 그러하다. 삶을 살아가면서 인간들은 무수한 언어를 사용하면서 서로에게 상처를 입고, 입히면서 살아간다. 말에 대한 상처, 목적의식에 도달하지 못하는 열등에 대한 상처, 상처받아 찌그러진 자아(自我)를 원은 온전히 치료함으로써 자아 긍정 감을 증진시켜준다. 나아가 치료된 자아는 인간관계를 향상시켜주고, 남을 이해할 수 있는 원만하고 온전한 자아를 꿈꾸어 가는 의미에서 치료를 상징하기도 한다.

### 〈날개 달린 씨앗〉

2013년 수원 행궁나라 갤러리에서 개최되었던 개인전에서는 〈날개 달린 씨앗〉이라는 주제로 전시회가 열렸다. 마치 씨앗이 영혼의 싹을 틔운다는 것을 의미하듯이 말이다. 현대 사회의 사람들이 서로 다른 모양으로 살아가듯 작가의 작품 속 씨앗들도 각각 하나의 개체로 다양한 모습으로 생성, 성장, 결실을 반복하며 생명을 이어가고 있다는 것을 표현한 전시회다.

> 이번 작품들이 관객들에게 긍정적이고 의미 있는 존재로 전달되기를 바란다. 특별히 씨앗이 자아와의 싸움에서 이기는 상징적 모티브가 되기를 소망한다.
>
> - 작가 노트

육경란 작가는 한국 목판화협회 회원으로 울산 제일 일보 주최, 울산광역시와 한국 현대 목판화협회 후원으로 개최되는 '울산 국제 목판화 페스티벌' 1회부터 매년 작품을 전시하는 활동을 하고 있다. 울산은 판화의 원형이라고 할 수 있는 반구대 암각화와 천천리 각석을 간직하고 있고 조선 최고의 판각가인 연희 스님을 배출한 고장이라는 점에서 울산에서 열리는 〈국제 목판화 페스티벌〉은 그 의의가 크다는 것을 알 수 있다. 2016년 제5회 울산 국제목판화 페스티벌에서는 '선정작가'로서 참여했다. '울산을 찍다'라는 주제로 울산의 명소를 투어 하면서 작품을 표현하는 것이다. 작가는 태화루 강변을 작품에 담았다.

〈울산 태화루〉

### 〈음악가 그림〉

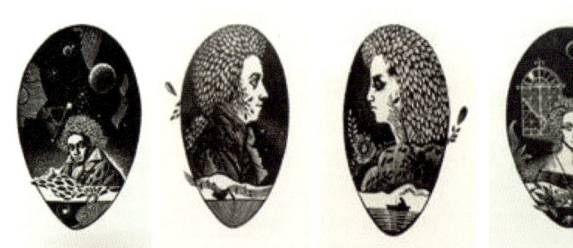
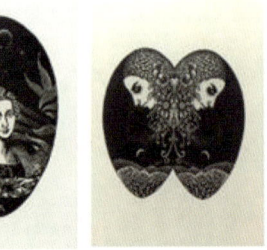

2017년 수원 행궁 갤러리에서 전시회가 열렸다. 이 전시회는 작가의 여느 전시회와는 다른 느낌의 전시회로서 전시회 제목은 〈Story〉이다.

작가의 작업에서 Story는 작가를 궁금하게 또는 걱정하게 만드는 대상을 향한 반응으로 부터 시작한다고 작가는 말했다. 그 대상을 향해 조심스럽게 다가가 바라보고 이야기를 나누며, 시간을 두고 알아가는 과정을 이미지화 시킨다. 이미지로 기호로 변화되어 상징적 의미를 통해 감상자들에게 긍정의 힘을 주고자 한다고 했다. 그 과정들을 Story란 주제로 정리하여 보여주고자 한 것이라 했다. 작가는 이 전시회에서 작가는 음악가와 연관 지은 목판화 시리즈를 판화 소품 형태로 선보이기도 했다.

### 〈두 딸의 정원〉

그리고 작가는 개인을 넘어서 한 가정의 어머니이기에 그녀가 두 딸들을 향한 사랑과 바람을 그녀의 작품 속에서도 녹여내었다. 〈현아의 정원〉에서는 학업에 대한 성취도와 목적 의식이 뚜렷한 큰 딸이 잘 되기를 바라는 염원을 표현했다. 〈아름이의 정원〉이라는 작품을 통해서는 피아노를 좋아하고 음악을 사랑하는 둘째 딸에 대한 엄마의 마음과 사랑을 표현하였다.

<현아의 정원>

<아름이의 정원>

## B. Secret Garden 출발

다시 그녀의 본연의 Garden Seeds 주제로 돌아가보면 그렇게 씨앗이 가득했던 그녀의 정원, 그 씨앗은 자라 꽃을 피우고 정원을 메우기 시작한다. 개인의 비밀을 끄집어 내듯이 정원 여기저기에 그녀의 이야기를 풀어 놓는다. 2018년 인사아트센터의 개인전 〈Secret Garden〉에서 바로 그녀의 "비밀의 정원(Secret Garden)"에 봄, 여름, 가을 그리고 겨울, 사계절의 모습을 담아 그녀만의 비밀을 간직한 이야기를 그려 놓았다. 작가는 자신의 정원에 대한 이야기를 다양하고 자연적인 오브제로서 표현한다. 그리고 작가는 이렇게 말한다.

> 어느 누구에게나 마음 속에 정원이 있다. 그 곳에는 아름다운 꽃을 보며 화려한 꿈을 꾸기도 하고, 잔잔한 일상에서 소박한 희망을 꿈꾸기도 하지만, 화려하거나 무거운 소재들로 화면을 채우기 보다, 화분, 선인장, 하늘, 산, 나무, 꽃 새, 태양, 조각배 등 조미되지 않은 자연적 대상물들에 접근해서 평범한 삶 가운데 위대함을 일깨우는 생명수처럼 긍정의 메시지를 전달하고자 한다.

## 2018년 5월 Secret Garden

작가는 그 당시의 전시회에서 제작되었던 리플렛을 내게 주었다. 오래된 리플렛이지만 너무 황홀한 느낌을 받았다. 이렇게 작가의 Secret Garden을 만나다니… 그 오래된 리플렛은 마치 작가가 내게 보내는 초대장 같이 느껴졌다. 작가가 내게 작가의 내면 세계를 보여주면서 작가의 세계로 나를 안내하는 것 같았다. 그리고 내 귓가에서는 Fionnuala Sherry의 'Song From A Secret Garden' 연주가 들리는 것 같았다. 음악과 미술이라는 영역에서의 Secret Garden의 만남, 나는 너무 아름답게 느껴졌다. 그리고 그렇게 작가의 세계로 나를 초대한 작가는 작품에 대해서 내게 자세히 설명해주었다.

작가는 대학교에서 서양화와 대학원에서 판화를 전공한 작가로서 두 영역에서의 시도를 Secret Garden에서 더 적극적으로 보여주고 있다. 작가는 Secret Garden에 판화적 느낌을 올리는 것을 좋아했다. 바로 기법 측면에서 수성 목판화의 장점을 〈Secret Garden〉에 잘 살려 표현했다고 할 수 있다.

수성 목판화는 우드락 판화와는 달리 유성 목판화처럼 세밀한 것을 표현할 수 있고, 색 표현이 안되고 모노 타입만 가능한 유성 목판화와는 달리 수성 목판화는 색 표현이 가능해서 수채화적인 풍부한 느낌을 표현할 수 있다. 그리고 동양화적 채색 느낌이 함께 어우러져서 질감이 풍부하게 느껴졌다. 그리고 작가의 기법에 있어서의 특징 중 또 하나 작가만의 판화의 특징은 빗방울 느낌이 나는 것이다. 자연을 품고 있는 대지에 촉촉한 단비가 내리듯 작가의 Secret Garden에는 보이는듯 보이지 않는 듯 작가 자신의 이야기와 삶에 단비가 내리고 있는 것 같다. 이렇게 작가의 기법 뿐만 아니라 작가의 감성이 녹아나는 표현을 하였기에 작가의 작품에 나는 빠져들었다. 서양화와 판화, 두가지 영역을 전공한 작가의 작품은 판화와 서양화의 혼합기법을 사용하고 있기 때문인지 작가의 작품을 볼 때면 다른 세계를 보는 것처럼 느껴진다.

김정현 미술 평론가는 그 당시 육경란 작가의 'Secret Garden'을 이렇게 표현하여 말했다.

'씨앗'을 모티브로 자신의 작품을 번식시킨다. 작가의 초기 씨앗은 무성하게 자라 꽃을 피우고 정원을 가득 메운다. 평범하고 잔잔한 일상에 소박한 희망을 꿈꾸는 작가는 씨앗이 가진 원초적 생명력과 긍정의 메시지에 매료되어 있다. 작가는 화려하거나 무거운 소재들로 화면을 채우기보다 바다, 하늘, 산, 나무, 꽃, 태양, 조각배 등 조미되지 않은 자연적 대상물들에 귀착한다. 가공된 오브제가 배제된 화폭은 정적일 수 있고, 판화 기법상 마주하는 정확한 틀 맞춤이나 투박한 칼질 등이 고착된 시선을 야기할 수도 있다. 그러나 이러한 정적인 화면은 점선으로 깎아 넣은 음악적 선율이 등장으로 전복된다. 작가의 모든 판화 작품에는 수수께끼처럼 선적 흐름이 있다. 봄의 새싹을 틔우기 위한 단비처럼, 작가의 음악적 점선들은 세상살이 가운데 평범함의 위대함을 일깨우는 생명수로 작동한다. 생명수가 찬찬히 내리는 화폭을 상상하라!

**2018년 5월 Secret Garden**

## C. Secret Garden의 활약

작가는 Secret Garden을 소개한 이후도 활발한 활동을 펼치게 된다.

안양문화예술재단은 2019년 기획전으로 2019년 안양 연고 작가 발굴, 지원전 〈Focus on Anyang 2019〉을 개최했다. 안양에 연고를 가진 작가를 대상으로 공모를 진행하여 중견작가 1인, 청년작가 4인을 선정했다. 중견작가 1인의 자리에 육경란(회화/판화) 작가가 당선자로 선정이 되어 '평촌 아트 홀 전시실'에서 청년작가 4인과 함께 그룹전을 40일간 개최했다. 특히 이 기획전의 특징 중 하나는 '작가와 평론가 일대일 매칭 프로젝트'이다. 육경란 화가는 고 충환 평론가가 작가의 작품세계를 심도 있게 다룬 평론이 창출되었다. 이는 안양 예술진흥, 그리고 지역예술발전과 한국시각예술계의 발전에 밑걸음이 되려는 노력의 일환이다.

### Secret Garden_Summer

목판화와 회화를 접목시켜서 환상적인 분위기를 표현하여 특징적인 작품 활동을 하는 작가로 평가 받은 육경란은 작가 노트에서 비밀의 정원(Secret Garden) 시리즈에 대해 이렇게 말하고 있다.

> 어느 누구에게나 마음속에 정원이 있듯 이 그 곳에는 아름다운 꽃을 보며 화려한 꿈을 꾸기도 하고, 잔잔한 일상에서 소박한 희망을 꿈꾸기도 하지만, 화려하거나 무거운 소재들로 화면을 채우기보다 바다, 하늘, 산,

나무, 꽃, 새, 태양, 조각배 등 조미되지 않은 자연적 대상물들에 접근해서 평범한 삶 가운데 위대함을 일깨우는 생명수처럼 긍정의 메세지를 전달하고자 한다.

Secret Garden_Summer

Secret Garden 201902-1

 2020년 3월, 봄, 안양예술공원내에 있는 갤러리 〈카페 수목원 가는 길〉에서 12번째 개인전을 했다. 그 전시회에서는 '봄'이라는 계절에 맞는 작품들이 전시되었다. 이 그림은 또한 내가 작가의 화실을 처음 방문하였을 대 정면 벽 중앙에 있는 그림으로 나의 눈에 아주 밝은 빛으로 들어왔던 작품이다. 50호의 큰 작품으로 밝고 따뜻한 에너지가 느껴지는 작품이다. 봄이라 하면 노란 색이나 연두 색과 같은 연한 초록 색이 떠오르지만 작가는 빨간 색으로 표현을 했다는 점이 특이했다. 차가운 겨울의 여정을 보낸 작은 씨앗들, 위대한 생명을 품은 그 씨앗들이 온 세상을 변화시키면서 정원은 아름다워지는 것이라는 생각에서 빨간색이라는 강렬한 이미지로 표현한 것이 아닐까 하는 개인적인 생각을 해보았다. 작가는 사계절의 Secret Garden을 표현해 왔는데 특히 봄에 대한 작품이 많다고 한다. 언제나 밝은 미소를 지니고 있는 작가의 모습에서도 그 답을 찾을 수 있을 것 같다. 작가의 소박한 정원(작업실)을 방문하고 육경란 작가를 만나면 작가의 그 미소에 나도 그 해피 바이러스에 감염되는 것 같았다. 그리고 대화 중에 알게 되었지만 나와 같은 충청도 출신의 작가였다. 충청남도 당진이 고향인 작가를 만나다니 이 또한 반가웠다. 그리고 충청도 여인에게서 느껴지는 선함, 그리고 그 선한 얼굴에 번지는 미소가 작품 속에 투영되어 부드럽게 나타나는 것 같다.

### D. Memory Garden

2010년 대학원 마지막 학기의 논문에서 생명의 기원인 씨앗으로부터 시작된 그녀의 작품 주제는 2011년 대학원 졸업 후 2012년 Secret garden (비밀의 정원)을 거쳐서 2022년 Memory Garden (기억의 정원)으로 성장했다. 기법에 있어서 변화가 나타났는데, Memory garden에서 아크릴 기법이 새롭게 추가되었다.

작가는 작가의 Secret Garden을 여기 저기 산책해오다가 Memory Garden으로 자연스럽게 이동했다. 작가는 그 기억을 소환해서 위로를 받기도 하지만 아프고 슬픈 기억은 소환하기조차 힘들다. 그러나, 그 과정을 거쳐야만 치유를 받을 수 있다는 것을 작가는 잘 알고 있었다. 그 힘든 기억을 묻어 놓고 있으면 마음이 너무 무겁고 아프다. 그 힘든 기억을 세상 밖에 내어 놓아야만 하는 것이다. 이것은 나의 둘째 아들이 음악을 작곡하게 된 것과 첫 음반 출시의 이유를 통해서도 경험을 할 수 있었기에 나는 작가의 마음을 이해할 수 있었다.

둘째 아들이 첫 솔로 음반을 내려고 준비하던 때에 했던 말들이 떠오른다. 예술 창작의 고통이 이런 것이구나 하고 아들을 통해서 깨달을 수 있었다. 아들의 그 고통스러움을 곁에서 지켜볼 수밖에 없었던 순간들이 있었다. 아들은 첫 음반 준비를 하면서 곡을 쓰려고 할 때 본인의 어린시절부터 지금까지의 기억을 모두 떠올려야만 하는데 너무 아프고 힘든 과정이라고 했다. 그래서 포기하고 싶은 순간도 있었다고 말했다. 그리고 음반을 내고 더 이상 음악을 하지 않을지도 모른다고 말할 정도로 아들이 고통스러워 하면서 힘들어했던 기억이 난다. 그러나 아들은 세상에 자기의 Secret Garden과 Memory Garden이 들어있는 그 판도라의 상자를 용기 있게 열어 보였다. 다시 말해서 아들은 자신의 기억의 정원에서 소환된 것들을 'Mind'라는 곡에 담아서 음악으로 표출하였고 그리고 카타르시스를 경험한 것 같다. 아니 완전한 해소는 우리 인생에서 존재하지 않으니 아직도 그 과정 속에 있는 것 같다. 그리고 다시 세상과 소통을 하는 방법을 찾아가면서 음악을 계속하고 있다. 아들의 음악 작업을 곁에서 지켜보면서 한 가지 깨달은 것은 가족이 아들 곁에서 그 존재 자체로서 위로와 희망이 될 수 있다는 것을 아들의 시를 통해서 알게 되었다.

> 오후 3시! 피아노 학원에서 놀던 내가 형을 다시 만나던 시간.
>
> 하교 후 형 오는 시간을 알고 싶어서 어린 나이에 시계 보는 법부터 배우게 되었어.
>
> 어린 나이에 경험한 외국에서의 삶…
>
> 형이 강하게 이겨내고 왔기 때문에 나도 용기를 얻었어.
>
> 비포장도로에서의 긴 방황 끝에 마주한 꽃!
>
> 그 자리에는 형이 반겨주고 있었어.
>
> 여전히 난 배우는게 많아.
>
> 어린 시절 나와 놀아준 형은 이제 사회를 나갈 준비를 하고 있네.
>
> 여전히 난 반 곱슬 머리에 안경 쓴 형이 기억나.
>
> 어떻게 동생한테 화 한번 안 내고 싸우지도 않은 거야?
>
> 그런 착한 형이 어디 있어?
>
> 덕분에 아직까지도 형을 바라보면서 성장하고 있는 것 같아.
>
> 내일 시험 잘 봐. 그때처럼 시계 보면서 기다릴 게. 오후 4시에.

큰 아들이 의사 국가고시를 앞둔 2022년 늦가을 어느 날 저녁. 둘째 아들이 형에게 보낸 메시지이다. 둘째 아들의 Memory Garden에는 엄마와 아빠 보다도, 그 누구 보다도 형의 존재가 큰 위로가 되었고 희망이 되었다는 것을 알 수 있었다. '비포장 도로에서의 긴 방황의 끝에 마주한 꽃'이 '형'이라는 표현에서 나는 왈칵 울음이 나왔던 기억이 난다. 형 본인이 그랬듯이 동생도 스스로 그 힘든 여정을 겪고 지나와야만 했던 그 비포장 도로, 그 도로의 끝에서 형이 기다리고 있었다는 것을 동생이 깨달을 수 있었다는 것도 참 기특하다는 생각이 든다. 바로 가족, 그 중에서 형이라는 존재 자체가 주는 위로이다. 이렇게 육경란 작가의 Memory Garden 작품을 보면서 나는 나의 가족이 함께 가꾸었던 Secret Garden에서 Memory Garden으로 우리가 함께 성장한 것을 떠올릴 수 있었다.

*Garden of Memory-Flaneur 2301, 2304*

　작가의 Memory Garden을 처음 마주한 것은 작가의 작업실을 방문했을 때 벽면을 크게 차지하면서 전시되어 있던 작품들이다. 나는 Garden of Memory-Flaneur 작품들을 보면서 나의 어린시절 골목도 떠올릴 수 있었다. 등하교길 홀로 거닐던 골목길이 떠올랐다. 육경란 작가도 나와 비슷한 7080세대이기 때문인지 작가가 그려낸 그 골목길이 내게도 익숙했다. 그리고 그 시절 내가 지나온 세상을 다시 만난 것 같았다. Garden of Memory -Flaneur 2301 그림 속의 창에는 불 하나 밝혀 있지 않고 어두운 분위기였지만 가운데에 밝은 빛으로 희망적인 것을 표현한 것 같다. 바로 꽃이 그려진 밝은 연두 빛의 선이 어둠 사이에서 레이어드 되어진 모습이다.

　Garden of Memory -Flaneur 2304와 2303에서는 건물의 창문에 불이 밝혀지기 시작하는데 그 노란 불빛은 희망적인 것을 암시하고 있다.

고충환 평론가는 '플라뇌르'로서의 육경란 작가의 작품을 더 심도 있게 바라보면서 우리의 이해를 돕고 있다.

"비밀의 정원에서 기억의 정원으로. 그동안 비밀에서 기억으로 옮겨갔지만, 결정적으로 달라진 것은 없다. 아마도 그동안 저 혼자 간직했을, 저 홀로 추억했을, 때로 남몰래 아파했을 기억의 편린들을 소환하고 재구성한다는 점에서 오히려 일관성과 함께 연속성을 가지는 경우로 이해해도 좋을 것이다. 여기서 정원은 말할 것도 없이 작가의 내면이 투사된, 작가가 정성스레 가꾸고 보듬어온, 작가의 상상력이, 작가의 환상이, 작가의 현실 인식이 현실성을 얻는 장, 그러므로 내면의 방이라고 해도 좋을 것이다.

중간 생략

이처럼 작가의 그림은 비록 자기 내면을 그린 것이지만, 그렇게 주관적인 경험과 감정을 그림으로 옮겨 그린 것이지만 그 경험과 감정이 보편적인 감정에 호소해온다는 점에서 보편성을 얻는다. 그 경우와 정도가 다를 뿐, 사람들 저마다 간직하고 있을 기억을 건드린다는 점에서 공감을 얻고 있다고 해도 좋다. 근대의 생활사와 관련한 추억을 건드리고, 상실감으로나 간직하고 있을 유년의 기억을 건드리고, 여기에 원형적 기억마저 건드리는 부분이 있다."

그리고 고충환 평론가는 육경란 작가를 그리움의 색감과 질감을 그리는 작가라고 표현하면서 이 색감과 질감은 '여행에 대한 기억'을 그린 것이라고 했다. '도시의 산책자' 처럼 생각 없이 떠난 여행. 그 여행이 근대 생활사의 기억을 불러오고, 유년의 추억을 불러오고, 원형적인 기억 앞에 서게 했을 것이라고 표현했다. 육경란 작가는 말 그대로 '플라뇌르' 였다. 플라뇌르(Flaneur)는 프랑스어에서 온 단어로 '거리를 배회하는 산책자'라는 뜻이다.

'플라뇌르'는 근대 사회가 도래하면서 태어난 개념으로 도시의 번잡함에서 벗어나, 대로변에서 벗어나 뒷골목을 산책하면서 내면의 세계를 추구하는 '도시의 산책자'라고 할 수 있다. 1863년 샤를 보들레르에서 시작한 이 '플라뇌르' 개념은 발터 벤야민에 의해서 다시 제안되어지고 발전이 된 개념이다. 보들레르가 예술가를 '플라뇌르'라고 표현했듯이 많은 사상가, 음악가, 그리고 화가들이 바로 '플라뇌르' 였다. 단순히 거리를 배회하는 것이 아니라 적극적으로 관찰하고 의미를 찾는 사람들이다.

육경란 작가도 예외는 아니다. 바로 '도시의 산책자'였다. 평론가가 말하기를 정처 없이 거닐다 보면 '안 보이던 것이 보이고, 안 들리던 것이 들리는 경험'을 한다고 말한다. 그렇다. 아마도 육경란 작가는 복잡한 일상을 뒤로 하고 아무 생각 없이 목적 없이 걷다가 그냥 무심코 지나치던 소소한 것들이 문득 새로운 모습으로 눈에 들어오고 마음에 들어왔을 것이다. 육경란 작가의 작품에 표현된 여러 공간의 모습은 육경란 작가의 많은 기억을 담고 있는 '플라뇌르' 로서의 결과물'이다. 그리고 나 역시 작가가 만든 그 공간을 '플라뇌르'가 되어 거닐고 있는 것 같은 상상을 하게 되었고 내 기억 속의 골목길로 걸어 들어가는 듯한 경험을 했다. 작가의 작품들을 보면서 그렇게 나의 Memory Garden 안으로 빠져들어갔고 나는 그 곳의 '플라뇌르'가 되었다.

고충환 평론가는 육경란 작가의 기법에 있어서 나타난 변화에 대해서도 자세히 이야기하고 있다.

"작가는 캔버스와 합판 같은 패널 위에 그림을 그린다. 사실을 말하자면 패널 위에 새김질하고, 그리고, 프린트하고, 붙인다. 조각과 회화, 프린트와 콜라주가 하나의 화면 속에 어우러지면서 유기적인 전체를 이룬다. 특히 합판과 같은 패널은 새것보다는 버려진 것, 낡은 것을 쓰는데, 그 자체 이미 어느 정도 시간의 흔적을 간직하고 있는, 마치 시간의 화석과도 같은 질감에 끌렸을 것이다. 그렇게 우연한 스크래치와 같은 상처를 간직하고 있는 패널 위에 새김질하고 조각해 요철을 얻는다. 굴곡진 아파트 벽체의 표면 질감을 얻고, 낡고 해진 느낌의 오랜 벽면의 표면 질감을 얻고, 골목길에 시공한 시멘트 바닥의 표면 질감을 얻고, 콘크리트 마감한 연립의 터실터실한 표면 질감을 얻는다. 그리고 그 위에 낡고 해진 느낌에 어우러지는, 터실터실한 표면 질감에 어울릴 만한, 어쩌면 빈티지의 그것에 가까운 색감을 올리고, 프린트를 올린다. 그리고 여기에 땡땡이 문양과 같은, 잎맥만 남은 나뭇잎 같은, 그리고 고서에서 찢어낸 종이와 같은 오브제를 붙여서 마감한다. 때로 프린트로 알 수 없는 문자가, 기호가 부가되기도 하는데, 조형적인 효과와 함께, 말로 다 할 수 없는 말을, 미처 그림으로 옮기기 어려운 말을, 기억이 미처 재생하지 못한 말을, 그러므로 흩어지는 말들을 의미할 것이다."

  수성 목판화를 사용했던 Secret Garden 과는 달리 Memory Garden에서는 판넬 위에 판화기법을 이용하여 조각하고 그 위에 아크릴로 채색하였다. 예를 들면 그림에서 판넬 위에 나무를 그릴 때 조각처럼 파서 그 위에 아크릴로 색채를 표현하였는데 실제적인 나무 느낌을 주어 신선하게 느껴졌다. 판화에서의 조각 기법과 회화에서의 '아크릴 기법'을 함께 사용하는 혼합기법을 사용하였다. 그리고 헝겊이나 금속 등 다른 재료들을 붙이는 '콜라쥬 기법'도 사용하여 양념을 주는 기법으로 화면을 구성하는 등 독특한 이미지를 표현하였는데 특히 내면의 방에 많이 활용하였다.

*Garden of Memory* - 내면의 방 I II III

　Garden of Memory - 내면의 방 시리즈는 작가들 입장에서 선호하는 작품이라고 했다. 내게도 내면의 방 시리즈는 의미 있게 느껴졌다. 내면의 방이 '기억의 상자' 처럼 내게 다가왔다. 작가의 '기억의 상자'가 내게 말을 거는 것 같았고, 작가의 아픔, 기쁨, 슬픔이 어려 있는 작가의 추억이 느껴지는 듯했고, 작품 속에 표현된 기억의 조각들의 파편들을 하나하나 살펴보면서 작가의 마음을 헤아릴 수 있었다. 그리고 나의 '기억의 상자'도 작동을 하기 시작했다. 나의 기억 속에 존재하는 아픔, 기쁨, 슬픔이 녹아있는 나의 추억들이 나의 기억의 상자 밑바닥에서 떠오르고 있었다. 작가와 내가 동일시되는 순간이었다. 소통과 공감 그리고 서로에게 보내는 무언의 위로 메세지가 오가고 있었다. 우리가 예술 작품을 감상하면서 이렇게 소통, 공감, 위로가 되는 경험을 할 수 있다니 참으로 감사한 일인 것 같다.. 작가가 어떤 마음을 품고 예술 작품을 표현하는가에 따라서 그 마음이

우리에게 그대로 전달되는 경험을 하게 된다. 이는 내가 나의 카페 운영을 하면서도 경험한 부분이다. 내가 처음 카페를 시작할 때 내가 마음 속에 품은 생각을 카페를 찾는 손님들이 알아차리는 것에 많이 놀란 경험이 있다. 정말 어떻게 알아 차렸는지 의아할 정도였다. 나는 나의 카페에 오는 손님들이 나의 카페에서 편하게 쉬다 가시기를 바랬다. 카페 위치상 평촌 학원가에 자리잡고 있었기 때문에 주부들, 학생들의 어머니들이 많이 방문하신다. 아이들의 성장을 지켜봐야 하고 가정에서 아내로 며느리로 딸로서 맡은 바가 다양한 주부들은 본인 스스로를 대접하고 위로할 순간을 갖지 못하는 것이 현실이다. 나도 그런 시기를 보냈던 때가 있었다. 그런 어떤 순간에 카페에서 '차 한잔의 위로'를 받은 기억이 있다. 그래서 나도 그런 '차 한잔의 위로'를 그들에게 보내고 싶었다.

빌리 조엘이 차 한잔의 위로를 받고 재기에 성공했던 일화가 있다. 그리고 이렇게 말했다.

*"There's comfort in my coffee cup."*

바로 나의 카페의 모토가 되었다. 그리고 신기하게도 나의 카페를 찾는 손님들은 이구동성으로 말씀하셨다. "〈커피시대〉에 오면 편안함이 느껴져요. 인테리어도 우리집 거실처럼 편안하고 사장님도 항상 따뜻하고 편안하게 해주니까요."

내가 나의 카페에서 커피 한 잔으로 사람들에게 보내는 메시지와 육경란 작가가 사람들에게 작가의 작품을 통해서 보내는 메시지, 이것은 하나이다. 바로 소통, 공감, 위로이다. 예술 작품이 우리에게 보내는 메시지를 우리가 알아차리고 우리 삶에 승화시킬 수 있다면 가장 이상적일 것이라고 생각한다. 그것은 예술 작품의 힘이고 우리가 살아가면서 예술을 가까이하고 느껴야 하는 이유인 것 같다. 그리고 사람들이 카페나 갤러리 또는 다른 문화 공간에서 서로 소통해야 하는 이유인 것 같다.

작가는 이후 홍익대 현대 미술관 Meta-Prints 2022 Metaverse 2022 Virtual Exhibition을 비롯해서 활발한 활동을 이어오고 있다.

한국 현대판화가협회 기획전으로, 한국 - 대만 국제 판화 교류전, 〈No Frame 2023〉은 프레임 없이 종이 그대로의 판화를 선보였는데 판화 고유의 감수성과 기법의 특수성을 살펴볼 수 있었다.

-2024년 YK 갤러리 개관전 〈만남, 그리고 또 다른 여행이 시작된다〉에서는 한국 - 루마니아 작가들과 12년째 이어오고 있는 예술적 교류에 합류하여 양국 예술가 간의 소통에 일조를 했다.

또한 2024년 인사동애서 〈Tender Thorns〉 국제 판화교류전은 한국과 쿠바의 첫 수교전에 육경란 작가는 'Secret Garden'으로 참여했고 14명 쿠바 작가들의 강렬한 색채와 생명력이 넘치는 열정적인 작품들도 함께 볼 수 있었다.

  2024년 한중일 국제 판화기획전, 〈일상의 은유 (The metaphor of daily life)〉는 인제 내설악미술관에서 개최되었다. 육경란 작가의 작품을 비롯해서 3개국 작가 9명의 작품을 통해서 관념의 세계와 일상의 이야기들을 각자의 방식 아래 은유적으로 표현하였는데 아시아 현대 판화 미술의 흐름을 가늠할 수 있는 전시회였다. 이 전시회에서 육경란 작가는 '비밀의 정원 -겨울' 이라는 작품을 선보였는데 마치 비발디의 겨울 2 악장이 흐르는 것 같았다.

비밀의 정원_겨울

Secret Garden
(아트 캐피탈 꽁빠레종 출품작)

2025년 1월에는 World Art Expo 가 개최되었는데 이 전시회는 IAA (International Associations of Art) 한국 위원회 주최로 열렸다. IAA는 예술가들의 사회적, 경제적 자유와 지위를 보호하는데 목적을 둔 세계적인 유네스코(UNESCO) 협력기구이다. 이 전시회에 육경란 작가는 코엑스 부스전으로 참여하였는데 '기억의 정원, 내면의 방 시리즈가 선보였다.

그리고 작가는 〈2025 Comparaison 'Art Capital' in Grand Palais in Paris〉에 참여 작가로 선정이 되었다. Art Capital은 프랑스 파리에서 매년 개최되는 역사와 전통을 자랑하는 대규모 현대 미술 전시회이다. 파리 에펠 탑 앞에 있는 그랑팔레 (Grand Palais)에서 2025년 2월 19일 ~22일 까지 열렸다. 전세계 2000명 이상의 예술가와 40,000 명 이상의 방문객을 맞이하는 대규모 유서 깊은 전시회다. 프랑스의 가장 오래된 예술 살롱으로 19세기부터 명맥을 이어오고 있는데 현대 미술의 최신 트랜드를 볼 수 있다. 회화, 조각, 판화, 사진 등 다양한 미술 양식과 작품이 전시된다. 유명 아티스트 뿐만 아니라 신진 예술가들 까지 폭 넓은 작가들이 참여하는 플랫폼으로서 역할을 한다. 이러한 예술 세계의 큰 흐름에 육경란 작가의 작품이 선보인다는 것은 아주 고무적인 일이다. 육경란 작가는 작품 '비밀의 정원'으로 Art Capital Comparaison 2025에 출사표를 던졌다.

이 작품에서는 우주에서 바라보는 푸른 지구의 아름답고 비밀스러운 풍경이 표현되었다. 밤하늘에 가득한 기호가 주는 느낌은 논리적이고 과학적인 의미를 더해주면서 여러가지 물음표를 던지게 하여 흥미를 이끌어내고 있다.

파리 전시회가 끝나면 한국에는 꽃샘 추위도 지나가고 봄이 더 성큼 와있을 것 같다. 그때 파리 전시회 소식도 들을 겸 작가의 545 작업실 창가에 도착해 있을 봄을 만나러 가려고 한다.

Memory Garden

<작가 노트>

나의 작업, garden series는 생명의 근원이 되는 씨앗(seed)을 출발점으로 한다.

여러 가지 형태의 원들은 씨앗을 상징한다. 그 속에는 무수한 점들로 가득 메우고 있으며, 그 점들은 선으로 변화한다. 그것들은 생성과 소멸을 무한히 반복하는 자연의 순환성을 의미한다. 또한 원은 치료를 상징하기도 한다. 원이 삶의 균형과 조화를 추구하는 특징이 회복을 일으킨다는 점에서 그러하다. 또한 '씨앗'을 모티브로 작품을 번식시킨다. 씨앗은 무성하게 자라 꽃을 피우고 정원이 된다.

어느 누구에게나 마음속에 정원이 있다. 그 곳에는 아름다운 꽃을 보며 화려한 꿈을 꾸기도 하고, 잔잔한 일상에서 소박한 희망을 꿈꾸기도 하지만, 화려하거나 무거운 소재들로 화면을 채우기보다 화분, 선인장, 하늘, 산, 나무, 꽃, 새, 태양, 조각배 등 조미되지 않은 자연적 대상물들에 접근해서 평범한 삶 가운데 위대함을 일깨우는 생명수처럼 긍정의 메시지를 전달하고자 한다.

## Garden of Memory - Blessing

작가가 애정 하는 작품이다. 작가의 집 거실 창문을 통해서 바라다 보이는 풍경을 그림의 배경으로 표현했다. 천상의 이미지로 밝은 색의 꽃을 가득 그려 넣었다. 하늘에서 내려오는 빗줄기 같은 줄무늬는 천상에서 그 꽃들이 내려오듯 축복이 이 땅에 내리기를 소망하는 작가의 마음을 표현하였다. 코로나 19 시대 이후 새로운 시대가 밝은 이미지로 다가오길 바라는 사람들의 마음을 대변하여 작가는 그림으로 표현하였다.

Garden of Memory - Blessing

# 육경란 Yuuk Kyoung Ran

**학력**
2011 홍익대학교 대학원 판화 전공 석사 졸업

**개인전**
17회

**초대 및 단체전**
Comparison Art Capital in Grand Paris in Paris 전 (프랑스, 파리)
월드아트엑스포 2025 (코엑스, 서울)
한국, 루마니아 국제 현대미술교류전 (YK갤러리, 안양)
한국, 쿠바 국제판화교류전 (인사센트럴뮤지엄, 서울)
울산국제목판화페스티벌 & 비엔날레(울산문화예술회관, 울산)
한국대만국제현대목판화 & 북아트교류전 (이니갤러리, 제주도)
한국대만국제판화교류전(성신여자대학교 가온 전시실, 서울)
울산 한,중,일 국제목판화 페스티벌, 울산을 찍다 선정작가(울산문화예술회관, 울산)
한국현대판화가협회기획전(홍익대학교현대미술관, 서울)
한,중,일 국제판화기획전(공리배설악미술관 강원)
안양연고작가발굴, 지원전 중견작가선정(평촌아트홀, 안양)
판화하다-한국현대판화 60년(경기도미술관, 안산)외 다수 작품 소장
안양문화예술재단, 안양시, 울산제일일보, 박수근미술관, ㈜현대그룹, 서울종합건축 등

E-mail : k10270@naver.com

# 서도의 길을 걷는 여원

최은희

나는 가끔 사람을 만날 때 그 사람에게서 느껴지는 음악을 찾는 습관이 있다. 나는 그 음악과 함께 그 사람을 내 마음 속에 담아서 기억하곤 한다. 2025년 봄 밤, 최은희 작가를 만났을 때, 내 마음 속에 맴도는 음악이 하나 있는 것 같았다. 그런데 어떤 음악인지 찾을 수가 없었다. 어떤 악기로 연주되어지는 음악인지도 찾을 수가 없었다. 그러다가 문득 이 곡이 떠올랐다. 벚꽃이 피는 계절이면 항상 떠오르는 음악이다. 오늘 내가 촬영한 벚꽃 영상에 음악을 입히려고 이리저리 음악 써핑을 하다가 찾게 되었다.

'맞다. 피아노 소리와 선생님, 그리고 이 음악과 잘 어울리는 것 같아.'

*Epitone Project* (에피톤 프로젝트) <봄날, 벚꽃 그리고 너>

어느 해부터 인지 매년 벚꽃이 피는 봄날이면 아련하게 내 마음에 떠오르는 곡이다. 가사가 없는 연주 곡이지만 마음을 적시는 노래가 흘러나오는 것 같다. 연주 곡이지만 이 곡을 소개하는 가사가 있다. 그 가사 중 한 줄이 떠오른다.

> 사람이 사람을 알아 간다는 것은
> 한 줄의 활자를 읽어 나가는 것 보다 값진 것

이 봄 날, 이 봄 밤에 나는 '서화가 최은희' 라는 한 사람에 대해 차근차근 알아가게 되었다.

이 곡을 타고 흐르는 피아노 연주 버전과 바이올린 연주 버전이 있다. 나는 각각의 느낌을 좋아한다. 그러나 이 곡은 현악기 연주 곡 보다 피아노 연주 곡이 더 어울리는 것 같다.

특히 이 봄, 이 곡을 들으면서 피아노 연주가 더 마음에 와 닿았다. 이 곡에서 흘러나오는 피아노 연주 소리와 목소리가 닮은 사람이 떠올랐기 때문이다.

그녀의 목소리는 피아노 소리를 닮았다. 그녀의 웃음 소리는 피아노 소리가 또르르 굴러가는 소리처럼 들렸다. 그녀는 피아노를 닮은 사람이라는 생각이 든다. 그녀의 목소리는 정말 사람들의 마음에 감동을 주는 목소리라는 것은 많은 사람들이 공감하는 부분이다. 다른 사람들도 그녀와 대화를 나누면 그녀의 목소리 때문에 더 기분이 좋아진다고 말할 정도이다.

그녀와 얘기 나누면서 내 마음 속에서 맴돌았던 음악을 이렇게 찾다니… 나는 너무 기뻤다.

그녀를 떠올리면서 이 노래를 듣고 또 듣고 하면서 이 글을 시작한다.

사실 그녀를 처음 만나면서 매화를 닮았다고 생각했다. 매화가 그녀의 분위기와도 잘 어울리는 꽃이라고 느꼈다. 그 매화를 닮은 꽃인 벚꽃, 그 벚꽃이 만개한 '가로등 불빛' 아래에서 그녀를 만났다. 밤 벚꽃이 만개한 '달

빛 아래'라는 표현도 틀리지 않다. 이 계절에는 가로등 불빛과 달 빛이 모두 밤 벚꽃을 밝혀주고 있기 때문이다. 같은 아파트, 그것도 바로 옆 동에 사는 그녀와 나, 우리는 밤 벚꽃 아래에서 만날 약속을 했다. 내 차를 타고 집에서 멀지 않은 의왕 백운호수로 봄 밤 나들이를 함께 가기로 했다. 물론 작가 인터뷰를 위한 것이지만 '봄 밤 나들이'는 그 단어만으로도 너무 낭만적인 느낌이 들어서 좋다.

나는 2019년부터 카페를 운영하고 있고 그녀는 2022년 봄에 카페 바로 아래 층에서 서화실을 운영하게 되면서 이웃이 되었다. 그런데 같은 아파트에 사는 이웃이기도 하다는 것을 나중에 알게 되었다. 이 때 '우리의 만남이 운명이 아닐까?' 하는 생각이 마음 속에 반짝거렸던 기억이 난다. 그 많은 인연 중에 우리가 이렇게 이웃으로 만나다니 정말 놀라운 일이 아닌가?

나는 처음부터 그녀의 목소리가 좋았다. 그녀의 웃음 소리도 좋았다. 그리고 더 좋은 것은 그녀가 서화가라는 말에 나는 마음이 더 많이 끌렸다.

나는 작은 꿈이 있다. 피아노 배우기와 서예를 배우는 것이다. 나의 카페에서 그녀와 차 한 잔의 여유를 처음 갖게 되었을 때 나는 생각했다. 내가 글씨를 배우게 된다면 최은희 작가에게 배우게 될 것이라고. 이런 상황에서 내 책에 그녀에 대한 이야기를 쓰게 되었기에 나는 마음이 더 따뜻해지는 것을 느낄 수 있었다. 내가 좋아하는 작가에게 좀 더 다가가는 시간이 될 수 있기 때문이다.

  사실 이 책을 쓰기 전, 2023년 8월, 여름이 끝나갈 무렵 그녀에 대한 신문 기사를 쓴 적이 있다. '귀인동 주민 자치 신문'의 한 면에 작가 탐방 기사를 처음 올리기 시작했을 때, 그녀의 이야기를 제일 처음으로 올린 적이 있다. 그때 그녀에 대해 자세한 얘기를 듣게 되었다. 그리고 그 다음 해인 2024년 1월, 한 해의 시작과 함께 다가온 겨울 그녀는 내게 그녀의 작품을 하나 갖고 왔다. 막 전시회를 마치고 돌아온 그녀의 작품을 내 카페에 진열하게 되었다. '허난설헌'의 시를 궁체의 정자와 흘림으로 쓴 작품이다. 그녀의 작품 앞에 지인으로부터 받은 홍매화를 드리워 놓았다. 그 순간 나는 얼마나 놀랐는지 모른다. 그녀가 서화가라는 사실 때문인지 홍매화는 그녀에게서 풍기는 이미지와 같다고 생각했다. 마침, 지인이 한 해가 시작되자마자 내게 홍매화를 선물해주면서 봄을 미리 먼저 보여준 것도 기쁘고 놀라웠지만 홍매화를 닮은 그녀와 그녀의 작품이 함께 어우러져 있는 모습은 우연이 아닌 것 같았다.

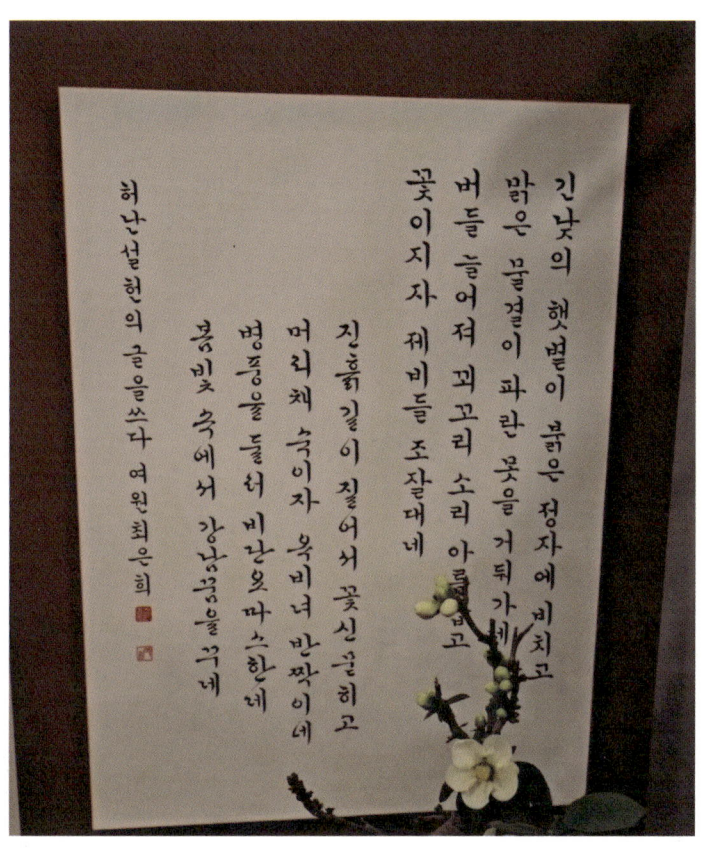

긴 낮의 햇볕이 붉은 정자에 비치고 맑은 물결이 파란 못을 거둬가네
버들 늘어져 꾀꼬리 소리 아름답고 꽃이 지자 제비들 조잘대네
진흙길이 질어서 꽃신 묻히고 머리채 숙이자 옥비녀 반짝이네
병풍을 둘러 비단요 따스한데 봄빛 속에서 강남 꿈을 꾸네

그 후, 2024년 4월, 그녀는 내게 또 하나의 작품을 선물로 주었다.

이준관 시인의 '구부러진 길'이라는 시가 쓰인 작품이다. 그 작품 앞에는 하얀 조팝 나무의 줄기가 드리워져 있었다.

구부러진 길이 좋다
들꽃 피고 별도 많이 뜨는
구부러진 길 같은
사람이 좋다

이렇게 그녀와의 인연이 시작되었고 우리는 서로 여유가 되는 시간에 차 한잔을 가끔 나눌 수 있는 '친구'가 되었다. 약간의 나이 차이가 나지만 인생 친구라고 말할 수 있을까? 서로 노부모님을 모시는 입장에서 서로 격려와 위로와 정보를 나누는 '자매' 같기도 했다. 서로 함께 마음을 나눌 수 있는 자매가 가까이에 없었기 때문에 그 마음을 서로 너무나 잘 헤아릴 수 있었다. 그런 우리가 2025년의 아름다운 봄 밤에 이렇게 다시 마음을 나누며 서로 더 가까워지는 시간을 갖게 되었다.

<여원 최은희 작가와의 첫 번째 봄 밤의 추억>

나는 2025년 4월 4일 최은희 서화가와 첫 번째 봄 밤 여행을 떠났다. 우리의 집에서 그리 멀지 않은 백운 호수로 드라이브를 했다. 내가 가끔 훌쩍 날아와서 글을 쓰곤 하는 곳, 나의 최애 집필 장소가 된 카페, Green Flag로 그녀를 안내했다. 그녀는 전에 딸과 함께 온 적이 있었지만 이렇게 밤에 오기는 처음이라고 했다.

백운 호수 밤 하늘에는 눈썹을 닮은 초승달이 떠 있고 노란 개나리와 붉은 동백꽃, 목련이 피기 시작하고, 벚꽃이 피어나기 시작한 봄 밤… 백운호수 주변에 만들어 놓은 둘레길 데크에 켜진 불빛은 여러가지 색으로 변하면서 백운호수의 야경을 더 아름답게 만들었다.

그녀는 Green Flag의 봄 밤을 황홀한 마음으로 바라보았다. 나는 그런 그녀의 모습을 보면서 그녀에게 아름다운 봄 밤을 내가 선물해준 것 같아서 흐뭇했다.

이렇게 아름다운 계절에 만난 서화가 최은희… 나와 어딘가 닮은 점도 있고 통하는 점도 많은 작가라는 것을 대화를 나누면서 다시 한번 느낄 수 있었다. 그리고 작가와의 인연에 정말 감사하는 마음이 들었고 최은희라는 사람을 알게 된 것은 내게는 정말 행운이라는 생각이 들었다. 나는 항상 그녀를 만나면 마음이 행복해지는 것을 느낄 수 있었다.

마음이 지옥 같아도 평온한 풍경화 한 편을 보면서 그 힘든 마음이 힐링 되듯이 최은희 서화가는 그런 풍경화 같은 사람이다. 다른 사람을 힐링 시켜주는 풍경화 같은 사람. 그녀를 만나면 마음이 맑아지고 밝아지는 것 같다. 나는 그런 작가의 색깔을 좋아한다. 그녀는 자신이 지닌 색깔로 사람들과 소통하면서 물 흐르듯 자연스런 흐름으로 인생을 살아온 것 같다는 것을 나는 느낄 수 있었다. 그리고 그런 작가와의 만남과 대화로부터 받는 에너지와 힐링의 순간이 있다. 그래서 나 뿐만 아니라 다른 사람들도 그런 작가의 분위기를 좋아한다.

<여원 서화가 최은희 작가와 함께 떠난 봄 밤의 두 번째 나들이>

달빛과 가로등 아래 아름다운 벚꽃… 아파트 앞 만개한 밤 벚꽃 아래에서

작가를 다시 만났다. 작가와의 봄 밤의 첫 나들이 이후에 '봄 밤'이라는 단어가 내 마음 속에서 계속 맴돌면서 떠올랐다. 작가를 만나 인터뷰를 했지만 글을 시작하지 못하고 '봄 밤'이라는 단어 속에서 나는 계속 헤매고 있었다. 왜 내가 계속 '봄 밤'이라는 단어에 매어 있는지 알 수가 없었다. 그러다가 오늘 밤, 최은희 작가를 만나서 두 번째 인터뷰를 하면서 그 이유를 찾을 수 있었다. 이제와 생각해 보니 최은희 작가에게 있어서 '봄 밤'은 특별한 의미를 지니고 있다는 것을 나는 촉으로 알아챈 것이 아닐까?

'봄 밤은 알고 있다. 당신이 사랑에 빠지리라는 것을'

어느 드라마의 소개 글이다. 최 작가에게 있어서의 봄 밤의 의미를 이 문구를 인용해서 표현하자면 다음과 같다.

'봄 밤은 알고 있다. 당신이 서화가로서의 삶과 사랑에 빠지리라는 것을…'

최 작가가 서예를 시작하고 10년의 세월이 흐르고 그 후 6년이라는 세월 동안 많은 공모전에 참가했다. 작가에게 있어서 그 6년이라는 세월 속에 있던 '봄'은 늘 자신과의 싸움을 하는 시간으로 야외로 벚꽃 놀이를 나가기 보다는 집에서 시간을 보냈다. 붓과 먹과 함께 마음을 정돈하면서 2미터 길이의 국전지 앞에서 홀로 보내는 고요한 시간이었다.

'대한민국 미술대전 초대 작가(국전)'로 향해 가는 과정에서 6년이라는 세월 속에서의 작가의 '봄', 그리고 '봄 밤' 조차도 늘 야외에 나가서 꽃

구경을 즐기기 보다는 창문을 통해서 가로등 불빛과 달빛에 빛나는 봄 꽃을 바라보면서 지나갔다고 작가는 '봄'을 회상했다. 봄 꽃이 한창 피어나는 4월~5월은 '대한민국 미술대전 초대작가'로 가는 관문인 여러 공모전들을 통과해야 하는 시기였다. 작가는 글씨를 즐기는 단계에 이르러 있기는 했지만 공모전 준비를 하면서 체력적으로 정신적으로 많이 힘이 들 수밖에 없었다. 그러나 작품을 하나하나 끝냈을 때의 성취감으로 그 힘든 시기를 지나올 수 있었다. 그 6년 간은 아름다운 봄 밤의 벚꽃 놀이를 잊을 수 있을 정도로 작가는 서화가로서의 삶과 사랑에 빠지게 된 것이라고 말했다. 작가는 이렇게 오랜 시간 동안 한글 서예의 여러 서체를 공부하고 익히며 임서를 하는 시기를 보냈다. 그리고 각종 공모전에 출품하고 우수한 성적 거두며 기량을 연마했다. 그 결과 2회 특선과 4회 입선을 통해서 마침내 '국전 초대작가' 되는 영광을 안았다. 그 세월을 어찌 말로 다 할 수 있을까?

최은희 작가의 '국전' 출품 작품으로는 '정약용이 유배지에서 남긴 편지' 중에서 아들에게 쓴 편지를 임서한 작품이다. 이 작품을 할 때 작가의 아들은 군복무 중이었다. 멀리 있는 아들의 안위와 아들의 앞날을 생각하며 기도하는 마음으로 썼던 작품이라고 한다. '아들을 사랑하는 작가의 마음이 투영된 작품이기에 좋은 결과를 얻게 된 것이 아니었을까?' 하는 생각이 들었다.

이 세상에 있는 사물들 중에 그대로 두어서 좋은 것이 있는데 이런 것을 두고 이러쿵 하라고 떠들썩하게 말할 필요가 없거니와 만약 손을 대서 건드리거나 찢어지거나 가지고 터럭만치라도 움직여 완전하게 만들어야만 바야흐로 공력을 찬란할 수 있듯이 지극을 땅에 걸린 사람들을 친히 해서 살려야 할 일을 한의 왕이라고 부르고 위태로운 성을극히 내 이름인 장수라 일컫는가 그에 걸친 땅인가 고관들의 자제로 된 것은 못과 멋진 관을 쓰고 그녀지않이 이름을 떨치는 것은 웃나자 재 쳐 려는 중이이제 너희 들을 망한 집안의 자손이 나 그런 그러므로 더욱 잘 처신하여 본래 보구 하릴 없이 되니 때 이 것이야 말로 기특하고 중요한 일이 아니겠느냐

여원 최은희

그 후 3년의 세월이 흐르고 작가는 오늘 밤 나와 그 시절과 사뭇 다른 '봄 밤'을 보내고 있다. 작가는 서화가로서 걸어온 길을 회상하며 지금 이 순간 벚꽃이 만개한 '봄 밤'을 나와 함께 만끽하고 있다.

서화가로서의 꿈을 이루기 위해서, 달빛 아래의 '화려한 봄 밤' 대신 '고요한 봄 밤'을 보내던 그 시절을 추억하면서 내 책의 주인공들 중 한 명으로 인터뷰를 하고 있으니 말이다. 나는 최 작가와의 만남을 하며 커다란 이야기 꾸러미를 선물 받은 것 같았다. 서화가로서의 최 작가에 대한 이야기를 이제 내가 풀어 놓는 시간을 갖게 되어 기뻤다.

2022년 2월, 서화실 오픈을 앞둔 어느 날, 서화실 회원들과 최 작가가 내 카페를 방문해서 커피를 마시면서 인사를 나누었던 기억이 난다. 나는 최 작가와 서화실 회원들과 첫 만남부터 너무 좋았다. 그래서 서 화실 오픈 기념으로 실내 창가에서 키우기 쉬운 '황제 마삭' 화분을 선물했다. 〈여원〉 서화실 간판이 처음 걸리던 날의 기쁨과 설레임도 내 마음에 아직도 그대로 남아있다.

더불어 여(與), 동산 원(園). 여원(與園)은 작가의 호(號)이다. 작가의 한문 서예 스승이신 도정 권상호 교수가 지어주었다. 최 작가가 있는 동산에서 주위 사람들과 더불어 행복하게 지내라는 스승의 뜻이 담긴 이름이다. 참으로 아름다운 이름이라는 느낌을 받았다.

최 작가는 2004년 30대 중 후반에 본격적으로 서예를 시작하게 되었다. 작가가 평생 본인을 다독이면서 보낼 수 있는 취미 활동이 무엇일까 생각해 보다가 바로 서예라고 자연스럽게 생각을 귀결지었다. 그 배경에는 집안에서 내려오는 서예분위기가 작가를 서예로 이끌어 준 듯하다. 친정 어머니도 학창시절에 서예에 재능을 보였다. 그리고 외가 친척 언니들을 비롯하여 서예활동을 적극적으로 하는 사람들이 가까이에 있었기에 어릴 적부터 그분들의 전시회를 가볼 기회가 많아 서예가 자연스럽게 작가의 몸과 마음에 스며들었다. 그런 분위기에서 작가의 사촌 언니이자, 우리나라에서 한글 서예로 유명하신 들메 구자송 선생님의 권유로 붓을 처음 잡게 되었고 들메 선생님을 작가의 스승으로 모시게 되었다.

작가는 사실 어린 시절부터 그림을 잘 그린다는 칭찬을 받았다. 특히 수채화에 매력을 느꼈다. 물감의 기본 색들을 섞어서 새로운 색을 만들어 내면서 나뭇잎 색을 다양한 색으로 표현하는 것에 흥미를 느꼈다. 그리고 소양강 댐 근처 마을인 '샘밭'에서 춘천의 자연을 만끽하면서 어린 시절을 보낸 영향이었을까? 작가는 풍경화 그리는 것을 좋아했다.

서양화인 수채화에서 나타났던 그런 작가의 성향은 자연스럽게 동양화인 수묵화로 넘어오게 되었다. 검은 먹에 물을 섞어 담묵, 중묵, 농묵으로 농담을 표현하면서 오묘한 색을 표현하는데 매력을 느끼게 되었고 한 번의 붓 놀림만으로도 농담 표현이 가능하다는 점도 작가에게는 흥미로웠다.

또한 작가는 학창시절에 문학 동아리에서 자작시와 함께 시화전을 참가하는 등 감성 깊은 여고시절을 보냈다. 그 시절에서부터 엿볼 수 있었던 작가의 문학적 재능이 서화가로서 빛을 발하게 되면서 문인화로 자연스럽게 이어질 수 있었던 것 같다. 작가는 '문인화'에 대해서 이렇게 정의를 내리면서 말하고 있다.

> 전문적인 직업 화가가 아닌 학문과 교양을 갖춘 문인들이 수묵담채 기법을 사용하여 내면 세계를 표현하는 예술로서 간결하고 깊이 있는 아름다움을 표현하면서 자신만의 철학과 감정을 담아내야 한다.
>
> 다시 말하면, 시(詩), 서(書), 화(畫) 삼경이 어우러져야 한다. 그림에 담지 못한 이야기를 시로 지어 글씨로 쓰는 것인데 그림과 글씨가 서로 품격이 어우러져야 한다.

작가는 또한 글씨는 자신을 돌아보면서 차분하게 하고 정돈하게 하는 역할을 하지만 그림은 나를 자유롭게도 해줄 수가 있다고 문인화의 매력을 표현했다.

작가는 서화가로서 본인의 작품 활동에도 마음을 쏟고 있지만 〈여원〉 서화실 운영과 함께 또한 외부 활동으로 지도자의 길을 걷고 있는 것에 대해서 이렇게 말한다.

"구자송 선생님과 함께 서예와 인연을 맺고 10여년의 세월이 흐른 시점에 스승님께서 이제 배움의 길에만 서 있지 말고 서예를 가르쳐 보라고 권유하셔서, 그 뜻에 따라 지도자의 길에 입문하게 되었습니다.

처음에는 성당 기도 모임을 시작으로 집에서 서예를 지도했습니다. 현재는 안양시 동안구 평생 교육원, 초등학교 서예 교육, 성남시 수정구 복지과에서 서예교육을 하고, 개인 수업도 이어 나가고 있습니다.

<여원> 서화실을 열기 전 까지는 수학 선생님으로 수업을 하였습니다. 20년이 가깝게 집에서 수학 수업을 하고, 서예를 하면서 제 하루를 마무리하곤 했지요.

그러다가 용기를 내어 바깥으로 발을 더 내디뎌 보았고 서예 활동에 더 집중할 수 있게 되었습니다. 물론 수학 수업을 통해 학생들을 만나고 수학을 가르치는 것을 기쁨으로 여기며 천직이라 생각했습니다.

하지만 이제는 수학 수업을 정리하고 서예활동에 더 집중하게 되었습니다. 저만의 공간에서 서예에 오롯이 집중하고, 밖으로 나와서 서예를 통해 더 많은 사람과 소통하고 싶었습니다."

현재 작가는 아내, 엄마의 역할 뿐만 아니라 친정 어머니에게는 외동 딸로서, 또 시어머니에게는 며느리로서 역할을 하는 '가정 주부의 삶'과 '서예 지도자와 서화가로서의 삶'을 함께 꾸려가면서 많은 역할을 하고 있는 것에 존경스러운 마음이 들었다. 그리고 그런 에너지는 어디서 나오는 것인지 궁금했다.

"가족의 이해와 도움이 뒷받침 되었기에 오랜 세월 한결같이 서예와 함께 지낼 수 있었던 것 같습니다."

"남편과 아이들이 본인들 자리를 잘 지켜주었고, 한글 서예를 좋아하시는 시부모님이 곁에 계셨기에 자연스러운 분위기에서 서예를 접할 수 있었습니다."

"안양 서예가 협회 작가이신 시모님의 지지와 이해가 아니었다면 지금처럼 적극적인 활동을 할 수 없었을 겁니다."

우리의 전통적인 서화를 사랑한다는 점에서 작가의 친정과 시댁의 가풍이 서로 통하는 집안으로서 운명적으로 맺어졌다는 점도 큰 의미를 둘 수 있다. 특히 시부모님의 칭찬과 응원이 힘이 컸다고 한다. 수원 미술 대학원에서 서예 전문과 과정을 걷고 있던 시기는 작가의 자녀들이 초등학교에 다니던 시기였는데 이 시기에 시부모님의 도움이 컸다.

작가 '여원'의 작품을 집에서 제일 먼저 접하게 되는 시어머니는 항상 칭찬을 해주시고 출근할 때는 집안 일은 잊고 활동 편히 하고 오라면서 항상 응원과 격려의 말씀을 아끼지 않으셨다. 그리고 작가의 시어머니도 작가의 웃음소리를 좋아해서 작가가 퇴근하여 들어오면 우리집 '행복 바이러스'가 돌아왔다고도 표현하기도 한다. 작가가 서화가로서 활동을 이어갈 수 있었던 것은 현명하신 시부모님과 함께 이해와 사랑이 넘치는 가족을 이루며 살고 있는 것이 비결이라고 말한다.

이런 가정 환경과 분위기 속에서 나오는 작가의 작품은 참으로 고요하고 평온한 느낌으로 내게 다가오곤 했다. 어느 날 작가는 내게 작품 활동하는 순간에 대한 이야기를 해주었다. 나는 그 고요한 시간을 보내는 작가의 모습이 그려지면서 공감할 수 있었다. 나도 그런 나만의 고요한 시간을 갖고 싶다는 꿈을 꾸게 되었다.

> "저는 고요함에 이르는 시간을 좋아합니다. 화선지 위 붓의 미세한 사각거림을 즐기고, 그 사각거리는 소리에 더 몰입하고, 고요함 속에 빠져드는 시간을 즐기면서 점점 더 깊어짐을 느낀답니다."

작가는 서예가 주는 편안함에 이끌려서 20여년에 걸친 인생 길을 걸어오면서 느낀 서예의 매력을 작가는 이렇게 표현했다.

어느 서예가가 이런 말씀을 하셨습니다.

"서예란 천만번 글씨를 쓰면서 나를 순화롭게 만드는 과정이다."
저도 그 말씀에 공감하며 이렇게 생각했습니다.

내 마음을 울리는 글을 읽고, 그것을 나의 글씨로 써서 내 눈으로 다시 보고, 마음으로 다시 읽고 새기는 과정을 경험하는 것

이것이 서예의 의미이고 매력인 것 같습니다.

제가 서예로 쓴 작품 중 좋아하는 글귀는 '바르고 선한 것을 배우고 익히며 그것을 실천하게 하소서' 라는 기도 글입니다.

최근에 작가는 한국의 서화가로서 의미 있는 일에 동참을 하게 되어 감격스러웠던 마음을 표현했다.

2024년 〈서학회〉에서 해외 전시를 개최했다. 〈서학회〉는 1992년에 창립되어 42년된 단체로서 미국 하와이 우즈베키스탄, 몽골 프랑스 중국 일본 등에서 10번의 해외 전시를 개최하였다. 그러나 코로나 19로 인해서 전시회가 중단되었던 상황이었다. 그러나 다행스럽게도 2024년 일본 센다이 지역으로 〈서학회〉 30여명이 참가한 가운데 해외 전시 여행을 떠날 수 있었다. 이 전시회는 한글 전시회로 우리나라 K-pop 가사와 드라마 명대사를 작품에 담았다. 80여점의 작품이 전시되었다. 일본 센다이에서

가장 큰 규모의 신문에 조간과 석간에 실렸을 정도로 호응이 좋았다.

최 작가는 이번 전시회에서 원슈타인의 〈존재만으로〉라는 K-pop노래 가사를 작품화했다.

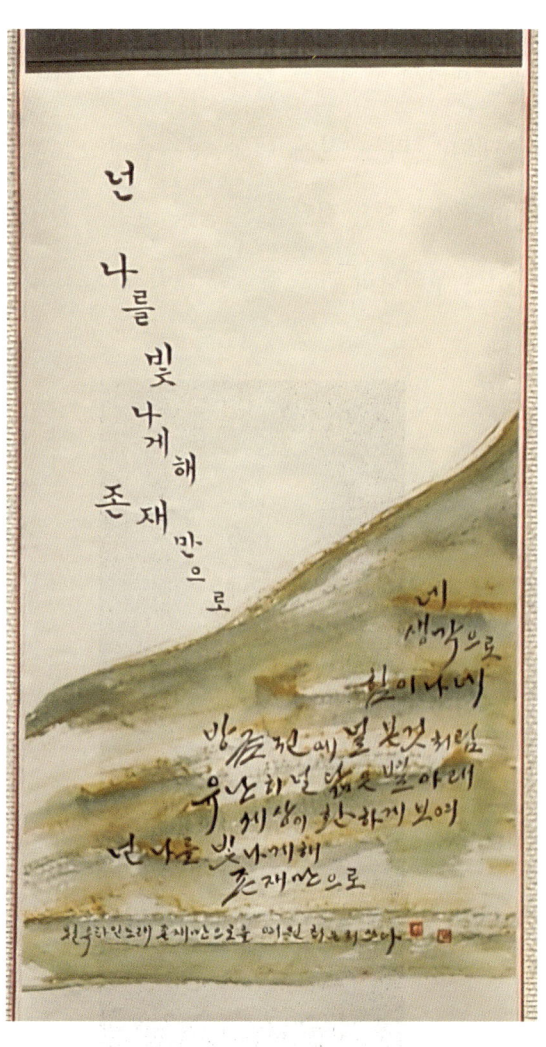

센다이 지역은 일본 동북 한인회가 활동하고 있는 지역으로 전통 깊은 한국 서학회의 방문을 환영하였다. 서학회의 일본 전시회를 축하하는 의미로 센다이 일본 한인회는 리셉션을 베풀어 주었고 서학회에서는 작품 중 일부를 일본 한인회에 기증했다.

그리고 작가는 센다이 한인회를 통해서 안중근 의사의 유묵비와 위패를 모시고 있는 '대림사'라는 절에 대한 얘기를 내게 해주었다. 이 절은 미야기현 쿠리하라시에 작은 절로 일본 동북 한인회 활동의 일환으로 일본 동북지방내에 있는 우리나라 관련 장소인 대림사와 인연이 되어 이 작은 절 돕기를 시작했다.

32.8x137cm

**爲國獻身軍人本分** *(위국헌신군인본분)*

'군인으로서 나라를 위해 몸을 바치는 것은 군인의 본분이므로
미안한 마음을 갖지 말라'

안중근 의사의 애국정신과 동양 평화 철학과 그의 인품을 존경하게 된 25세 간수인 '치바 도시치'와 센다이 뤼순 감옥에 투옥된 31세 사형수, 안중근 의사와의 마지막 대화에서 탄생한 글로 안중근 의사가 간수에게 마지막으로 남긴 글이다.

안중근 의사가 144 일간 투옥되어 있는 상태에서 글을 썼는데 서예가로서 손색이 없었다. 낙관은 안중근 의사의 손이 낙관으로 쓰여 졌는데 손가락은 4개뿐으로, 낙관의 손위치만 보더라도 그 고뇌한 흔적은 역력했다. 안중근 의사와 치바 도시치의 일화는 한일 우호에 큰 상징과도 같은 이야기로 '대림사'는 안중근 의사와 큰 인연이 있는 절이다.

이렇게 의미 있는 '대림사'에 최은희 작가의 작품이 영구 전시될 계획이라고 한다. 대림사에 전시될 최 작가의 작품은 바로 류달영의 시 〈젊은 하루〉를 적은 작품이다.

지금은 고인이 된 류달영 교수는 서울대 농대 교수로 화훼학을 가르치는 원예학 교수였다. 꽃, 조경 등을 인문학적으로 강의하여 수강생이 몰릴 정도였고 베스트 셀러가 된 수필집을 저술한 문필가로도 유명했다.

최 작가는 류달영 교수의 시를 작품에 담으면서 안중근 의사의 정신을 되새겼다. 최 작가는 이 작품을 쓰면서 안중근 의사 어머니의 마음이 절절히 느껴졌다. 작가가 진정 쓰고 싶었던 글이었다. 작가는 한 가정에서 '어머니'라는 자리에 있는 사람으로서 안중근 의사 어머니의 마음이 느껴졌고 그 마음에 작가는 감정 이입이 되는 것 같았다고 한다.

45x70cm

나는 작가의 말을 들으면서 안중근 의사의 어머니, 조 마리아 여사가 개인의 감정은 뒤로하고 사랑하는 자식을 나라에 바치면서 한복 수의와 함께 아들 안중근 의사에게 전한 당부의 말이 떠올랐다.

"옳은 일을 하고 받은 형이니 비겁하게 삶을 구하지 말고 대의에 죽는 것이 어미에 대한 효도이니 당당하게 속히 하나님 앞으로 가라."

여원 최은희 서화가는 국전 초대 작가로서 많은 서예 전시회에 참여하고 있다. 지난 2025년 4월에는 들메회 전시회로 운현궁에서 개최된 전시회에 참여했다. 조선시대 한글 편지 전시회인데 왕가에서부터 평민까지의 편지들을 임서하게 된 전시회다. 작가는 효종의 왕비인 인선 왕후가 딸인 숙명 공주에게 쓴 편지 글을 임서했다.

20x35cm

&lt;인선왕후가 숙명 공주에게 쓴 편지&gt;

이렇게 기본체를 마스터한 이후에는 고전을 많이 읽서 하는 여러 과정들을 거쳐야 한다. 이런 고전적인 대목들은 철학을 부전공을 하였고 중어중문학과 대학원 과정을 하고 있는 아들과의 대화에서 찾아볼 수 있었다고 한다. 작가와 가족과의 친밀하고 아름다운 유대관계는 여기에서도 나타나고 있다. 그래서 아들과 나누는 철학과 역사에 관련된 대화가 작가 지식의 원천이 되어왔다고 할 수 있다. 그래서 가벼운 글 보다는 마음에 울림을 주는 옛 글을 찾아 쓸 수 있었다. 최 작가가 국전 초대작가로 가는 길에서 만난 수많은 글들 중에서 울림을 주는 글이 있다. 노자의 도가 사상에서 유래한 철학적 개념이다.

*上善若水 水善利萬物而不爭*
*(상선약수 수선리만물이부쟁)*

최고의 선은 마치 물과 같다. 물은 만물을 이롭게 하면서도 다투지 아니하는 것으로 이 세상에서 이상적인 선의 표본으로 일컬어지는 말이다. 다시 말하면, 최상의 덕을 갖춘 사람이 물처럼 자연스럽게 만물을 이롭게 한다는 철학적 의미를 지니고 있다. 이것은 노자의 도덕경 제 8장의 핵심구절이다. '동양을 알려면 먼저 도덕경을 읽어라.'라고 일컬을 정도로 단행본으로 서양에서 성경책 다음으로 가장 많은 외국어로 번역된 베스트셀러이다.

이렇게 서예는 붓으로 글씨를 쓰는 예술로 종이 위에 표현하는 기술 이상의 정신 수양이라는 측면에서 볼 때 '서도(書道)' 라고 할 수 있다.

최은희 서화가는 20여년의 세월동안 서도(書道)의 길을 걸어온 작가로 〈여원〉 서화실을 열고 제 2의 인생을 설계한지 벌써 3년이라는 세월이 흘렀다. 그리고 이제 문인화가로 당당히 자리를 지켜 가고 있는 '여원' 최은희 작가이다. 작가는 현재 글씨를 즐기는 단계에 서 있지만 새 작품을 하면서 작가로서의 고뇌를 느끼고 있다. 그리고 서화가로서 이르게 될 마지막 단계로서는 작가 본인만의 글씨체를 찾아가게 되는 것이라고 한다. 최 작가는 자신만의 미적 감각을 살려서 '여원체'를 만들어가는 과정에 있다. 명필의 반열에 이르기 위한 또 다시 작가의 긴 여정이 시작되었다.

명필의 첫째 필수조건으로 일컬어지고 있는 '인서구노'라는 말이 있다. 당나라 손과정이 지은 〈서보〉에 나오는 말로 직역을 하면 '사람과 글씨가 함께 늙는다.'는 뜻이다. 즉, 사람이 늙어서 글씨가 늙어가는 것이 아니고 인생을 산 만큼 글씨가 깊어지고 인간의 성숙과 함께 글씨가 무르익는다는 뜻으로 사람과 글씨가 같이 완성된다는 의미로 이해할 수 있다. '소년 문장은 있어도 소년 명필은 없다'라는 말도 있다. 또한 다른 예술 분야는 천재가 있지만 서예에는 '천재 명필가' 혹은 '천재 서예가'라는 말이 없다. 결국 한 마디로 말하면 시간과 노력의 결과물이라는 말로 귀결지어진다. 세월이 흐르면서 사람과 글이 어느 경지에 이르게 되겠지만 여기서 또 하나 생각해야 할 덕목은 '서여기인'이라는 말인 것 같다. '글씨는 곧 그 사람이다'라는 뜻으로 글씨에 그 사람의 정신이 깃들어 있기에 인성과 수양이 그 사람이 쓴 글씨에 나타난다는 뜻이다.

작가는 예전에도 그랬듯이 앞으로의 삶도 서도의 길을 가게 될 것이다. '인서구노'와 '서여기인'이라는 이 두 가지를 마음에 품고 훌륭한 스승을 모시고 끊임없이 배움의 길에 서있는 제자의 길, 여원만의 예술적 감각이 입혀진 여원만의 글씨체로 표현된 작품으로 사람들에게 다가가는 작가의 길을 걸어가는 아름다운 삶을 살아가게 될 것이다.

그리고 작가가 가장 소원하는 삶은 스승으로서의 길이라고 한다. 작가는 본인의 작품세계를 표현하는 이런 서화가로서의 삶을 사랑하지만 후학을 가르치는 서예 스승으로서의 삶도 사랑한다고 말한다.

"이처럼 개인적인 서화가로서 작품 활동하는 시간도 큰 행복이지만,

> 이제는 서예 교육 활동도 제 천직이라는 생각이 듭니다. 이 생각은 복지관과 평생교육원에서 교육하면서 더 굳어진 것 같습니다. 교육생들이 서예의 끈을 놓지 않고 배워 나가서, 서예가 평생 취미가 될 수 있도록 제가 미약한 힘이나마 함께 하며 도와드리고 싶습니다.
>
> 서화가로서 나의 작품 활동은 나를 성장시키고 나를 다독이는 중요한 것임이 틀림없지만, 서예를 가르친다는 것은 나의 숙명이 된 것 같습니다. 내가 지켜 나가야 할 자긍심이고, 내가 기꺼이 해야 하는 사명이고, 주어진 소명이라는 생각이 듭니다."

최은희 작가는 스승이라는 타고난 자질을 갖춘 사람인 것 같다. 서예가 주는 잔잔한 시간을 알리고 싶은 마음, 나누고 싶은 마음, 인간적인 모습을 나눔에 기쁨을 지닌 사람이다.

나도 카페 사장이 되기 전에 한 때는 선생님의 길을 걸어가던 경험이 있는 사람이었기에 작가의 말의 의미를 잘 알 수 있었다. 그것은 그저 지식 전달과 기술 전달의 의미가 아니다. 지식과 기술을 전달하면서 자연스럽게 전달되어지는 따뜻함이 있다. 그것은 스승과 제자 사이의 특별한 인간적인 소통이라고 할 수 있다. 이것은 진정 아름다운 경험이다.

작가가 애정을 갖고 매년 기다리는 전시회가 있다고 한다. 안양 평생교육원 30인의 학생들과 함께 하는 전시회로 여원 작가에게 있어서 개인적으로 기대를 갖고 준비하는 전시회라고 한다. 매년 10월~11월 그들과 전시회를 하면서 작가 본인과 학생들의 발전하는 모습 보며 세월을 함께 보내고 싶은 마음이라고 했다. 평생교육관과 복지관등에서 서예 교육을 하고 있는 서예 선생님으로의 삶을 굉장히 사랑하는 모습이다.

> "인생길을 걸으며 좋아하는 것을 나누고 공유하는 것은 명예나 물질 보다 더 값지고 중요한 것이 아닐까 생각합니다."

어느 초등학교 서예 수업시간 후 어린 학생이 다가와서 작가에게 건네던 말이 가슴에 따뜻하게 남아있다고 말했다.

> "선생님, 글을 쓰는 이 고요한 시간이 참 좋았어요."

작가는 이 어린 학생에게 따뜻함을 줄 수 있었음에 감사하는 마음이었다고 한다. 이렇게 서예 지도자의 길을 걸어가는 최 작가의 모습이 참으로 아름답다는 생각이 들었다.

최 작가는 지난 20년의 세월 동안 자신을 성장시켜왔고 이렇게 '스승의 길'을 사랑하면서 제자들과 함께 제 2의 인생을 걷고 있지만, 지금도 배움의 있어서도 손을 놓지 않고 있다고 말했다.

그녀가 스승으로 모시고 있는 '들메' 구 자송 선생님과 '무구' 이 근병 선생님. 작가는 이 분들을 평생 스승으로 모시면서 인간적인 만남을 이어가고 있다는 것에 큰 의의를 두고 있다. 스승과 서학 동료들과 함께 걸어가는 길은 참으로 든든하다고 말하면서 이 분들과 편안한 길을 걸을 수 있음에 항상 감사하는 마음이라고 한다. 이끌어 주시고 믿어 주시고… 무엇보다도 마음 따스한 것은 이들과 함께 동행하는 길을 걸어왔다는 사실이다. 이들과 인생 길을 함께 걸어가는 동반자 관계라고 할 수 있다.

### 교학상장 (敎學相長)

가르침과 배움이 서로 진보를 시켜준다는 뜻으로 가르치고 배우는 과정에서 스승과 제자가 함께 성장한다는 것을 의미한다. 오경(五經) 이라는 유교경전 중 하나인 예기(禮記)에 나오는 말이다.

여원. 더불어 한다는 아름다운 의미가 담긴 호처럼, 여원 서화실에서 최은희 작가의 소중한 꿈을 많은 분들과 더불어 작가가 꿈꾸는 '교학상장'하는 삶을 이루기를 바란다.

2025년 가을의 길목에서 작가에게 의미 있는 전시회가 열릴 예정이다. 2025년 제 15회 세계 서예 전북 비엔날레 〈서예로 만나는 경전(千人千經)〉展의 참여작가로 초대전이 열릴 예정이다. 1000명의 작가 가운데 1인의 참여작가로 초대받아서 작가의 작품을 만날 수 있게 되어 기쁜 마음이다. 이번 행사의 주제는 '고요 속의 울림, 정중동(靜中動)'이다.

〈채근담〉에서 인용된 말로 고요함 속에 움직임, 움직임 속에 고요함이라는 말을 요약한 것으로 주변 환경과 외부의 자극에 상관없이 자기 의지대로 몸과 마음을 다스릴 줄 아는 경지를 의미하며, 절제된 감성 표현으로 예술과 조화로운 삶을 이루어 간다는 취지도 담고 있다.

각종 경전 구절을 한지와 묵향으로 승화시킴으로써 우리에게 큰 울림을 주고 수천년의 역사를 지닌 서예의 예술적 미감을 느끼고자 기획되었다. 그리고 '세계 서예 전북 비엔날레'는 '한글 서예'의 유네스코 세계문화유산 등재를 추진하고 있다. 한글 서예의 우수성을 보전하고, 한문서예를 비롯한 다른 장르와의 융합을 통해 세계 속의 한글 서예술로 성장할 수 있는 계기를 마련하고자 한다.

최은희 작가의 출품작은 천주교 경전 구절이다.

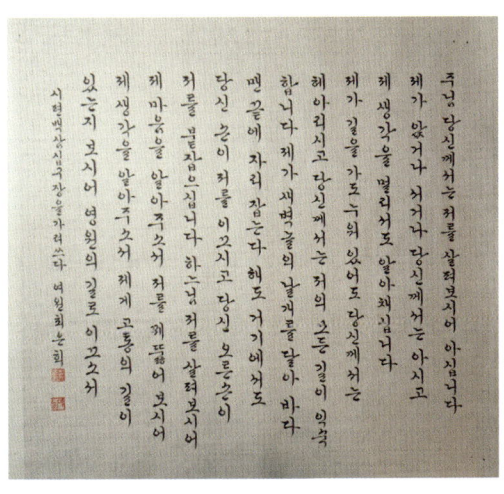

45x45cm

〈최은희 서화가와 작품들〉

22x35cm

45x60cm

45x60cm

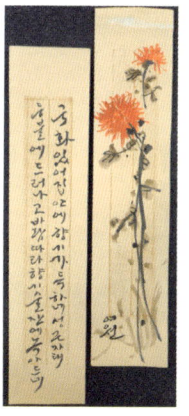

10x30cm , 35x65cm

> <작가 노트>
>
> "매일 아침 새 날을 맞으며 간단한 그림과 화제로 그 날 그 시간 떠오르는 감정을 표현합니다."
>
> 이렇게 한 두 달 모아 놓았다가 다시 그리고 써서 벽에 붙여 놓는 작업을 계속 이어가고 있습니다.

    나는 정말 놀라웠다. 바쁜 일상 속에서도 항상 마음의 여유를 갖고 하루를 여는 작가의 모습은 참으로 아름다웠다. 그리고 매일 이렇게 서화를 통해서 마음을 정돈하고 아침을 맞이하는 작가의 일상이 존경스럽게 느껴졌다. 내 곁에 작가처럼 내면을 고요하게 다듬을 줄 아는 사람이 있다는 것에 감사한 마음이 들었고 작가의 그런 삶의 자세를 닮고 싶고 배우고 싶다는 마음이 들었다.

    꽃이 만개하는 5월에 뜨는 보름달, 사랑, 성장, 풍요의 상징인 '플라워 문'이 뜨는 오늘 밤, 내가 좋아하는 최은희 작가 곁에서 글씨를 배우고 작가처럼 나의 내면을 다듬으면서 아름답게 살아갈 수 있는 날이 오기를 소원해본다.

2025년 5월 어느 날

## 최은희 Choi Eun Hee

대한민국미술대전 한글초대작가
세종대왕한글휘호대회 초대작가
갈물회, 한국서학회, 들메회 회원
서울미협, 안양서도회 한글서예부문이사
안양시 평생학습원 서예강사
〈여원〉 서화실 운영

장군죽비, 72.7X60.6cm

# 묵향세심헌

### 박주남

지인의 권유로 이 시대의 예술가들을 소개하는 책을 쓰기로 마음을 정한 후, 첫 인터뷰를 하기 위해 보령(保寧)으로 떠났다. 예로부터 보령은 자연재해가 적어서 보령이라고 불리었다. 그리고 '만세가 지나도록 평안한 고을'이라는 한자 의미를 지니고 있는 '만세보령 (萬世保寧)'은 또한 보령시청이 내걸고 있는 캐치프레이즈 중 하나이다. 이렇게 자연재해는 적으나 서해안 지역 특성상 비나 눈이 자주 내리는 편이다. 내가 보령으로 처음 가게 되었던 날은 여름비가 많이 내리던 날이었고 두 번째 가던 날은 성긴 눈발이 날리고 있었다.

설레는 마음을 안고 떠나는 길, 나의 인터뷰 제안을 흔쾌히 받아들여 주신 화가들에게 감사하는 마음으로 선물을 드리고 싶었다. 하지만 바쁜 카페 일정 속에서 무엇을 준비해야 할지 생각할 겨를이 없었다. 그러다 문득 예전에 박주남 작가의 동생, 박주부 작가가 카페에 방문했을 때 내가 직접 만든 대추차를 대접했던 기억이 났다. 전시회를 마치고 보령으로 가기 전 많이 피곤한 몸으로 잠시 내 카페에 들리셨을 때 나의 수제차가 피로회복을 하는데 도움이 되었다고 했다. 그래서 한여름이지만 나는 대추차를 진하게 고았다. 보령의 작가들을 만나러 가는 나의 진심을 함께 담아가고 싶었기 때문이다. 그날 밤부터 다음날 새벽까지 대추차를 정성껏 달였다. 식혀서 통에 담을 겨를도 없이 대추를 고은 솥 채로 보령으로 향했다. 다행히 그날은 장마비가 내렸기에 기온이 많이 내려가서 그다지 덥지는 않았다. 보령에 도착해서 처음 박주남 작가를 찾아갔을 때 작가는 건강상의 이유와 이런저런 다른 이유로 나의 책 속의 주인공이 되기를 거절했다. 원래 인터뷰하는 그 자체를 좋아하지 않는다 했다. 그렇지만 한여름에 대추차를 고아간 나의 성의를 생각하여 마음의 문을 열어 주기를 바랐다. 그러나 처음 집으로 찾아갔을 때, 나의 인터뷰 제안을 조용히 단호하게 거절하는 모습에 감히 떼를 부릴 수도 없었다. 그래서 다음을 기약하고 아쉽게 돌아와야만 했다.

그리고 계절이 흘러 2024년 12월, 안양 YK 갤러리 개관 기념 전시회에서 박주남 작가의 작품을 처음 만날 수 있었다. 대한민국, 루마니아 국제 현대 미술 교류 전시회로서 박주남 작가의 작품, '장군죽비(將軍竹篦)'가 전시되었다.

145.5x112.1cm

나는 작가의 그림을 보고 깜짝 놀랐다. 내가 가장 좋아하는 색인 노란 빛을 발견했기 때문이다. 바로 작가의 그림이 밝은 노란색 바탕의 서화였다. 나는 그 색체에서 작가의 고요한 이미지와는 다른 내면이 느껴지는 서화라는 것을 느낌을 받았다. 다시 말해서 기존 서화와는 다르게 노란 색채에서부터 작가의 자유분방한 성향을 느낄 수 있었고, 색을 통한 도전적인 시도를 하는 작가라는 생각이 들었다. 그리고 그 노란 빛의 분위기가 내 마음에 가득히 번져 들어오면서 따뜻하게 채워지는 것 같았다. 박주남 작가의 그림으로 인해서 마음이 밝아졌다. 그리고 겨울이 깊어지기도 전에 다가올 내년 봄의 이미지를 느낄 수 있었다. 그렇게 나는 장지에 그려 넣은 작가의 색다른 서화를 만난 기쁨에 마치 봄을 만난 것처럼 마음이 설레었다. 전시회에서 작가의 그림을 보고 나니 작가의 작업실에 가서 다른 작품들도 직접 만나보고 싶었다. 다음에 보령에 다시 가게 될 때는 박주남 작가를 인터뷰를 통해서 꼭 만나고 싶었다. 그러나 본업인 나의 카페 일과 이런저런 나의 개인적인 일정으로 책 쓰는 일이 지연되고 있었다. 그러던 중 YK갤러리 전시회에서 박주남 작가의 작품을 만났던 인연에 의지하여 작가에게 용기를 내어 전화를 걸어 인터뷰 요청을 다시 한 번 드렸다. 역시 조용히 다시 거절했지만 박주남 작가를 만나고 싶다는 기대를 품고 보령 작가들에 대한 두 번째 인터뷰를 하기 위해서 나는 보령으로 향했다. 물론 또 다시 거절하시면 어떻게 하나 살짝 걱정도 했지만 아무튼 뵙고 인사를 드리면서 작가님의 마음을 열어보겠다는 간절한 마음을 갖고 있었다.

〈보령 두 번째 방문과 박주남 작가와의 첫 번째 인터뷰〉

보령에 도착하여 작가의 자택 근처에 있는 사무실에 나와 있는 작가를 만날 수 있었다. 건강을 어느 정도 회복해서 의자에 앉아 있는 작가의 모습을 보니 어찌나 반갑던지… 그리고 겨울 모자를 쓰고 사무실에 나와 있는 모습이 너무 반갑고 좋아서 사진을 찍어도 되는지 여쭈었다. 정말 단순히 그 모습이 좋아서 사진을 찍고 싶었다. 나는 내 마음에 대상이 와 닿아서 좋으면 사진기부터 들이대는 성격이라서 사람들이 간혹 당혹스럽게 생각하는 경우가 있다. 나의 제안을 작가가 완곡하게 거절하여 아쉬웠지만 건강한 모습의 작가를 볼 수 있어서 너무 기뻤다. 보령에 도착한 시간이 점심시간이었지만 배가 고프지 않으니 곧바로 작가와 대화를 시작하고 싶었다. 그리고 다시 거절하실지도 모른다는 생각에 걱정스러운 마음과 조바심과 성급한 마음이 들었기 때문이다. 그러나 박주남 작가는 집에서 누님과 함께 항상 점심시간을 정확히 지키는 분이시고 다른 분들도 식사를 해야 했기에 일단 한발 후퇴를 하고 식사를 하러 갔다. 다른 일행과 함께 보리밥을 먹으러 식당으로 갔는데 그날은 보리밥은 하지 않고 팥죽이 준비되어 있었다. 시골 식당의 팥죽이기에 기대가 되었다. 나의 기대에 어긋나지 않고 팥죽은 너무 맛있었다. 그리고 자택에서 차로 20분 정도 걸리는 거리인 대천에 위치한 박주남 작가의 작업실로 향했다. 동생인 박주부 작가와 내가 작업실에

간다는 말을 전해 듣고 작업실 앞에 나와 서 있는 박주남 작가의 모습에 얼마나 감사한 마음이 올라오던지… 황송하게도 박주남 작가의 안내를 받으면서 작가의 작업실에 드디어 입성을 했다. 작가의 작업실은 소박한 풍경이었다. 따뜻한 난로 앞에 작가가 손수 의자를 내어 주고 둥글레 차와 쌀과자를 주셨다. 너무 너무 감사했다. 나는 작가의 환대를 받고 있는 것 같았다. 지난 여름 긴 말씀 없이 단호하게, 조용히 인터뷰를 거절하던 모습을 생각해보면 이것은 진정 환대였다. '나의 삼고초려에 마음의 문을 여신 것이 아닐까?' 라는 착각을 하는 순간이었다. 그렇지만 내 기대와는 달리 다시 한번 조용히 거절하였다. 나는 마음이 철렁 내려앉았다. 그러나 나는 마음을 다시 가다듬고 이렇게 말했다.

"인터뷰라기 보다는 작품 구경도 할 겸 작업실에 놀러 온 것입니다."

라고 말하면서 작가가 이해하기를 바랬다. 그때 작가가 작은 미소를 짓는 모습에 살짝 안도감이 들었다. 그리고 조심스럽게 대화를 이어갔다. 일단 나의 이야기부터 꺼내었다. 내가 누구이고 어떤 이유로 글을 쓰게 되었고 이 만남을 얼마나 소중하게 생각하는지를 설명했다. 그리고 나는 작가와 이야기를 나누고 싶은 마음에 지푸라기라도 잡으려는 심정으로 나도 고향이 충청도인 것을 강조하여 말했다. 작가와 좀 더 가까워지려는 나의 노력이었다. 역시 고향 사람 사이에는 끈끈한 정이 존재하는 것 같다. 다시 말해서 고향 사람을 만난다는 것은 어떤 유대감이 형성되는 따뜻한 순간인 것 같다. 그렇게 그의 작업실에서 작가의 작품들을 감상하면서 조금씩 작가의 마음이 열리기를 기다렸다. 작가와 화실에 걸려있는 작품들을 보면서 그림에 대한 이야기를 하다가 작가는 휴대폰 갤러리에 있는 사진들을 내게 보여주었고 그 중에 어느 한 작품이 나의 마음에 들어왔다. 그림 속의 장소가 실제 존재하는 장소인지 여쭈어 보았더니 충남 아산 '봉곡사의 소나무 숲길'을 그린 작품이라고 하셨다. 나는 순간 깜짝 놀랐다. 아산은 나의 고향이기 때문이다. 나는 너무 반가웠다. 작가도 반가워하는 표정을 읽을 수 있었다. 그 순간 작가의 마음이 조금씩 열리고 있는 듯한 느낌도 받았다. 그리고 나의 고향을 그린 작가를 만나다니 이것도 작가와의 인연이라는 생각이 들었고 그 인연에 다시 한번 감사하는 마음이 들었다.

<천년의 솔숲, 봉수산 봉곡사> 72.7x60.6cm

작가의 작품에 나오는 소나무 숲길은 천년 고찰 봉곡사로 향하는 700미터 가량 되는 소나무 숲길이다. 이 숲길은 우리나라 산림청 주최 아름다운 숲 부분에서 장려상을 받은 길이고 천년 고찰로 가는 길이라 해서 '천년의 숲길'이라는 이름이 붙여진 아름다운 길이라고 한다. 봉곡사는 887년 신라 진성여왕 때 도선국사가 처음 지었다는 유서 깊은 사찰이다. 비록 자그마한 사찰이지만 고려 보조국사와 일제 강점기 만공 스님이 큰 깨달음을 얻은 곳이고, 조선시대 다산 정약용과 당대 최고 학자들이 이 산사에 머물며 실학을 주제로 학술대회를 열었던 곳이라고 한다. 참으로 유서 깊은 고찰이 이곳 나의 고향에 있다니 마음이 뿌듯했다. 그리고 이 고찰이 있는 아산 송악은 나의 조부께서 사시던 지역으로 나의 아버지께서 어린시절 태어나서 성장하신 곳이라서 그 이름만 듣고도 어찌나 반가웠는지 모른다. 그리고 문득 수염을 길게 늘어뜨리시고 갓을 쓰고 다니셨던 할아버지에 대한 기억도 떠올랐고 나의 아버지가 그리워져서 눈시울이 잠시 뜨거워졌다. 할아버지와 아버지도 서예를 즐기셨던 분이기에 나는 박주남 작가에 대해 더 친근함을 느꼈다. 고향이 같은 충청도이기 때문이었을까? 나는 이곳 보령의 두 작가, 박주남, 박주부 형제 작가 뿐만 아니라 그 지인들을 만나면서 마치 친정 오빠를 만난듯한 느낌도 받을 수 있었다. 정말 친정에 온 느낌이었다. 그 말투, 그 유머는 바로 나의 친정 오빠의 모습을 떠올리게 하면서 나를 미소 짓게 했다. 드디어 작가가 마음의 문을 조금 더 열어 주면서 작가는 본인의 개인적인 이야기를 들려주었다. 이런 저런 대화를 하던 중 어느 지점인지는 기억은 잘 나지 않지만 작가와 나는 '오빠와 여동생'이라는 주제의 대화를 하게 되었다. 박주남 작가는 여동생의 사진을 내게 보여주었다. 비록 사진이지만 살짝 미소를 띤 그녀의 얼굴 표정에서 충청도 여인의 따스함을 느낄 수 있었고 사랑스러운 여동생의 이미지를 읽을 수 있었다. 여동생은 천연 염색을 하면서 한복 패션에 관련된 작업을 하고 있다. 그리고 오빠의 글씨를 좋아하는 여동생은 얼마 전에는 한복을 만드는 비단 옷감에 오빠의 글씨를 넣고 싶다는 마음을 표현했다. 그러나 너무 어려운 작업이라서 여동생의 부탁을 부득이하게 거절할 수 밖에 없었다. 작가는 여동생의 부탁을 들어주지 못해서 미안하고 마음이 편하지 않았다. 여동생은 오빠에게 그 일에 부담 갖지 말라고 하였지만 작가는 그럴 수가 없었다. 여태껏 작가는 여동생의 부탁을 한번도 거절해본 적이 없었기 때문이다. 그래서 작가는 동생이 예전에 주고 간 실크 천이 있으니 시도해보려고 한다. 작가의 동생에 대한 지극한 애정으로 아마도 언젠가는 여동생의 부탁이 현실 속에서 이루어질 것 같다.

 '여동생의 부탁을 한번도 거절한 적이 없는 오빠'가 이 세상에 얼마나 있을까? 이런 작가의 이야기에서 여동생을 진정으로 아끼는 오라버니의 마음을 읽을 수 있었다. 이에 질세라 내게도 겉은 무뚝뚝하지만 마음 깊은 오빠가 있다고 얘기했다. 안타깝게도 지금은 자주 만나고 지낼 수는 없는 상황이지만, 오빠가 내게 했던 진심 어린 말 한마디를 가슴에 품고 살아 가고 있다고 말했다.

"지원아, 너의 모든 것을 이해해 주는 사람을 만나야 할 텐데…"

30년 전 나 보다 네 살 위인 오빠가 철없던 20대 동생을 걱정하며 마치 아버지 같은 마음으로 내게 건넨 말이다. 그 말은 나도 모르게 내 가슴 속 깊이 따스하게 자리를 잡았다. 그리고 그 오빠의 바람대로 나의 모든 것을 이해해 주는 지금의 남편을 만난 것 같다는 생각이 든다. 이렇게 오빠라는 그 존재 자체만으로도 나에게 큰 위안이 되고 있었기에 작가의 마음을 통해서 나는 나의 오빠를 한 번 더 떠올려 볼 수 있었다. 나를 걱정해주던 나의 오빠의 마음과 여동생에 대한 무한한 작가의 따뜻한 마음이 느껴지는 순간이었다.

박주남 작가의 동생인 박주부 조각가, 염색과 한복 패션과 관련된 천연 염색 분야에서 활동하는 여동생, 그리고 수묵화가로서 활동하는 박주남 작가, 각자의 전공 분야에서 길을 걷고 있는 남매의 모습에서 역시 예술가의 가족이구나 하는 생각이 들었다. 서로 다른 예술 분야에서 길을 걷고 있지만 예술가의 운명을 함께 하면서 가족애를 나누고 있음을 느낄 수 있었다.

겨울이 시작될 무렵, 차창에 부딪히는 성긴 눈발을 헤치면서 찾아갔었던 두 번째 보령 나들이는 다행히 나의 바람대로 그렇게 무사히 마무리되었다.

박주남 작가 인터뷰를 우여곡절 끝에 진행하면서 작가의 이야기를 하나라도 놓치지 않으려면 녹음을 하거나 노트에 적어야 하는데 그럴 수가 없었다. 그래서 눈과 귀를 최대한 열고 작가의 이야기를 마음에 담아야 했기에 그의 말에 더욱 공감을 하게 되었던 것 같다.

〈보령 세번째 방문과 박주남 작가 두 번째 인터뷰〉

　박주남 작가에 대한 인터뷰를 토대로 글을 쓰고 있었지만 어느 순간 막혀서 더 이상 진행을 할 수가 없었다. 그래서 한 번 더 만나서 대화를 나누고 싶었지만 쉽지 않을 것을 예상했다. 그래서 일단 지금까지 쓴 글을 보내고 마무리 작업에 도움을 요청하고자 보령으로 다시 향했다. 설 명절 연휴를 코앞에 둔 상황이라서 교통도 걱정되었고 역시 날씨도 걱정되었지만 보령으로 떠나지 않을 수 없었다. 박주남 작가를 꼭 다시 만나야 했다. 그렇지 않으면 글이 풀릴 것 같지 않았다. 그날 새벽까지 박주남 작가와의 첫 인터뷰에 대한 글을 대충 마무리해서 박주남 작가에게 보내고 만나러 가겠다는 메시지를 조심스럽게 보냈다. 그러나 작가는 내 메시지에 묵묵부답이었고 불안한 마음이 살짝 들었지만 지난 번 작가와의 인터뷰에서 오누이 같은 훈훈함을 느낄 수 있었기에 불안한 마음은 떨쳐 버리기로 했다. 오라버니 같은 작가를 믿고 무작정 보령으로 향했다. 다행히 날씨는 너무 좋았다. 그리 춥지 않은 겨울 날씨였다. 보령에 갈 때 마다 날씨가 무거웠었는데 이번에는 이렇게 맑다니 일이 잘 풀릴 징조라고 생각했다.

그러나 거의 보령 작가의 자택 근처에 도달했을 때, 나는 깜짝 놀랬다. 작가가 개인적인 일정이 있다는 말을 박주부 작가로부터 전해 듣기는 했지만 박주남 작가가 그대로 출타를 했다는 얘기를 들었다. 다행히 버스정류장에 작가가 서 있는 모습을 발견하고 나는 얼른 차에서 내려서 최대한 공손히 인사를 하고 잠시 대화 나누기를 요청했고 다행히 작가는 발길을 돌려주었다. 바로 근처 박주부 작가의 사무실에서 따뜻한 모닝 커피를 잠시 함께 마셨다. 나는 작가의 작품이 있는 작업실에 가서 작가의 그림을 보면서 얘기를 나누고 싶다는 말에 조심스럽게 건네어 보았다. 그리고 다행히 작가와 함께 작업실로 향할 수 있었다. 작가와 나는 함께 작업실에 도착해서 약간 어색하게 대화를 시작했다. 나는 그 어색함을 깨고자 순간적으로 기지를 발휘해서 작가에게 농담을 건네었다.

"두 번째 작업실을 방문하게 되니 마치 내 집 같네요."

라고 말하면서 나는 미소를 지었다.

그렇게 약간 어색하게 시작된 작가와의 두 번째 인터뷰는 초보 작가에 대한 안스러움 때문이었을까? 아니면 멀리서 달려온 여동생을 대하는 오라버니와 같은 마음이었을까? 막상 작가 작업실에서 시작된 대화는 나의 걱정과는 달리 순조롭게 진행되었다. 첫 번째 인터뷰에서는 시간도 부족했고 너무 조심스러워서 인터뷰 내용 중에서 궁금했던 것을 다시 묻지는 못했다. 전화 통화나 메시지를 이용해서라도 부족한 부분을 채우려고 했기 때문이다. 그러나 그것도 상황이 여의치 않았기에 다시 보령으로 작가를 찾아오지 않을 수 없었다. 작가가 왜 뒤늦게 늦깎이 대학원생이 되었는지 궁금했고 작가의 작품 세계에 대한 이야기를 더 듣고 싶었다. 작가는 20여년 전으로 돌아가서 내게 그 당시 이야기를 해주었다.

작가의 나이 40대에 보령에서 서울 성북동에 위치한 동방 문화 대학 대학원까지 통학을 하면서 서예 대학원 2년 과정을 마쳤다.

보령 웅천읍 본가에서 서울 가는 버스를 타는 곳까지 도착하기 위해서 새벽에 해가 뜨기 전에 출발해야만 하는 작가만의 개인적인 이유에 대하여 들었다. 보령에서 서울을 가려면 오랜 시간 버스를 타야 하는데, 시야가 탁 트이는 버스 전면 유리창 앞에 위치한 제일 앞 좌석에 앉기 위해서였다. 그리고 서울에 도착해서 성북동에 위치한 학교까지 가려면 전철을 타야 하는데 사람이 많은 전철 안에서 오랜 시간 버틸 수 없어서 타고 내리기를 반복하면서 목적지까지 가곤 했다. 그렇게 하지 않으면 그는 마음이 답답해져서 참을 수 없이 고통스러워지기 때문이었다. 작가는 학교에 가면서 겪을 수밖에 없었던 그 과정을 매번 똑같이 2년을 해왔다. 나는 상상조차 할 수 없는 일이었다. 그 힘든 과정을 거치면서까지 작가가 해야만 했던 이유는 바로 그것 만이 그에게 탈출구가 되어 주었기 때문이다. 건강상의 이유로도 그는 그 힘든 과정을 그냥 수행해야 했다.나는 처음에 작가가 늦은 나이에

만학의 열정으로 대학원 과정을 밟았다고 생각했다. 그러나 그 당시 작가가 그렇게 멀리 대학원을 다닐 수밖에 없었던 절박했던 작가의 이야기를 듣고 마음이 아려 왔다. 담담하게 나지막한 목소리로 말씀해 주셨지만 그 당시의 이야기를 내게 들려주면서 마음이 힘들지는 않았는지 걱정이 되었고 죄송한 마음까지 들었다.

그리고 그와 똑같은 상황은 아니지만 예전에 비슷한 증상을 경험했었다고 말했다. 나는 백화점 엘리베이터 타는 것도 힘들게 느껴지는 순간이 있었고 영화관에서도 영화 관람 시간 전까지 적응하는 시간이 필요 했다고 말했다. 그리고 나도 전철 타는 것이 힘들어서 가능한 직접 운전해서 이동하는 것을 선택한다고 말했다. 물론 작가의 아픔에 비하면 나의 아픔은 미약한 것이지만 나는 동병상련의 마음으로 위로의 마음을 전했다.

작가는 지금도 갤러리에서 본인의 작품 전시회가 있어도 타지역을 가는 일이 쉽지 않다고 했다. 지난 2024년 가을 안양 YK갤러리 개관전도 그랬고 이번 2025년 1월 서울 코엑스 월드 아트 엑스포 2025 전시에서 그의 작품들이 전시되었지만 그를 만날 수는 없었다. 서울 코엑스 전시회는 내가 두 번이나 갈 기회가 있었다. 나는 혹시나 작가를 볼 수 있을까 기대했지만 만날 수 없었던 이유가 바로 그러했다.

두 번째 작가와의 만남에서는 작가의 철학에 대한 얘기도 들을 수 있었다.

대학 동양학과에서 불교미술을, 대학원에서 서예를 전공한 한국 전통 작가라는 이미지와는 달리 작가에게서 누구보다 자유로운 영혼의 모습을 느끼고 놀라지 않을 수 없었다. 그래서 박 주남 작가는 '和而不同'이라는 개념을 그의 예술 작품 세계에서 실천하고 있다는 것을 알았다.

"예술은 '화이부동(和而不同) 이라 하였던가…"

작가는 이렇게 '和而不同'을 언급하면서 그의 작품 세계에 대한 이야기를 조용한 어투로 이어갔다. '조화를 이루지만 그저 남들 하는 대로 따라 하지 않는다'는 뜻이다.

중국의 철학서인 '논어'에 나오는 말로 중국의 사상과 정신이지만 우리나라에 도입이 되면서 중국의 것이 한국 전통의 것들과 결합되어 중국의 것이되 그 중심은 우리의 의식으로 바꾸어 해석이 가능하듯이 작가의 작품에 쓰여진 글자들의 글씨체가 딱딱하지 않고 자유롭고 멋있게 느껴졌다.

작가의 글씨체는 흘림체처럼 보이지만 그림과 어우러지게 한글을 한문 초서 쓰듯이 작업한다고 작가는 내게 설명해주었다. 작가가 글씨를 쓰는 것은 마치 그림을 그리는 것처럼 보인다고 작가의 제자 중 한 사람이 표현했다고 말하면서 작가는 이렇게 덧붙여 설명하였다.

"한국화에서 서예와 그림은 불가분의 관계에 있기 때문입니다.'

이렇게 쓰여진 작가의 작품에 쓰여 있는 글에 대해 묻자, 보통 좋아하는 글귀를 적어 넣는데, 특히 〈초발심자경문(初發心自警文)〉을 좋아한다고 했다.

〈초발심자경문〉은 처음 불문(승가대학)에 들어와서 발심 수행하는 출가 승려들을 위한 불교 입문 교재로 지눌의 〈계초심학인문〉, 원효의 〈발심수행장〉, 야운의 〈자경문〉을 합본한 것이다.

수행자에게 있어서 특히 처음 발심이 중요한데 초심을 잃지 않도록 귀감을 주는 글로서 출가한 스님이 경계해야 하는 글이라고 한다.

"처음 발심 할 때 바로 정각을 이룬다"

〈초발심자경문〉의 중요성에 대한 옛 성인의 말이다.

이는 처음 도(道)를 구하려는 마음이 귀하다는 것을 의미한다. 또한 처음 〈초발심자경문〉을 읽고 발심 하지 못하면 평생 발심하기 어렵다고 할 만큼 불교사적 의의가 크다. 그리고 단순히 불교 입문 교재의 차원을 넘어서는 교재로서 수행하는 '출가 대중' 뿐만 아니라 '재가 수행자'에게도 중요한 입문서이자 필독서이다. 불교 용어로 '재가'라 하는 것은 세상에 물들지 않도록 집에서 도를 닦는 것을 의미한다. '용파'라는 호를 갖고 있는 작가도 바로 '재가 수행자'로서 일상의 번잡함 속에서도 불자로서 몸과 마음가짐을 행하고 있다. 그런 이유로 작가의 작품에는 〈초발심자경문〉에서 야운 스님의 〈자경문〉이 자주 등장한다. 특히 네 번째 수행자의 길로 공부할 때 좋은 친구를 곁에 두어야 한다는 내용이다. 다시 말해서 좋은 벗을 친하고 나쁜 벗을 멀리하라는 글이다.

새가 쉴 때는 숲을 가려 앉듯, 사람도 배우려면 스승을 잘 선택하여야 한다. 좋은 숲을 찾으면 편히 쉴 수 있고 훌륭한 스승을 만나면 수행력이 높아진다. 그러므로 좋은 벗은 부모처럼 섬기고 나쁜 벗은 원수처럼 멀리해야 한다. 학은 까마귀를 벗하지 않는다. 붕새(鵬)가 어찌 뱁새를 짝하겠는가. 소나무 사이에서 자라는 칡은 천 길이라도 올라가지만 잔디 가운데 자라는 나무는 석자를 면할 수 없다. 착하고 지혜로운 마음이 없는 소인들은 그때마다 멀리하고 뜻이 높은 사람들은 항상 가까이 친하라.

전시회에서 새롭게 선보였던 노란 바탕의 '장군죽비'에도 바로 야운 스님의 말씀을 적어 놓았다. 이렇게 작가의 그림에는 글씨가 자주 등장한다. 그런데 겹쳐 쓰기로 인해서 글씨를 읽기가 어려워 보였다. 나는 그 이유가 궁금했다.

> "그 이유는 가려진 것을 행자로 하여금 보이게 하는 것, 업으로 덮여 있는 것을 끄집어 내는 작업입니다. 그 또한 수행의 한 방편으로 삼는 것입니다."

작가의 말을 듣고 나는 마음에 큰 울림을 느꼈다.

작가의 작품에서 글씨와 함께 등장하는 소재로 털신, 고무신, 발우,

빗자루, 풍경, 죽비 등이 있다.

이 소재들은 모두 선(禪)을 표현하고 있다.

'털신'은 '동안거(冬安居)'를, '고무신'은 '하안거(夏安居)'를 얘기할 때 사용한다.

그리고 '발우(鉢盂)'는 가사(袈裟)와 함께 불법을 전수한다는 의미를 지니는데 '발우'를 받는 것을 최고로 여겼다. '빗자루'는 쓸어낸다는 것으로 혼탁한 마음과 번뇌를 쓸어내고 흐트러진 마음을 정갈하게 한다는 의미를 지닌다. 또한 물고기 모양의 풍경은 잠 잘 때 눈을 감지 않는 물고기처럼 수행자는 항상 깨어 있어야 함을 뜻한다. '장군죽비'는 선가에서 수행자들을 지도할 때 사용되는 도구인데 깨어있음을 상징한다. 선방에서 '죽비'는 '깨어있음'이다. 깨어있다는 것은 '살아있음'을 말한다. 작가는 이런 의미로 가지와 새싹을 그려 넣었다.

〈다양한 소재를 통해 묵(墨)으로 만나는 선(禪)을 표현한 작품들〉

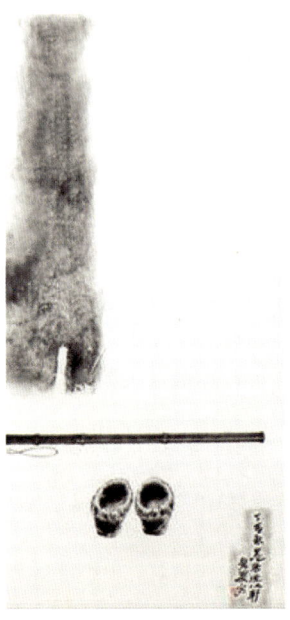 

한지수묵145x74cm (2017)  　　　　　　140x70cm
동안거 (冬安居)를 표현한 작품　　　하안거(夏安居)를 표현한 작품

발우, 140x70cm

선(禪), 140x74cm

선(禪), 140x70cm

〈깨달음과 선(禪)의 상징인 '장군죽비(將軍竹篦)'를 통해
'선(禪)'의 세계를 표현한 작품들〉

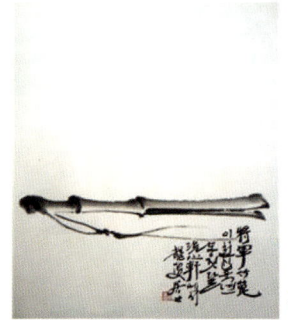

장군죽비, 53x45.5cm

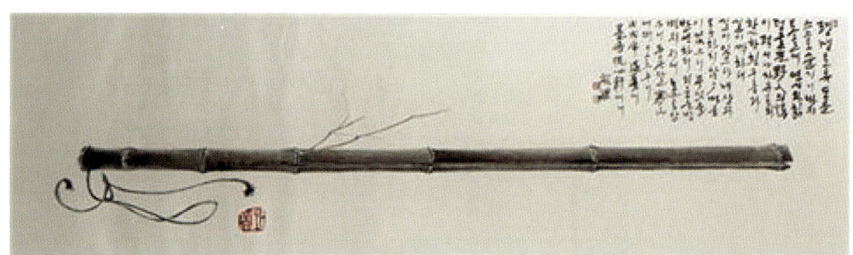

장군죽비, 140x30cm (2018)

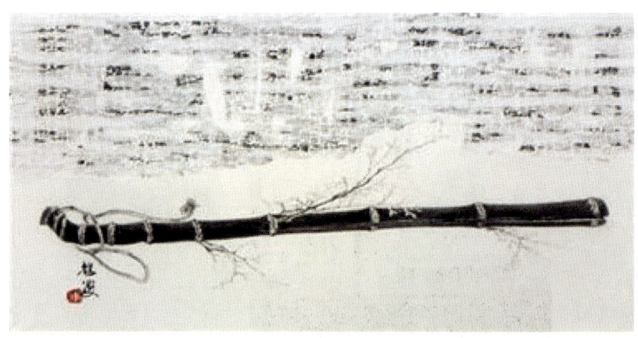

장군죽비, 140x75cm (2020)

장군죽비, 72.7x60.6cm

장군죽비, 72.2x60.6cm

장군죽비, 72.7x60cm

장군죽비, 72.7x60.6cm

이러한 소재들은 마음을 가다듬고 정신을 통일하여 깨달음의 경지에 도달하게 하는 불교 수행법으로 고요히 앉아서 참선한다는 불교사상인 '선(禪)'을 표현한 것이다. 선방에서는 수행하는 시기에 '동안거(冬安居)'와 '하안거(夏安居)'로 나누어 말한다.

　동안거는 10월 15일부터 겨울의 3개월을 말하고 하안거는 음력 4월 15일부터 여름의 3개월을 말한다. 안거 기간 동안 승려들은 외출을 금하고 참선을 중심으로 수행에만 전념하는 기간이다.

　작가는 '동안거'와 '하안거'를 각각 대표하는 이 소재들을 이용하여 작가의 그림에 계절색을 입혔다. 특히 노란색 작품으로 봄을 표현하고 여름은 파란색 작품으로 표현하고 있다.

### '茶禪一如(다선일여)' 차와 선은 하나다

다선일여, 한지, 삼베 수묵, 72x48cm (2017)

선(禪), 140x70cm

작가는 선(禪)의 또다른 표현으로 찻잔을 그려 넣었다. 이것은 차는 수행자가 졸음을 물리치고 머리를 맑게 해주는 것으로 차가 수행의 중요한 벗이라는 것을 의미한다. 이렇게 차가 수행자의 벗이 된 사연은 '차나무가 된 달마의 눈꺼풀'이라는 일화가 있다.

중국 소림사 인근 동굴에서 9년간 면벽 수행을 하던 달마대사가 유독 졸음이 오던 어느 날 천근만근 무거운 눈꺼풀을 떼어내어 동굴 앞 뜰에 던졌는데 땅에 떨어진 눈꺼풀이 차나무로 자라났으며, 그 나뭇잎 향기가 정신을 번쩍 나게 히었다. 그 나뭇잎을 따서 물에 달여 마시면 졸음을 쫓을 수 있었다. 이것이 달마도사에 의해서 차가 이 세상에 존재하게 된 사연이라고 전해져 오게 되었고 그 이후 선승들은 참선 중에 차를 마시며 졸음을 떨쳐 버리는 전통이 생겼다. 이러한 '달마에 의한 차 기원설'은 '禪茶(선다)' 또는 '茶禪一如(다선일여)'라 하여 불교와 차의 관계를 설명해주고 있다.

선(禪), 140x70cm

이 작품은 내가 만난 작가의 '다선일여' 작품 중에서 내가 제일 좋아하는 작품이다.

꽃이 진 뒤에 떨어진 꽃잎을 보면 아쉬운 마음에 한 장 주워서 나의 찻잔에 띄우곤 하는 나의 마음을 닮은 작품이라는 생각이 든다. 조지훈 시인의 '낙화(落花)'란 시에서 모티브를 얻은 이 구절도 좋지만 작가의 글씨체가 내 마음에 쏙 들어왔다. 그리고 붓으로 글을 쓰는 작가의 삶이 아름답게 내 마음에 문득 와닿았다.

박주남 작가는 '자유로운 운필과 변화 있는 먹색'으로 다양한 분위기의 수묵화를 발표해 온 작가이다. 수묵의 담백함으로 '선'의 세계를 대중에게 보여주는 수묵화가로서 그가 '장군죽비'를 본격적으로 그리기 시작한 것은 2016년 부터라고 한다. 그 이전에는 40여년간 산수화를 그린 중견작가였다. 산수를 그리기 위해서 전국의 명산대찰을 찾아 다녔고 절 풍경을 그의 그림에 담았다. 그리고 산수화 그림 제목과 산수화 전시회 주제는 '피안으로 가는 길'이었다. 그러나 불교적인 가정 분위기에서 성장한 작가는 참선 수행을 이어오고 있었고 '선'을 많은 사람들에게 널리 알리고자 2016년 '장군죽비'를 본격적으로 그리기 시작했다. '장군죽비'는 선방에서 참선할 때 자세가 흐트러지는 수행자의 어깨나 등을 내려치는 2m의 큰 죽비이다. 늘 깨어 있고 살아있음을 보여주는 작품을 그리고 싶다는 생각을 하게 된 작가는 '장군죽비'를 그리게 된다. '깨어있음'은 또한 '살아있음'을 뜻한다. '죽비'는 '죽비' 자체만으로도 깨달음의 상징으로 쓰이는데 작가는 '죽비'에 '가지'와 '잎'을 그려 넣어서 '생명력'을 불어넣고 있다. '장군죽비'를 통해서 수묵의 담백함으로 선의 세계를 대중에게 보여주는 수묵화가로 그의 작품의 주제는 '묵으로 만나는 선' 혹은 '묵으로 사색하기'로 표현되고 있다.

나는 그렇게 작가와의 인터뷰에 빠져 있었기 때문에 얼마의 시간이 흘렀는지 생각할 겨를이 없었다. 짧다면 짧고 길다면 긴 시간이었다. 작가와 대화를 이어가다가 문득 시간이 많이 흘렀음을 깨닫고 인터뷰를 마무리하고 인사를 하려고 할 때, 작가는 무엇인가를 내게 건네 주었다. 화실 회원들에게 새해 선물로 주려고 마침 준비한 것이 있다고 말하면서 하나를 내게 주었다. 예정도 없이 무턱대고 찾아온 내게 그런 호의를 보여준 작가의 모습에 나는 깜짝 놀랐다. 작가가 직접 만든 하얀 한지 봉투에 파란색으로 정성스럽게 적어 놓은 글씨가 참 산뜻하고 새롭게 마음에 와닿았다.

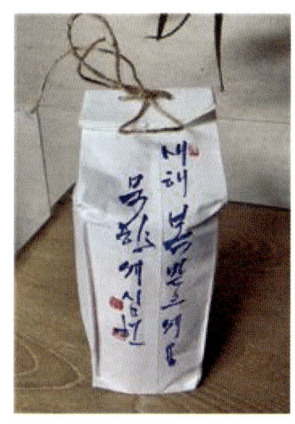

<새해 복 받으세요, 墨香洗心軒>

그 순간 얼마나 감동을 받았는지 작가는 알지 못할 것이다. 그리고 얼마나 미안한 마음이 들던지…

명절 밑에 방문면서도 그저 인터뷰할 마음에 급급했던 나는 명절 선물 하나 준비를 못했다는 미안한 마음을 안고 화실을 나와야만 했다. 그리고 또 하나 놀랍고도 고마운 것은 작가가 화실 밖까지 나와서 배웅을 해주었다는 것이다. 먼 길을 가야 하니 조심해서 가기를 바라는 오라버니 같은 따뜻한 마음을 느끼면서 나는 길을 나섰다.

  나는 곧바로 집으로 향하지 않고 보령에 있는 한적한 바닷가에 들렸다. 무창포 해수욕장과 독산 해수욕장 사이에 있는 해변인데 그곳에 'Lavar'라는 카페에 들렸다. 마침 해질 녘의 박명의 시간대인 Blue hour, 은유적인 표현으로는 개와 늑대 사이의 시간에 걸려있는 해변을 만났다. 너무 아름다운 광경이었다. 작년 연말에도 Lavar를 잠시 들렸었는데 그 날은 성긴 눈발이 날리는 해변을 마주했다. 너무 바빠서 해변의 카페에서 커피 한 잔도 못 마시고 눈 내리는 해변 사진만 몇 장 찍고서 일정을 소화하러 떠나야만 했었다. 그 아쉬웠던 기억에 이 Lavar 카페가 있는 해변을 마침 어두워지기 전에 다시 찾게 되었다.

  나는 부처님의 말씀 중 좋아하는 글귀가 있다.

      "좋은 게 좋은 게 아니고 나쁜게 나쁜게 아니다."

  작가와의 첫 인터뷰가 완벽하지 않았었기 때문에 보령을 다시 찾아오게 된 것이고 그 덕택에 이 낙조의 모습을 실컷 감상할 수 있었던 것이 아닌가. 2025년 새해를 앞두고 박주남 작가가 내게 이 'Lavar의 낙조'를 하나 더 선물해준 것처럼 느껴졌다. 유독 추웠던 이번 겨울, 박주남 작가를 만나고 오면서 나는 따뜻한 고향 오라버니를 만나고 돌아오는 것 같은 마음이 들었다. 그렇게 그 따뜻한 마음을 가득 안고 집으로 돌아오자마자 나는 곧바로 책상 앞에 앉았다. 작가와의 이야기가 사라질까 두려운 마음과 아직 식지 않은 그 따끈따끈한 이야기 보따리를 풀어놓으려는 생각이었다. 우선 한지 봉투에 적혀 있었던 '洗心軒'이라는 글자의 뜻을 찾아보았다. '墨香'은 '짙은 먹빛에서 베어 나오는 향기'라고 말씀해주신 것은 기억이 나지만 '洗心軒'에 대해서는 듣지 못했기 때문이다.

洗(세) 씻다, 다듬다, 갈고 닦다/ 心(심) 마음/ 軒(헌) 집

묵향은 향기로운 먹 냄새 그리고 세심헌은 마음을 닦는 집이라는 뜻이다.

**墨香洗心軒(묵향세심헌)**
'먹 향기와 함께 마음을 정갈하게 가다듬는 곳'

도록에 쓰여진 작가의 주소도 '墨香洗心軒'이라고 쓰여져 있었던 기억이

났기에 작가가 계신 곳을 의미하는 것이라고 추측은 할 수 있었다. 다시 말해서, 墨香洗心軒(묵향세심헌)은 바로 '먹 향기와 함께 마음을 정갈하게 가다듬는 곳'이라는 것을 알게 되었다.

박주남 작가는 보령 '묵향세심헌(墨香洗心軒)'에서 묵(墨)과 함께 하는 삶, 묵(墨)으로 선(禪)을 따르는 삶을 살고 있다. 그리고 묵(墨)을 통해서 선(禪)을 표현하고 있다.

작가의 본가를 '묵향 세심헌이(墨香洗心軒)'라 일컬으면서 禪을 따르며 禪을 표현하면서 수행의 길을 걷고 있는 작가의 모습을 마음에 담고 집으로 행했던 기억이 아직도 역력하다.

보령을 다녀오고 새해를 맞이하기 전날 함박눈이 내리고 있었다. 해외 여행을 떠난 아는 동생 집에서 혼자 조용히 글 쓰는 작업을 하고 있었다. 바로 그때 카카오톡 메시지로 연하장 한 장이 내게 날아왔다.

단기 '4358년 비얌의 해'라고 쓰여져 있고 만수산 도솔암의 겨울 모습이 수묵담채화로 그려져 있었다. 박주남 작가가 내게 보낸 연하장이었다. 아마도 화실 회원들에게 보내면서 문득 초보 작가인 내게도 마음을 쓴 것 같다.

나는 보령 Lavar의 낙조 사진과 내가 사는 안양의 눈 내리는 영상으로 연하장을 대신하면서 작가에게 부탁을 하나 했다.

"틈 나시면 보령의 눈 오는 사진을 한 장 부탁드립니다."

작가는 〈순백의 묵향세심헌〉, 〈묵향세심헌의 설경〉을 내게 보내주었다.

충남 보령 바다뷰 카페, Lavar의 낙조

안양의 <모락산>설경      보령의 <잔미산>과 <묵향세심헌>의 설경

　작가의 연하장에 그려진 보령의 만수산과 도솔암 그림을 보면서 '만수산 도솔암의 봄'이 갑자기 궁금해지고 보고 싶어 졌다. 그래서 꿈을 하나 더 추가하게 되었다.

　보령의 해변 카페 Lavar에서 바라보는 흰 눈이 펄펄 내리는 풍경을 영상에 담아 오는 꿈, 그리고 만수산 도솔암에 봄 꽃이 흐드러지게 피어난 봄 풍경을 카메라에 담아 오는 꿈. 보령은 나의 마음 속에 깊이 간직될 따뜻한 추억의 장소가 될 것 같다.

# 박주남 Park Ju Nam

동방문화대학원 회화예술 전공
개인전 18회
대한민국, 루마니아 국제 미술 교류전 / 루마니아
광주아트 20 / 김대중 컨벤션센터
안산 국제 아트쇼 / 안산 예술의 전당
Balchik International Fine Art exhibition & Creating Work / Bulgaria
전남 국제 수묵 비엔날레 / 전남 진도
Asia Contemporary Art Show 2016' 展 / Hong Kong
대한민국미술대전 심사위원 역임
충청남도미술대전 운영 및 심사위원 역임
대한민국환경미술대전 운영 및 심사위원 역임
경향미술대전 운영위원 역임
대한민국 현대여성미술대전 운영 및 심사 위원 역임
서해미술대전 운영위원 역임
보령시 미술 장식품 심사위원 역임
한국 미술 협회 이사 역임
충청 한국화 회장 역임
충청남도 미술대전 초대작가
현재 한국미술협회 취묵회, 동원포럼 회원

E-mail : chung8309@hanmail.net

<Totem - 살아있는 자들의 염원>

# 이어니재의 구도자

## 박주부

2023년 11월 24일, 인사동 거리에서, 가을의 끝자락을 느끼며 가을 빛이 남아 있는 인사동을 만났다. 정말 오랜만의 인사동 나들이였다. 카페지기인 내가 카페 문을 잠시 닫고 서울로 전시회 나들이를 간 이유는 전시회가 궁금하기도 했지만, 사실 그보다 더 단순한 이유가 있었다. 카페 밖 나들이를 하도록 나를 움직이게 한 것은 내가 좋아하는 서양화가인 이종혜 작가에 대한 나의 보호 본능이 발동한 것이었다. 작가가 작품을 들고 대중교통으로 안양에서 서울 인사동까지 힘겹게 가게 될 모습이 안타까워서 따라 나서게 되었다.

좋아하는 사람과의 서울 나들이는 정말 아름다웠다. 마치 늦가을 여행을 떠나는 듯한 기분이었다. 인사동에 도착할 때까지 이종혜 작가 특유의 순수한 말투로 소녀처럼 내내 수다를 떨었다.

행복한 드라이브 끝에 도착한 곳은 인사동 마루 아트 센터 5관 2층의 한 전시장. 박주부 작가의 조각전이 '수행자'라는 주제로 열리고 있었다. 이종혜 작가를 무작정 따라 나선 나들이었는데 박주부 작가의 뜻깊은 전시회를 방문하게 되어 기뻤다.

회색 빛 바닥과 흰색 벽으로 둘러싸인 전시장은 처음에는 차가운 분위기로 느껴졌지만, 막상 전시장 안으로 들어가보니 아이러니 하게도 전시장이 돌조각들을 포근히 감싸고 있는 듯한 느낌이 들었다. 관람객이 뜸한 시간이었기에 작가로부터 작품 이야기를 잠시 들을 수 있었다. 처음 보는 석조각전이기에 나는 마냥 신기했던 기억이 난다.

인사동 마루 아트 전시장 내부 전경

박주부 작가는 이종혜 작가의 예술 인생에 있어서 운명 같은 인연의 주인공이라고 말할 수 있을 만큼 중요한 작가라고 들었다. 나는 박주부 작가의 조각전을 직접 보게 되어 영광스럽게 느껴졌다. 예술을 사랑하는 두 사람의 만남. 조각이라는 영역, 그리고 서양화라는 영역, 서로 다른 영역에서의 출발이었지만 예술은 하나로 통하게 되는 것이라는 것을 증명하게 되는 만남이었다. 두 작가는 예술 영역에서 서로 이끌어주는 힘이 되어주면서 서로를 발전시키고 있다.

박주부 작가의 첫 인상은 고요하고 평온하여 마치 스님 같은 분이라는 생각이 들었다. 이 후 직접 작가 인터뷰를 하면서 박 작가는 어린 시절부터 불교와 인연을 맺어온 불자 작가라는 사실을 알게 되었다.

박 작가는 출가한 셋째 형님의 영향으로 1985년 절에 들어가서 사찰 생활을 2년 동안 했다. 보령 아미산 상대암에서 젊은 시절을 보내면서 자연스럽게 불교 문화를 접했다. '아미산'이라는 이름은 미인의 눈썹처럼 아름답다는 뜻에서 유래했는데, 박 작가의 눈썹이 마치 아미산을 닮은 듯한 느낌은 결코 우연이 아닌 것 같다.

아미산에는 신라 헌강왕 4년(879년) 도선 국사가 창건한 고찰 중대함과 함께 보령의 2대 약수로 꼽히는 영천 약수가 있다. 이곳에서 15분 정도 가파른 바위 길을 오르면 상대암이 나타나고, 그곳에는 동쪽 바위 높이

20미터 절벽에 새겨진 약사여래 마애불상이 있다. 4미터 크기의 마애불은 신라와 고려, 조선을 거치며 이곳에서 또 하나의 마애불이 완성된 작품으로 자연과 조화를 이루는 놀라운 위치에 새겨져 있다.

박 작가는 이렇게 기암괴석이 많은 상대암 바위지대에서 젊은 시절 한때를 보냈다. 그래서 돌과 남다른 인연을 맺게 된 것일까? 이 후 작가는 상대암에서 3천배 기도를 하면서 불자로서 불살생으로 살아갈 수 있는 직업이 무엇일까 고민했다.

"세상을 살면서 남에게 해를 끼치지 않고, 살생하지 않고, 불교적인 일을 하면서 살아야겠다. 그럼 어떤 일을 할까?"

도량을 거닐면서 바라본 마애불은 작가를 조각의 길로 인도했다. 작가는 이 때 부처님을 조성하며 불모로 산다는 것은 불자로서 가장 이상적인 삶이라 생각했다. 석조각을 통해 부처님 일을 하기로 결심하고 그 후, 서울로 올라가 고석산 석장(충청남도 무형 문화재 48호)을 찾아 전통 조각을 배우며, 시간이 날 때면 종로에 있는 조계사 선학원, 인천 용화사 등을 다니며 큰 스님들의 법문과 함께 참선을 수행하였고 독서에 매진했다.

하지만 그는 전통 조각보다는 현대 조각에 더 이끌렸고, 자산만의 석조각 세계를 추구하며 작품 활동을 이어갔다. 8~90년대 들어 대한민국미술대전과 같은 공모전을 비롯하여 그룹 전 등에 참여하며 조각가로서의 길을 걷기 시작했다.

그러나 박주부 작가는 작업 도중 감전 사고를 겪게 되면서 이를 계기로 고향인 보령으로 돌아왔다. 하지만 "좋은 것이 다 좋은 것이 아니고 나쁜 게 다 나쁜 것이 아니다."라는 부처님의 말씀처럼, 그는 이 사건을 새로운 시작의 계기로 삼았다. 1987년, 고향 보령 웅천으로 돌아와서 본격적으로 석조각 작업을 시작했다. '보령의 보석'으로 불리는 오석(烏石)을 매개로 자신의 독창적인 조각 세계를 열기 시작했다.

오석은 검은색의 돌로, 이름에서 알 수 있듯이 까마귀 오(烏) 자를 사용한다. 오석은 풍화된 암석 사이에서 고구마를 캐듯 채굴되며, 특히 보령의 오석은 최고급 품질로 평가받아 국내 뿐만 아니라 국외에서도 귀한 석재로 손꼽힌다. 예로부터 왕릉의 비석으로 사용될 만큼 우수한 돌로 평가 받았다. 이는 오석의 독특한 물리적 특성 때문이다. 오석은 강도가 높고 입자가 고우며, 철분 함량이 적어 풍화 작용에 강하다. 또한 돌에 이끼가 잘 끼지 않아 세월이 지나도 형태가 오래 유지되고 기록 보전에 탁월한 장점을 지닌다.

대표적인 예로 국보 제 8호인 '보령 성주사지 대낭혜화상탑비'가 있다. 이 석비는 신라 진성여왕이 무염국사를 기리기 위해 최치원에게 왕명을 내려 세운 것으로, 통일 신라 불교 문화의 정수를 담은 역사적, 예술적 가치를 지닌다. 1340년경에 쓰여진 이 비석은 천 년이 지난 지금도 그 형태와 글씨가 잘 보존되어 있다. 그리고 우리나라 역대 대통령의 비석으로도 사용되었고 독도 수호비로도 제작이 되어 그 우수성을 증명하였다.

오석은 입자가 섬세하고 흑백이 선명하며 다양한 터치가 유용하여 조각재료로서는 우수한 원재료이기에 박주부 작가의 작품 세계에 큰 영향을 미쳤다. 처음 회색 빛을 띠는 오석은 연마를 통해 검은색이 두드러지며, 정으로 조각할 경우 흰색이 드러나 색의 대비를 효과적으로 표현할 수 있다. 이로 인해 그라데이션, 선, 곡선 표현에 뛰어난 장점을 지닌다. 이러한 특성을 살려 박주부 작가는 당시 드물었던 오석 조각에 각이라는 글을 새기고 각에 색을 넣으며 회화성을 담아내는 새로운 표현 방식을 탐구했다.

오석은 퇴적암이 압력을 받아 변성된 변성암으로, 화강암과 비교가 되지 않게 강도가 강하고 결이 둥글다. 또한 오석은 화강석과 달리 쐐기로 자르지 않고 기계로 절단해야만 파가 적게 나며 원석을 유용하게 사용할 수 있다.

그가 보령으로 내려와 작업을 시작한 것은 보령 지역 예술 문화가 시도되던 시기였으나 그 당시 전시 공간이 전무하던 시기였다. 보령 예술의 발전을 위한 그의 노력은 웅천 면사무소 회의실과 농협 회의실을 전시장으로 활용하게 되면서 시작되었다 이 전시는 한국화, 조각, 공예가 함께 어우러진 첫걸음으로, 지역 예술의 출발점이자 그의 예술적 도전과 열정을 상징하는 의미 있는 시작을 알리는 계기가 되었다.

　박주부 작가의 작품은 전통적인 관점에서는 낯설게 느껴질 수 있지만, 박주부 작가는 이렇게 강조하여 말했다.

> "예술이 창조적인 작업을 수행하는 과정에서 진보적이고 혁신적인 사고가 필요하다"

　이러한 진보적이고 창의적인 감각을 바탕으로, 그는 자신의 조각과 개인적인 성향을 조화롭게 결합하여 독창적인 작품 세계를 구축했다.

　박주부 작가는 1991년 충청남도 미술대전에서 대상을 수상한 후, 대한민국 미술대전, 중앙미술대전, 미술세계 공모전 등에서 입선과 특선을 차례로 수상하며 작품 활동의 범위를 넓혀갔다. '세계는 넓고 할 일은 많다.'라는 경구로 유명한 김우중 대우그룹 회장이 보령을 방문하며 그의 작품을 구매하기도 했다. 이 작품은 보령의 자연석인 오석으로 인체를 표현한 것으로, 박 작가가 보령 오석에 품었던 깊은 애정과 정성이 고스란히 담겨 있다.

　이렇게 오석의 고향인 웅천에서 한결같이 석조각의 길을 걸어온 박주부 작가는 2016년 〈A Song of Dharma〉라는 주제로 예술의 전당에서 첫 석조각 개인전을 시작으로 〈깨달음 그 자취를 찾아서〉, 〈A Song of Forest〉 주제 등으로 뉴욕 첼시 k&p 갤러리와 부산 정준호 갤러리, 마루 아트센터,

보령 '웅천 돌문화공원' 내 '갤러리 탑'에서 까지 13번의 개인전을 했다.

2014년 개관한 웅천 돌 문화 공원은 오석의 고장, 대한민국 석재 산업의 산실로 석재 산업의 기반이 되어온 웅천의 예술문화가 어우러진 휴식 공간으로 차령 산맥의 끝자락 화락산 중턱에 1만여평 규모로 조성되었고 이곳 공원 내에는 박주부 작가의 조각품, 〈깨달음의 노래〉가 전시되어 있다.

깨달음을 향한 선의 세계를 돌조각을 형상화 하여 표현하는 박주부 작가는 〈깨달음의 노래〉에대해 다음과 같이 설명을 하고 있다.

> "목어는 늘 깨어 있는 수행자를, 맷돌 형태는 윤회를 상징적으로 묘사하고, 〈금강경〉등 경전을 새기는 것은 깨달음에 이르기를 기원하는 간절한 마음을 담아낸 것입니다. 즉, 윤회에서 벗어나 깨달음에 이르길 기원하며 '목어' 작품을 선보이고 있습니다."

**깨달음의 노래**

이후 30여 년간의 작품 활동을 인정받아, 2019년에는 한국예술인상을 수상하며 그의 예술적 역량을 더욱 확고히 인정받았다.

　박주부 작가의 예술 활동은 조각 예술을 통해 역사를 기록하고 기념하는데도 기여하였다. 1996년 독립기념관의 만해 한용운 어록비, 2003년 무창포 해수욕장 열린바닷길 조형물, 2007년 '계룡시 충혼탑'과 2008년 '보령시 현충탑' 조형물 제작에도 혼신을 기울였다.

계룡시 충혼탑

　2018년 보령시 평화의 소녀상 을 제작하면서 김나인의 시(詩)를 돌에 함께 새겨 그 뜻을 기리고 있다. 김 나인의 詩, 〈소녀상〉은 일본군 위안부 피해자 할머니께 바치는 시이다.

보령시 현충탑 사진

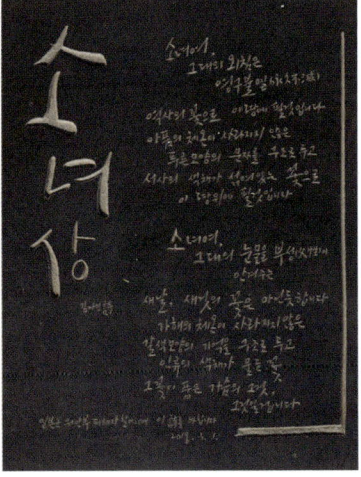

소녀상

기억의 벽

　　2023년 11월 8일부터 11월 19일까지' 한국예총보령지회' 주최로 〈2023 보령, 올해의 작가전〉을 보령시의 후원을 받아서 개최했다. 그동안 작업해온 다양한 그의 작품 세계를 오석의 본 고장에 마음껏 펼쳐 놓은 것 같은 전시회였다. 그리고 이어서 내가 박주부 작가의 작품을 처음 만나게 된 전시회가 11월 22일 부터 11월 28일 까지 서울 인사동 마루 아트센터에서 또 한 번 개최되었다. '구도자', '심연으로부터의 사색', 'A Song of Dharma', 'Totem - 살아있는 자들의 염원', 'A Song of Fores't, '초의 - 선다일여', '해탈 - 윤회로부터' 라는 작품들을 전시했다.

Song of Forest

Song of Forest

초의 - 선다일여

> 고요함 속에 홀로 망치를 들고 정 다짐을 하다 보면 망치소리가 손끝에 촉감으로 느껴지고 촉감은 강렬한 파열음으로 온몸을 감싼다. 또한 그 전율은 내 모든 신경계를 휘저으며 다시 고요함 속에 잠길 때면 나와 망치 소리는 하나가 되어 무심의 경계를 넘나들고 구도자의 깨달음의 춤사위를 느끼는 양 심연으로부터 오는 환희는 또 한 번의 깨달음을 얻게 한다.
>
> 작가 노트 중에서

그의 작가 노트에서 느낄 수 있듯이 박주부 작가는 작품 활동을 하면서 수행하는 삶을 살아온 것 같았다.

앞서 말했듯이, 그는 '예술가는 새로운 작품을 탄생시키기 위해 창조적이고 진보적이어야 한다."는 신념 아래, 진보주의적 성향을 바탕으로 작업을 이어갔다. 이러한 예술적 비전은 그의 활동을 한국을 넘어 서양 예술과의 교류로 확장시키는 계기가 되었다.

그는 이렇게 보령을 비롯하여 뉴욕, 서울, 부산, 완주, 진도 등에서 13회 개인전과 루마니아, 불가리아에서 레지던시를, 홍콩, 싱가포르, 모스크바, 쌍트베르트, 일본 등 국제 무대에서도 활발히 활동하는 등 석조각 예술의 가능성을 선보였다. 또한 다양한 아트 페어에 참가하며 조각에 대한 열정을 꾸준히 이어갔다.

2010년, 그는 우연히 떠난 러시아 여행에서 그들의 자유로운 예술 분위기와 높은 문화적 인식 수준에 깊은 감명을 받았다. 그리고 동유럽 문화예술에 매력을 느낀 그는 2011년 한국-러시아 수교 22주년을 기념하여 모스크바와 상트페테르부르크에서 문화교류전을 개최하였다. 이어 한국 석조각 예술인 협회와 루마니아 The Artist Union 간의 문화 교류를 제안하며 양국 간 협약을 성사시켰다. 2012년, 박주부 작가는 대한민국 최초로 동유럽 작가 들과의 문화교류전을 시작하며, 국내외 중견 작가들의 상호 방문과 국제 교류전을 통해 예술적 소통을 이어갔다. 이후 문화 경영인을 꿈꾸는 아들과 함께 시베리아 '바이칼 호수' 여행을 했다. 그 나라의 문화를 알려면 그 나라 예술가들과 교류하고 소통해야 한다고 생각하기에 그는 아들에게 러시아 문화 투어를 선물하면서 아들과 함께 문화 여행을 떠났던 추억을 갖고 있다.

2017년에는 미국 뉴욕에서 〈Song of Dharma〉라는 주제로 개인전을 개최하였다. 이 전시회에서는 주로 오석 위에 헤엄치고 있는 물고기를 올려놓았다.

불교의 목탁이 본래 물고기 모양을 형상화한 것이라고 한다. 그래서 이 작품들의 물고기는 눈을 감지 않고 수행한다는 '목탁'을 닮은 것처럼 보인다. 혹은 수중의 중생을 제도하기 위해 두드린다는 '목어'를 닮은 것처럼 보인다. 그래서 불교의 상징성을 박 작가의 생각과 예술성과 엮어서 작품에 표현했다는 것을 알 수 있다.

또한 박 작가는 기존 조각의 형태와 달리 돌 조각 특유의 조형적 표현력에 '회화적 이미지'를 도입해서 사용하고 있다. 실제 물고기의 모양을 조형적으로 재해석하여 표현하면서 입이나 비늘 부분을 붉은 색으로 표현하기도 하고 금강경과 반야심경 구절의 문자를 써넣어 표현한 것이다. 그의 석조각 작품에 '색'과 '문자'라는 회화적 이미지를 도입하여 표현한 것이라고 말할 수 있다.

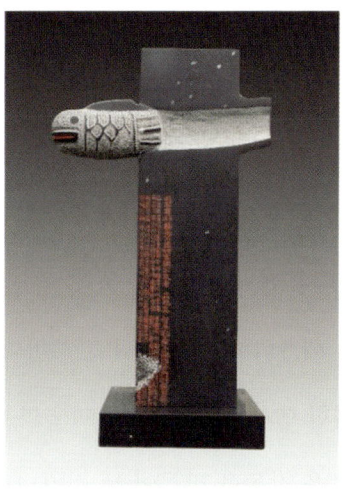

Song of Dharma (뉴욕 전시 작품)

이후에도 동유럽과 지속된 교류의 결실로, 그는 2023년 루마니아 티미쇼아라 대학 예술디자인 학부로부터 4년간의 MOU체결과 그동안의 양국 교류전에 대한 공로를 인정받아 명예 졸업장을 수여받았다. 같은 해, '무한한 여행으로'라는 주제로 루마니아 티미쇼아라에서 제 8회 국제 현대 미술 교류전을 개최했다.

2024년 11월에는 '만남, 그리고 또 다른 여행이 시작된다'라는 주제 아래 대한민국 안양 YK 갤러리에서 제 9회 국제 현대 미술 교류전을 열었다. 박주부 작가가 2024년 대한민국-루마니아 국제 현대 미술 교류전을 준비하면서 이렇게 메세지를 남겼다.

루마니아와의 예술적 인연이 어느덧 13년이라는 세월을 이어왔고, 이번 제 9회교류전은 그 동안의 관계를 더욱 견고하게 다질 수 있는 중요한 자리입니다. 특히, 2023년 티미쇼아라에서 열린 제 8회 교류전은 "무한한 여행으로"라는 주제 아래 새로운 루마니아 작가들을 만날 수 있었고, 유럽의 깊은 문화적 유산을 경험하는 의미 있는 시간이었습니다. 제 9회 전시는 한국과 루마니아 작가들이 오랜 우정과 신뢰 속에서 준비한 행사로, 한국 현대 미술의 다채로운 표현과 루마니아 미술이 만나 새로운 감동을 만들어 낼 것입니다. 이 감동은 이번 행사로 끝나는 것이 아니라, 양국 간의 지속적인 예술 교류와 협력을 통해 더욱 깊고 견고한 문화적 기반을 다져 앞으로 더 많은 문화 행사가 이어질 수 있는 초석이 되기를 바랍니다.

대한민국-루마니아 국제 현대 미술 교류전은 박주부 작가의 오랜 노력과 끈기의 결과를 보여주었고 박주부 작가의 진취적인 성향과 함께 그의 역량을 보여주었다. 2012년부터 이어져온 대한민국 유일의 '동유럽 작가 교류전'으로 국내에서 접하기 어려운 동유럽 현대 미술의 흐름을 감상하면서 공감할 수 있는 시간이다.

나도 11월 늦가을의 정취를 만끽하면서 YK 갤러리를 찾았던 기억이 난다. YK 갤러리 윤 광순 대표는 양국 간의 예술적 교류와 우정을 축하하는 의미에서 YK 갤러리 개관전으로 이 교류전을 초대했다고 한다. 복 층 구조로 되어있는 전시관이 내게는 아주 독특한 느낌으로 다가왔다. 전시장에 가득한 그림을 2층에서 한 눈으로 바라보는 느낌이 황홀했던 기억이 난다.

YK 갤러리 전시장

'예술은 꽃이다' 라고 어느 예술가가 말했듯이 갤러리에 꽃이 가득한 것 같았다. 마치 갤러리 개관을 이 예술 작품들도 진정 축하하는 것 같았다. 그림을 감상하고 있는데 갤러리 관장님께서 내게 다가오시더니 혹시 내가 화가인지 물어보았다. 내가 그림들과 잘 어울리는 화가의 모습이었던 것 같아서 기분이 좋았다. 미술을 사랑하는 내게는 아주 황홀한 칭찬의 말로 들렸다. 그리고 내가 화가처럼 예술을 사랑하는 마음을 풍기고 있고, 그 마음을 전달할 수 있는 사람이 된 것 같아서 기분이 좋았다. 그 날 내 마음에 들어왔던 〈Crown〉이라는 제목으로 Mirela Traistraru의 작품이 있다. 크리스마스가 다가오고 있을 즈음이라서 더 그랬는지 붉은 색 바탕에 그려진 꽃이 달린 리스가 인상적이었고 따뜻하게 느껴졌다. 동유럽 작가의 그림이 내 마음에 들어온 순간이다. 신기했다. 그림이 마음에 와 닿아 그 어떤 의미가 전해질 수 있다는 것은 참으로 아름다운 경험인 것 같다.

이 전시회에서 박주부 작가의 작품은 〈심연으로부터의 사색〉이라는 제목으로 만날 수 있었다. 작품에는 그의 수행적 마음이 잘 녹아 들어 있는 것을 느낄 수 있었다. 그가 표현한 심연 속에서의 사색은, 마치 끝없는 깊이를 탐색하는 듯한 경건하고 진지한 태도를 엿볼 수 있게 해주었다. 나는 작가에게 이 작품에 대한 자세한 설명을 부탁드렸다.

검은 오석과 브론즈가 만나 하나의 조화를 이루며, 자연의 흐름 속에서 인간의 손길이 더해진다. 그 터치는 단순한 표현이 아닌, 나의 절제된 미학과 깊은 사유를 담아낸 흔적이며, 수없이 새겨진 결을 따라 우리의 삶과 이야기가 조용히 스며든다. 단단한 돌의 질감과 부드러운 금속의 온기가 어우러져 시간의 흔적을 품고, 그 속에서 새로운 생명이 탄생한다. 그렇게 완성된 작품은 자연과 인간, 시간과 공간이 공존하는 생명력의 증표가 되어, 바라보는 이들의 깊은 마음속에서 끝없이 새로운 희망이 피어나길 나는 염원한다.

<심연으로의 사색>

YK 전시회 이후 나는 다시 한 번 보령의 예술가들을 만나러 갈 기회가 있었다. 내가 박주부 작가의 보령 웅천의 작업장을 방문했을 때, 눈발이

살포시 내리고 있었다. 박주부 작가의 작업장 곳곳에 전시된 작품들과 함께 웅장하고 묵직한 보령의 보석인 '오석'이 자랑스럽게 전시되어 있었다. 검은 돌이 자연스럽게 쌓여 있는 모습은 그 자체로 압도적이면서 강력한 존재감을 뿜어냈다.

<보령의 오석>

그 날, 나는 그곳에서 특히 마음에 드는 작품 하나를 발견했다. 찻잔이 있는 작품이었는데, 아마도 내가 카페 사장이라는 직업을 가지고 있어서 그런지 자연스레 눈길이 갔다. 작품은 길고 커다란 오석 위에 찻잔 하나가

놓인 형태였고, 그 잔 역시 오석으로 만들어진 듯했다. 그리고 그 작품 위에는 붉은 글씨로 한시(漢詩)가 새겨져 있었다.

<동다송>

후황가수배귤덕 수명불천생남국 밀엽주산관동청 소화탁상발추영 고야선자분기결 염무단금방심결 항해수청벽옥조 조하함윤취금설 헌선인귀구애중 지이위물성기절 염제증상대식경 제호감로구전명 해성소면중주성 탈속반채문제영 우홍천희걸단구 모선시총인진정....

박주부 작가의 설명에 따르면, 이 작품은 조선시대 스님 초의 선사(草衣禪師)가 지은 동다송(東茶頌)을 새겨 넣은 것이라고 했다. '동다송'은 초의 선사가 68행의 7언 고시체로 쓴 장편 송시로, 제목 그대로 '조선의 차를 노래함'이라는 뜻이다. 이 시는 차(茶)의 미덕을 찬양하며, 차의 맑은 맛과 향기를 노래하고, 차를 가장 아름다운 나무에 비유하고 있다.

초의 선사는 조선 후기의 고승으로, 추사 김정희와 42년에 걸친 깊은 우정을 나눈 금란지교의 벗이었다. 그는 우리나라 최초로 차에 대한 시를 읊으며 차 문화를 정리하고 차 한 잔의 도(道)에 대해 말한 선구자였다.

이 작품 속 찻잔과 '동다송'은 단순히 조각을 넘어, 차의 정신과 문화를 되새기게 하는 의미가 깊은 메시지를 담고 있었다. 그리고 차 한 잔의 여유와 깊이를 통해 초의 선사가 추구했던 깨달음과 박 작가의 예술적 세계관이 교차하는 순간을 느낄 수 있었다.

박주부 작가는 현대의 기계 기술을 활용해 오석에 '동다송'을 새기면서, 과거와 현재를 접목한 독특한 작품을 창조했다. 이 작품은 단순히 선사의 고전을 재현하는 데 그치지 않고, 그 시를 현재로 끌어와 새로운 맥락을 부여한 것이다. 또한, 이 산자락 작업실에서 작품을 제작하는 동안 박주부 작가가 수행하는 마음으로 작업에 몰두했다는 점이 작품을 더욱 고즈넉하고 깊이 있는 느낌을 준다. 그가 작업한 공간의 정적이고 차분한 분위기 속에서, 예술과 수행이 하나로 어우러지는 순간을 엿볼 수 있었다.

이 '동다송' 시를 접하면서 나는 조주선사의 고사도 문득 떠올랐다.

'끽다거'

중국 당나라의 승려인 조수선사는 '끽다거', 즉 "차 한 잔 마시고 가게나"라는 유명한 화두로 잘 알려져 있다. 어느 날, 수행승들이 조수선사를 찾아와 불법의 대의가 무엇이지 물었을 때, 조수선사는 단 한마디, "차 한 잔 마시고 가라"고 대답했다. 이 말은 단순히 차를 마시는 행위가 아니라, 그 순간의 무심한 삶을 살아가는 것 차체가 불법의 대의를 깨달은 것이라는 가르침을 담고 있다. 즉, 차 한 잔을 마시며 현재의 순간에 집중하는 것이 바로 수행이고, 삶의 본질에 다가가는 길이라는 의미를 지닌다. 선사에서 있어 차는 단순히 음료다 아니라, 깊은 수행의 대상으로서 삼매에 빠지게 하는 중요한 매개체였다.

하얀 눈이 내리는 시골 작업장에서 차에 대한 시(詩)를 마주하며, 나는 도(道)와 수행(修行)에 대해 다시금 생각해보았다. 그 순간은 겨울의 고즈넉함과 함께 차 한 잔을 마시며 수행의 의미를 되새기는, 참으로 운치 있는 시간이었다.

2025년 1월, 새해가 밝아오자마자 서울 코엑스에서 열린 〈월드 아트 엑스포 2025〉 전시회에서 박주부 작가의 작품을 다시 만날 수 있었다. '구도자'라는 제목의 작품들은 작가의 불교적 세계관과 깊은 수행의 마음을 잘 표현해주고 있었다. 특히, '구도자'라는 작품은 마치 박주부 작가 자신의 모습을 형상화한 듯한 느낌을 주었고, 작가에게서 느껴지는 불교적 이미지는 그 작품에 고스란히 드러나고 있음을 느낄 수 있었다.

<구도자>

코엑스 전시장

  2025년 코엑스 전시회에서 박주부 작가와 그의 형님인 박주남 작가의 작품들이 함께 전시된 모습을 보며 두 작가의 깊은 형제애를 느낄 수 있었다.

박주부 작가의 '구도자'와 '심연으로부터의 사색'이 형님의 작품들과 함께 배치되어져 있는 모습은, 마치 작가의 형님인 박주남 작가의 수묵화 작품이 동생 박주부 작가의 조각 작품을 포근하게 감싸고 있는 듯한 느낌을 주었다. 이것은 내게 정말 감동적인 시각적 경험을 안겨주었다.

두 형제가 함께 전시회를 열며 각자의 작품을 배경으로 이렇게 서로 자연스럽게 어우러지는 장면은 내게 참으로 아름답게 느껴졌고 예술적 동반자로서 서로에 대한 존경과 사랑이 고스란히 담긴 것처럼 보였기에 내게 큰 감동을 주었다.

특히, 그들의 작품은 서로 다른 영역에서의 예술 작품이지만 형제 간의 깊은 우애로 인해서 하나의 예술로 이어지는 순간을 목격하면서 그들의 예술이 서로를 향한 이해와 배려의 표현이자, 불교적 수행이라는 정신적 여정을 함께 나누고 있다는 사실을 다시 한번 실감할 수 있었다.

다시 말해서, 이처럼 두 작가의 작품을 통해 형제애를 느끼고, 그들이 서로에게 예술이라는 긴 여정을 함께 하면서 동반자가 되어주고 있는 모습을 바라보는 경험으로 인해서 나는 이 전시회가 더욱 의미 있게 느껴졌다.

그리고 박주부 작가는 어느 인터뷰에서 이렇게 말했다.

"형제로서 먼저 의지가 됩니다. 그리고 형과 제가 회화와 조형 미술로 장르는 다르지만 서로 작품 세계에 영향을 주고받으며 인적 물적 인프라를 공유하고 있습니다. 예를 들면, 형이 저한 테 각자를 배우고 경전 구절을 직접 돌에 새긴 뒤 탁본을 하거나 제 돌조각 작품에 붉은 색칠과 구절을 넣는 것을 들을 수 있습니다. 앞으로도 우애 깊은 형제이자 깨달음을 작품화 하는 도반 작가로서의 인생을 평생 이어갈 것입니다."

박주부 작가와 박주남 작가, 이 두 작가에게 있어서 "깨달음을 향한 도반 작가이자 우애 깊은 형제"라는 수식어는 변함없이 계속될 것이라고 믿는다.

박주부 작가는 보령시에 위치한 '이어니재'라는 예쁜 이름을 가지고 있는 고갯마루 작업실을 기반으로 40여 년 가까이 석조각에 매진해왔다.

이 그림 같은 작업실 풍경과 바로 곁에 있는 그의 본가의 풍경은 내 마음 속에 또 하나의 추억으로 새겨졌다.

이어니재 작업실 전경

**보령 본가의 풍경**

<작가 노트>

나는 보령을 좋아한다. 보령은 나의 고향이기도 하지만 유일하게 생산되는 오석의 산지이기 때문이다.

오석이라는 돌은 참으로 매력이 넘치는 재료다. 작업할 때 쉽게 접근할 수 있는 화강석이나 대리석과는 달리 오석은 너무 욕심을 내면 오히려 다루기 힘들고, 너무 느슨해도 작품 한 점 완성하기 쉽지 않기 때문이다.

오석은 흑백이 뚜렷하고 색과 선 그리고 표현의 자연스러움이 작품의 완성도를 높이는데 최적이라 여긴다.

그러기에 이러한 재료로 만든 나의 작품 A Song of Dharma나 A Song of Forest는 물성에 대한 이해와 재료에 의한 완성도를 무시하지 못하는 것이다.

젊은 시절 한때 절간에 인연이 있어 신의 세계를 만나고, 그 신의 세계를 탐구하면서 얻어지는 그것들을 작품으로 표현하기 위한 작업은 그저 구도자가 한 걸음 한 걸음 조심스럽게 걷듯 작품 한 점 한 점 정성을 다하여 원석에서 꺼내는 마음은 구도자의 그것과 다름이 없을 것이다.

# 박주부 Park Ju Bu

충청남도 보령 출생

1991년 충남미술대전 대상 수상으로 본격적인 예술활동 시작했다.
그는 불교적 화두 관찰이라는 예술적 가치관을 지니고 있으며 자연과 자연주의에 깊은 관심을 갖고 작품에 반영하고 있다.
창작 활동의 특징은 오석(烏石)을 주재료로 하여 자연의 질감과 색감을 살리는 동시에 고요함 속에서 얻어지는 영감과 찰나의 번득임을 작품과 주제에 표현하여 관람객이 자신의 내면을 성찰하고 삶의 주체성을 되찾도록 유도하고 있다.

## 주요 전시 경력
개인전 13회 : 뉴욕, 서울, 부산, 완주, 진도, 보령, 내포 등에서 전시
2012~2024 : Korea-Romania International Art and Culture Exchange Online Exhibition
2019~ 2023 : Balchick International Fine Art Exhibition & Creating Work
(Lighthouse Golf & Spa Resort)
2023 Variation and Expansion (후쿠오카 미술관)
2022 Romania Snagove Symposium (Snagove) 외 280여회 전시 참여

## 기타 활동
대한민국 미술대전 운영위원 및 심사위원 비롯하여 다수의 공모전에 운영 및 심사위원 역임

## 현재
보령에서 창작 활동을 하면서 한국-루마니아 국제현대미술교류전 한국대표
한국미술협회, 전국 조각가 협회, 한국 석조각가협회에서 활동

E-mail : jubup@hanmail.net

# 달 항아리와 연탄

### 윤재일

2025년 4월의 어느 날, 벚꽃 앤딩으로 시간은 흐르고 있었고 내가 봄 바람 속을 걸어서 도착한 곳은 〈다다 도예 연구소〉, 윤재일 도예가의 작업실.

작업실에 도착하자마자 나를 처음 반긴 것은 노란색의 '비덴스' 라는 꽃이었다. 나도 카페 창가에 비덴스 꽃을 놓아두었는데 작가의 작업실 앞에서 카페에 있는 꽃과 똑 같은 꽃을 만나니 반가운 마음이 들었다.

"비덴스 꽃이네요. 저도 비덴스의 노란 빛이 좋아서 제 카페 창가에 갖다 놓았어요. 작가님 작업실 입구에서 보니 반갑네요."

나는 처음에 공방 회원이 사왔을 것이라고 생각했는데 작가가 작업실 근처 꽃집을 지나는데 노란색이 눈에 띄었고 꽃이 예뻐서 사온 것이라고 했다. 작가가 직접 사왔을 것이라고 생각을 못했는데 의외였다. 작가의 머그 컵 모양의 작은 화분에 비덴스를 넣어 두고 소박하게 봄 맞이를 하는 작가의 따뜻한 마음을 엿볼 수 있었다. 이 노란 작은 꽃을 데려오면서 작가의 마음에도 밝은 노란 색의 봄이 시작되지 않았을까 생각된다. 작가에게 비덴스의 꽃말을 알려주었다. '황금의 여신'이라는 꽃말을 지니고 있고 금전운을 부르는 꽃이다.

아무튼 어두운 작업실 입구를 노란 빛깔의 꽃이 반겨주니 마음이 밝아지는 것 같았다. 지금부터 가을까지 오랫동안 꽃을 볼 수 있으니 누가 가을까지 꽃을 키울 수 있을지 지켜보기로 했다. 이렇게 작은 에피소드로 작가에게 더 다가갈 수 있는 연결 고리를 하나 더 만들 수 있었다. 봄이 나와 작가에게 건네 준 꽃, '노란 비덴스' 라는 꽃으로 피어난 이 작은 에피소드가 작가와 내게 행운을 가져다 주기를 바라면서 작가와의 인터뷰를 새롭게 시작된 봄처럼 새롭게 시작했다.

작년 여름 7월에 윤재일 작가를 처음 만나게 되었고 가을을 지나 겨울을 흘려보내고 이 봄을 맞이하고 나서야 다시 작가를 만나러 가게 되었다. 세월은 정말 흐르는 물과 같다는 말을 실감하는 순간이었다. 자주 찾아 뵙고 이야기를 나누고 싶었지만 나의 개인적인 이런 저런 상황 때문에 그럴 수 없었기에 아쉬움이 컸다. 물론 그 사이에 윤 작가의 전시회도 다녀오고 몇 번 뵙고 대화를 나누기는 했지만 도예에 대해서는 문외한이라서 내 책에 윤 작가 소개 글을 쓴다는 것은 쉽지 않았다. 그래도 작가의 도예 작품들을 좋아하기 때문에 이런 저런 궁금한 것들을 물어보고 대화를 나누면서 도예 작품을 이해하게 되었다. 그리고 윤재일 작가의 도예 인생에 대해서 듣게 되었다.

### 도예가 윤재일

작가 윤재일에게 도예의 길은 운명처럼 다가왔다. 그가 국민대 생활미술학과에 늦깎이 대학생으로 입학하게 되면서 그는 도예와 운명처럼 인연을 맺게 된다.

그림에 재능이 있었던 그는 고등학교 실업계 건축과를 졸업한 후에 20대 초반부터 디자인 학원 강사로 일하게 된다. 그리고 그는 80년대 초 실내장식과 인테리어가 생소하던 시기에 투시도, 조감도를 강의를 할 수 있을 정도로 훌륭한 실력을 지니고 있었다. 또한 입시 미술 학원에서 강의하면서 미대 실기 입시 지도를 하면서 그의 역량을 여러 방면에서 발휘하고 있었다.

그러나 시대의 흐름에 맞추어 인테리어에 대한 더 심도 있는 공부를 위해서 83년에 국민대 조형대 생활미술학과에 입학하였다. 그 당시 국민대에 건축학과가 없었기에 그는 조형대의 생활미술학과에서 인테리어 공부를 진행할 수 있을 것이라고 생각하고 입학했지만, 입학 후 그는 학과 분석을 잘못했다는 것을 깨달았다. 그 당시 국민대 생활미술학과는 도예와 금속공예 중 하나를 선택해야 하는 상황이었다. 그는 그리기 보다는 만들기에 관심이 많았기에 도예에 더 적성이 맞을 것이라고 판단하여 도예과에 입학하게 된다. 이렇게 그가 걷게 되는 도예의 길은 운명의 장난처럼 다가와서 필연으로 흘러가게 되었다.

그는 대학 졸업 후 여주 '석봉' 도자기 공장에서 공장장으로 일하다가 '공방 가마 팀'을 구성하여 자립을 하게 되었다. 그후 그는 일본에서 오신 스승과의 만남에서 자극을 받고 작품에 대한 열망을 갖게 되었다. 그래서 개인적으로 자유롭게 창작 활동을 하기 위해서 인덕원에 위치한 지금 현재의 공방에서 33년째 도예 생활을 하고 있는 것이다. 35년의 세월 동안 한결같은 마음으로 도예의 길을 걷고 있는 작가의 이야기를 들으면서 감탄과 존경의 마음을 느끼지 않을 수 없었다.

윤 작가는 이곳을 '연구소' 라고 부른다. 정식 이름은 '다다 도예 연구소' 그는 이곳에서 작품을 구상하고 실험을 하고 작품을 만들어 내기 때문이라고 말한다. 그는 다양하고 독특한 작업을 좋아한다고 말했다. 그는 항상 새로운 것을 추구하고 실험적인 방법을 사용하여 작품을 구상하는 성향을 갖고 있다. 그가 우리나라 최초이자 유일한 연탄 작가가 될 수 있었던 것, 그 이유가 바로 이 마인드에서 출발했다고 할 수 있다.

20여년전 어느 겨울, 거리에 쌓여 있는 연탄재를 보고 그는 마음이 끌렸다고 한다. 연탄도 역시 도예와 마찬가지로 흙 작업으로 만들어진 작품이라는 생각이 들었고 비록 재로 변해버린 연탄재이지만 흙이라는 성분은 남아있는 것이므로 다시금 생명력을 불어넣고 싶었다고 한다. 물론 대중의 반응은 다양했다. 쓰레기로 보는 시각도 있었지만 윤작가로 인해 재탄생한 연탄재에 감동을 받기도 했다. 우리나라 난방문화에서 큰 역할을 해온 연탄, 우리의 몸과 마음을 따스하게 녹여주었던 연탄, 그러면서 동시에 연탄은 삶과 죽음을, 즐거움과 슬픔을 넘나드는 매개체라고 말했다.

 연탄, 이제는 그 운명이 다 한지 오래다. 많은 탄광들이 사라지고 이제 환경오염이라는 측면에서 사라질 수밖에 없는 운명이지만 우리나라 난방문화의 큰 한 축을 크게 담당했던 시절이 있었다. 석탄공사도 2024년 막을 내렸다. 그는 이렇게 사라져가는 연탄의 역사를 보유한 작가로서 현재 500여점의 연탄을 보유하고 있다고 말했다. 그는 연탄작가로 유명해졌지만 우리나라의 어떤 시대 상황에서 연탄 작품이 예전처럼 방송에서 자유롭게 거론될 수가 없게 되었다. 그러나 그는 현재도 본인의 정체성을 '연탄 작가'라고 당당히 자신 있게 말하면서 연탄을 이용한 작품 활동을 이어 나가고 있다.

내가 윤 작가님의 연탄 작품을 처음 만나게 된 것은 또 하나의 인연 덕택이었다. 내가 카페 운영을 하면서 알게 된 황 종연 목공예 작가님을 통해서이다. 2019년 가을이 저물어 가는 어느 날

황 작가님의 작업실에 놓여 있는 연탄을 보고 깜짝 놀랐다. 연탄이 왜 여기에 있는지 궁금해서 여쭤 보았더니 어느 도예가의 작품이라고 했다. 2019년도에 APAP (Anyang Public Art Project)에서 〈순환〉이라는 주제로 안양 예술 공원에서 전시회를 했던 작품 중 일부라고 하셨다. 연탄에 도자기 공법을 입혀서 가마에서 다시 구운 것이다.

**안양 예술 공원 연탄 전시 작품 사진 <순환>**

연탄을 재활용하여 도자기법을 가미한 그 독창적인 작품에 나는 자연스럽게 마음이 갔고 몇 개를 구입하여 카페에 가져오게 되었다. 나는 그 연탄 하나에 작은 화분을 올려 놓는 디스플레이를 하였다. 그 모습이 독특했는지 어느 손님은 그 작은 화분과 함께 그 연탄 작품을 구입하기도 했다.

그리고 2022년 겨울 그 중 한 개에는 황작가의 아이디어로 또 하나의 새로운 작품으로 재탄생 했다. 연탄 안에 전구를 넣어서 진짜 연탄 불을 피워 놓은 효과를 내는 작품이었다. 연탄 안의 그 알록달록한 불빛이 예뻐서 내 카페에도 그렇게 디스플레이를 했다. 특히 겨울에는 난로를 피워 놓은 듯 착각하시는 사람들도 있었다. 정말 온기가 느껴질 것 같아서 두 손을 모아 연탄 불을 쬐는 포즈를 취하기도 하셨다. 그리고 어떤 손님은 그 전구가 들어있는 연탄을 구매했다. 지금도 나는 카페 계산대 앞 테이블 아래, 연탄에

불을 밝혀 놓았기에 항상 반짝반짝 빛을 내고 있다. 카페에 오는 손님들에게 커피의 따스함뿐만 아니라 이 연탄 불의 따스함까지 드리고 싶은 마음이기 때문이다.

<카페에 있는 연탄 난로 불빛 사진>

윤 작가님의 마음에서 황 작가님의 마음 그리고 어느 카페지기의 마음을 통해서 손님들에게 전해졌던 따스한 마음의 소통이었다.

'한 예술 작가의 작품이 일반 사람들에게 이렇게 영향력을 미치게 되는구나.'

하고 새삼 예술 작가들의 힘, 그 영향력을 느꼈다.

2022년 그 해 12월 말, 추운 날씨에 카페에 손님이 없어도 크리스마스 캐롤과 이 연탄 불빛 하나만으로도 따스했던 기억이 난다. 윤재일 작가와 나의 인연은 그렇게 시작되었다. 정말 인연이라는 것은 신기한 것 같다. 어느 날, 누군가와 인연이 될 수 있다는 것은 그냥 우연이라는 말만으로는 설명할 수는 없는 것 같다. 이 연탄이라는 작품과의 만남을 시작으로 해서 내가 지금은 그 연탄 작가의 이야기를 쓰게 되는 인연으로 이어질 줄을 어느 누가 알 수 있었을까? 그때는 알지 못했지만 연탄 작품이 내 마음 속에 따스하게 자리잡았고 그 따스함은 지금의 인연으로 흘러오게 되었으니 말이다.

2023년 11월 16일 19회 〈안양 공예가회 정기전〉에 갔다. 2019년 안양 공예가회 전시회 첫 방문 이후, 카페 운영으로 바쁜 가운데에서도 나는 매년 잊지 않고 평촌 아트 홀 전시회를 찾아가고 있다. 2023년에는 전시회 마지막 날 방문하게 되었다. 그날은 마침 윤재일 작가가 전시장 작품 소개와 설명을 맡아서 대기 중이라고 했다. 나는 2019년 우연한 기회에 윤 작가의 연탄 작품을 구매하게 되었고 그 후 얘기로만 듣던 윤 작가를 처음 만나게 된 것이라고 윤 작가에게 말했다. 마지막 날이라서 한가한 분위기 속에서 윤 작가의 자세하고 친절한 설명을 들을 수 있었다.

2019년 처음 연탄 작품을 만난 이후 전시회에서 다시 연탄 작품을 만났을 때, 나는 오랜 친구를 만난 것처럼 무척이나 반가웠다. 그 전시회에서 작가의 상상력은 연탄에 새롭게 표현되어졌다. 연탄에 세라믹으로 구운 선인장을 연결한 것이었다. 연탄에 생명력을 불어넣는 매개체로 '강한 생명력'을 지닌 선인장을 사용한 것이다. 선인장은 실제 살아있는 식물이 아니고 선인장의 상징성을 이용한 작품이다. 작품의 제목은 〈순환〉이다.

〈순환〉

나는 그때 깜짝 놀랐다. 나는 연탄에 살아있는 다육이를 올려 놓았던 기억이 떠올랐기 때문이다. 물론 나는 연탄에 생명력을 불어넣는다는 예술적 마인드로 행동한 것은 아니지만 작가의 생각에 충분이 공감할 수 있었기 때문이다. 이제와 생각해보니 나도 무의식 중에 연탄에 생명력을 불어넣고 싶었던 것은 아닌가 하는 생각이 든다. 나와 작가의 마인드와 통하는 부분인 것 같아서 마음이 흐뭇했다.

윤작가의 작업실 입구에 연탄 작품과 함께 한 편의 시가 적혀 있다.

너에게 묻는다

안도현

연탄재 함부로 차지마라

너는 누구에게

한번이라도 뜨거운 사람이었느냐!

자신의 몸뚱아리를

다 태우며 뜨끈뜨끈한

아랫목을 만들던

저 연탄재를

누가 함부로 발로 찰 수 있는가?

자신의 목숨을 다 버리고

이제 하얀 껍데기만 남아 있는

저 연탄재를

누가 함부로 발길질 할 수 있는가?

연탄

어느 시인은 2006년 12월 어느 겨울날, 윤재일 작가에게 〈연탄〉이라는 시를 선사하였다.

## 연탄

강성원

나무의 기억을 펼치지 못하고

지하에서 서로 옥관 되어주며

부둥켜 전생의 한을 나눴으리

시간의 겹겹으로 다져진 응어리 되었지만

수수 살아온 꿈 덕에 갱도 따라 탈옥하여

골다공이 뼈로 전신 성형수술을 받는다

푸른 꿈을 사르며 온 몸이 핏줄을 데운다

가난의 대가는 위험의 몫이 우선인 이치로

뒤집의 람루(襤褸) 여럿,

하룻밤 짧은 시간에 순리로

어노어노 데려가기도 한다

충혈된 마지막 온기로 열아홉

스물둘 생을 마감하고도

언덕배기 미끄럼 길에서 어린

즐거움의 박탈과 굽은 허리에 드는

저승사장의 아량을 겹친다

처음 뿌리내린 빛의 고향에서

해탈의 등신불로 마지막 추억을 뿌린다

이제 환생의 출발에서 발을 뜬다

하늘에서 내린 생명의 새끼줄이 이끄니

이 터전을 녹여줄 추억을

온돌가득 펼치자

가슴에, 세상에 불 지펴라.

어느 누가 가마에 다 타버리고 생명력을 잃은 연탄재를 넣고 구울 생각을 했을까? 원래 '불의 예술'이라고 불리우는 도예의 세계에서 가마를 신성시 여기는 풍습이 있다. 그러나 항상 새로운 것을 추구하는 윤 작가는 그 틀을 깨고 가마에 넣고 굽는 재료의 다양성을 시도했다. 그 다양한 재료들 중 또 하나의 재료는 '돌'이었다.

그는 안양의 학의천을 산책하기를 즐기는데 어느 날 천변의 돌을 보고 돌을 불의 예술에 응용하고 싶은 마음이 떠올랐다고 했다. 이렇게 예술가들은 항상 독창적인 소재를 갈구하고 사물을 볼 때 소재와 연결하는 습성이 있는 것 같다. 그후 작가는 돌에 대해 많은 공부와 연구를 하였다. 돌의 다양한 종류를 알게 되었고 나름대로의 성격을 지니고 있는 사실에 흥미를 갖게 되었다고 한다.

 그는 가마에 자연석을 넣고 높은 온도로 구우면서 돌의 변화하는 모습을 예술적으로 표현하였다. 돌의 성격만 20만 가지이고 가마에 구웠을 때 온도 변화에 의해서 그 성격들이 각각 다르게 나타나는데, 더 반짝이기도 하고 크기가 더 커지기도 하는 다양한 변화에 그는 매료되었다고 했다.

 일반인들이 보기에는 흔한 돌이지만 작가에 의해서, 가마에서 구워서, 불에 의해서 새롭게 재탄생 하는 모습을 보았을 때, 무채색 돌의 변화는 마치 도자기 제작과 같은 느낌으로 예술가로서의 희열을 느낀다고 했다. 그의 작업실 한 쪽 벽에 전시되어 있는 돌 작품이 그의 실험 정신을 표현해주고 있었다.

그의 작업실에서 또 하나 내 눈에 들어온 것은 〈달항아리〉이다.

사실 나는 오래 전부터 달항아리에 대한 매력을 느끼고 있었다. 도예를 하는 지인의 따님이 만든 미니 달항아리를 보고 그 단아하고 소담스러운 모습이 좋아서 카페 한 켠에 있는 나비장 위에 진열하고 있다. 그리고 그 안에 붉은 남천 열매와 빨갛게 물든 남천 나뭇잎을 걸쳐 놓는 것을 좋아한다. 미니 달항아리로 시작된 나의 백자에 대한 관심과 사랑은 2023년 평촌 아트홀 전시장에서 윤 작가의 달항아리를 본 이후 달항아리에 대한 나의 관심은 더 커져가게 되었다.

예술을 바라보는 사람의 마음은 동서고금을 막론하고 함께 흐르는 것 같다. 요즘 미술계에서 가장 '힙'한 도자기가 바로 '우리나라의 달항아리'라고 한다. 그리고 세계가 한국 전통적 감각의 정수를 담은 '달항아리'에 관심을 갖고 있다. 빌 게이츠 같은 유명인사도 한국의 달 항아리를 소재로 그린 작품을 소장하고 있다고 한다. 2011년, 빌게이츠 재단이 달항아리가 그려진 작품을 3점 구입한 것이다. 2018년에는 평창 동계 올림픽 성화대가 달항아리 모양으로 제작되었고, 2019년 K 팝 아티스트인 BTS의 멤버, RM이 달항아리를 구입하고 달항아리와 함께 찍은 사진이 세계적으로 영향을 끼치면서 2023년 미국 뉴욕 크리스티 경매에서는 18세기의 달항아리가 60억원으로 낙찰되었다. 그리고 3년 후 2025년에는 41억원으로 낙찰되는 또 한번의 놀라운 성과를 거두었다.

여러 예술 분야에 있는 우리나라의 작가들은 자신만의 방식으로 새롭게 해석한 달 항아리 작품들을 발표하고 있다. 달항아리를 서양화, 동양화로 화폭에 담아내는가 하면 비단을 염색하고 손으로 수놓은 섬유 공예를 이용한 달항아리, 은을 소재로 만든 달항아리, 민화로 표현된 달항아리, 더블 팝아트에 표현된 달항아리, 한지를 염색해서 만든 달항아리, 자개를 소재로 만든 달항아리 등 다양한 분야에서 달항아리의 미가 창의적으로 표현되고 있다. 그리고 달항아리에서 영감을 얻어 표현된 건축물이 있다. 또한 한불수교 130주년을 기념하여 현대무용에서 달항아리의 아름다움을 춤으로 표현되기도 하였다.

달항아리는 항상 소재에 대한 고민을 하는 작가들에게 각자의 영영에서 표현할 수 있는 예술적 영감을 주었다. 그래서 한국의 전통 미를 현대적인 시각과 감각으로 재해석하여 탄생시키고 있다.

또한 미술 분야에서 뿐만 아니라 2023년 2월에는 음악에서도 달항아리는 그 존재감을 드러내었다. 클래식 음악의 본고장인 영국 런던 영국 왕립음악원에서 이 신우 교수의 '달항아리' 작품이 비올라와 피아노로 초연되었다. 이 교수는 팬데믹 시기에 런던에 체류중이던 시절, 대영 박물관 한국실에 전시된 달항아리 한 점을 보고 느낀 감성으로 표현한 음악이었다.

이렇듯 달항아리의 매력은 시대를 넘어서 이어지고 있고 현대 예술가들에 의해 끊임없이 재탄생 되고 있다. 어떻게 달항아리는 많은 예술가들과 세계인의 마음을 사로잡은 것일까?

조선 시대 백자의 정수이자 한국 미(美)의 상징이라고 일컫는 우리나라의 달항아리의 매력은 무엇일까? 사실 조선시대에는 달항아리라고 불리우지 않았다. 달항아리의 공식명칭은 '조선 백자 대호'이다.

고려시대가 화려한 청자를 선호했지만 유교를 정치 이념으로 한 조선 왕실은 맑고 깨끗한 백자를 선호하였다. 그리고 맑고 깨끗한 백자가 주는 소박하고 담백하고 장식적이지 않고 자연스러움에서 나오는 절제미는 조선시대 사대부들을 매료시켰다. 특히 조선 후기(17세기 말~18세기 중반) 제작된 것으로 보통 높이가 40 cm 이상이 되는 유백색 대형 백자 항아리이다. 그러나 1세기 정도 제작되다가 백자의 모습이 변하기 시작하여 다채로운 도자기가 등장하고 순백자의 시대는 사라졌다. 일제 강점기 이후, 광복 직후 몇몇 예술가들과 미술 사학자들을 중심으로 이 대형 백자 항아리에 다시 관심을 갖게 되었다. 그리고 20세기, 1950년대에 미술 사학자 '우현 고유섭'이 보름달처럼 둥그렇게 차오른 모습에 '백자 달항아리'라는 명칭을 처음 붙이게 되었다. 달항아리를 매우 사랑한 화가 '김환기'는 달항아리를 200여년이 지난 시점에서 그의 그림에 표현하였다.

"내 예술의 모든 것은 백자 달항아리에서 나왔다."

"단순한 원형이, 단순한 순백이, 그렇게 복잡하고, 그렇게 미묘하고, 불가사의한 미를 발산할 수가 없다"

"이 항아리에서 한국의 미에 눈을 떴다."

라고 표현할 정도였다.

그의 친구 '최순우'도 달항아리의 아름다움에 감탄하였다.

"흰 빛의 세계와 형언하기 힘든 부정형의 원이 주는 무심한 아름다움을 모르고서 한국의 미의 본바탕을 체득할 수 없을 것이다. 아주 일그러지지도 않았으며 더구나 둥그런 원을 그린 것도 아닌 이 어리숙하면서 순진한 아름다움에 정이 간다."

불의 예술이라고 불리우는 도예에 있어서 1400도 이상의 고온으로 구워야하는 달항아리는 크기가 대형이기 때문에 한번에 물레에 올려서 빚기 힘들다. 그리고 가마 안의 불 속에 들어가면 수축을 하기 때문에 더 크게 빚어야 하고 상하 두 부분을 따로 만들기에 수축율도 다르다. 그리고 2개의 반원의 중간을 흙물로 접합하기 때문에 이음새가 남아있고 약간 일그러지고 좌우 비대칭 모습이 완성된 형태이다. 그래서 완전한 원형이 아니고 보는 위치에 따라 형태가 조금씩 달라지면서 다른 얼굴을 드러내기 때문에 '천의 얼굴을 지닌 달항아리'라고 불리운다.

그리고 달항아리의 또 다른 매력은 순백이라기 보다는 불투명한 흰색으로 '특유의 우유 빛깔인 온화한 유백색(乳白色)'인데 이것은 철분을 알맞게 함유하고 있는 우리나라 흙의 특징이다.

이렇게 유려하고 유백색의 형태가 둥근 달을 연상하게 되어 일명 '달항아리'라고 불리우는 것이다.

우리의 역사를 품은 달항아리 1점이 영국 박물관 한국실에 놓여있다. 바로 영국 도예가 버나드 리치(Bernard Leach)가 일제 강점기 때 구입해 가면서 이렇게 말했다고 한다.

"나는 행복을 안고 갑니다."

세계적인 베스트 셀러 작가인 스위스 소설가 알랭 드 보통은 그의 책 '영혼의 미술관(2013)에서 다음과 같이 예찬했다.

"겸손이라는 미덕에 최상의 경의를 표하는 작품"

그리고 영국 엘리자베스 2세 여왕은 '세상에서 가장 아름다운 그릇'이라고 극찬하였다.

이런 달항아리의 가치를 온몸으로 느낀 사람이 있다. 바로 일본 교토에 있는 〈고려 미술관〉 관장 정조문이 있다. 재일 교포 1세대로 일본에서 초라한 조국의 모습만 보면서 멸시를 받으면서 어린시절을 보낸 그가 '백자 대호'를 만나면서 그 열등감을 한번에 씻을 수가 있었다고 한다.

　초등학교 시절 3년 간의 학력이 전부인 그는 일본에서 성공한 사업가가 되었지만 마음은 허전했다. 어느 날 골동품 상점을 지나다가 우연히 만난 백자 항아리에 알 수 없는 이끌림과 가슴이 뛰는 것을 느꼈다. '조선 백자'라는 말과 함께 조선 미술품 중 최고라는 말을 듣고 가슴앓이가 시작되었고 결국 그 이끌림으로 인해서 그 백자 대호를 1년동안 할부로 나눠서 구매하였다. 일본인도 탄복한다는 조선의 자랑거리라는 그 항아리를 안고 잠을 잘 정도로 기뻐했다고 한다. 조국애와 모성애를 느끼면서 문화적 자부심을 느끼고 일본에서 일본 전역에서 우리 문화재 찾기에 평생을 바쳤다. 그것은 그에게는 조국과 같았다. 그리고 백자를 처음 만난 그날의 자부심은 40여년 만인 1988년에 그의 평생 염원이었던 미술관을 개관하게 하였다. 일본 문화의 중심지인 교토에 우리의 '고려 미술관'이 세워진 것이다. 재일 동포 후손들에게 조국에 대한 자긍심을 심어주겠다는 그의 뜨거운 열망으로 세운 일본 속의 한국이었다. 조선 백자의 꿈은 그렇게 일본에서 이루어졌다. 그리고 이 달항아리는 이제 21세기, 전 세계에 그 존재감을 한껏 보여주고 있다. 영미권에서는 'Moon Jar'라는 고유명칭으로 불리우고 있다.

　윤재일 작가는 이런 흐름 속에 나란히 서있는 작가이다. 2023년 가을 평촌 아트 홀 전시회에서 전시장 한쪽 벽면 앞에 전시되었던 윤작가의 달 항아리가 나의 마음에 가득 들어왔던 기억이 난다. 전시회에서 윤작가의 달 항아리 작품을 처음 보았을 때, '유백색의 유려한 곡선을 지닌 항아리'라는 말에서 느낄 수 있듯이 나로 하여금 온화함을 느끼게 하였고 따뜻하고 포근한 느낌이 들었다. 그리고 어떤 문양도 없이 그 부드러운 곡선미와 단순한 형태만으로 마음을 끄는 힘이 있다는 것을 느낄 수 있어서 놀라웠다. 그리고 볼륨감 있는 달항아리의 형태는 나의 내면을 따뜻하게 감싸주며 채워주는 것 같았다. 추석에 뜨는 보름달처럼 한껏 차오른 모습의 달항아리는 그 풍만한 형태로 하여금 "한가위만 같아라' 하는 너그러움이 느껴지는 것 같았다.

윤작가는 학창시절 물레질을 잘한다고 칭찬을 받았다고 했다. 그 당시 1987년 〈전국 대학 미전〉에서 금상을 받는 성과를 거두기도 했고 그때의

작품이 그의 작업실에 지금도 진열되어 있었다. 유약을 가장 원시적인 방법을 이용해서 색을 입히는 작업을 했는데 바로 소금물을 이용해서 하는 작업이라고 했다.

　작가는 그 시절의 추억을 떠올리면서 몇 년 전부터 물레에 다시 정열을 쏟게 되었는데 바로 코로나 시절에 달항아리에 다시 몰입을 하게 되는 계기가 되었다. 작가는 흙이 모든 것을 포용하는 의미를 지니고 있다고 여겼다. 그 흙을 물레에 돌릴 때, 손을 통해서 온몸으로 느껴지는 희열이 있다고 말한다. 그렇게 작가는 그의 작업실에서 물레기법의 정수인 달항아리를 만들기에 몰입하면서 코로나 시기를 견뎌온 것이다. 예술창작은 외롭고 긴 시간이 필요로 하기에 코로나 시기에 그는 더 예술 창작에 몰입할 수 있었다. 그 느낌을 미술사학자 최 순우는 이렇게 표현했다.

　　나는 믿고 싶다

　　도공들은 만드는 즐거움에 살고 있다고.

　　무어라고 조리 있게 설명할 수는 없어도

　　그릇을 빚어내는 즐거움이

　　바로 그 아름다움을 보는 마음이라고

　　<최 순우 살결의 감촉-도자기>

윤재일 작가는 도자기를 빚을 때의 그 아름다움을 온 몸으로 느끼고 전율을 느낀 것 같다. 윤 작가는 전통적 인식이 강한 달항아리이지만 전통적인 것과 현대적인 것을 구분 짓는 것은 소극적인 자세라고 생각하게 되었고, 오히려 표현 범위가 축소되어진다고 생각했다. 그래서 윤 작가는 달항아리를 현대적으로 재조명하여 표현하려고 한다.

그리고 그 가을 평촌 아트홀 전시회 이전에 먼저 개최되었던, 2023년 여름 전시회는 인사동 〈아리수 갤러리〉에서 '윤재일 달-항아리 조형전'이 개최되었다고 한다. 그는 이렇게 말했다.

> "가장 한국적인 이미지의 작품을 제작하기 위해 달 항아리를 주제로 선택하였으며, 우수한 우리 문화의 아우라(aura)를 관람객들에게 소개하고자 한다. 기존의 전통적 달 항아리와 현대적으로 재조명한 작품, 캔버스에 그린 달 항아리 등의 작품을 출품하여 한국의 전통적 아름다운 조형미를 알리고 싶었다."

〈아리수 갤러리〉에서의 윤 작가의 달항아리 전시회는 전통적 도자기에 작가의 창의적 사고가 결합되어 신선하고 흥미로운 도자기 전시회였다고 한다. 순수한 아름다움을 지닌 고고한 자태의 순백색의 달 항아리를 비롯해서 문양 없는 달 항아리의 고정관념을 깨뜨린 작품들이 전시되었다고 한다. 코발트 안료를 사용한 검푸른 빛의 문양이 들어간 '코발트 달 항아리,

유약으로 물방울 모양을 만들고 높은 온도에서 구운 물방울 달 항아리, 캔버스에 초벌한 점토가루를 발라 질감을 살린 하모니즘 달 항아리가 전시되었다고 한다.

윤 작가는 도예라는 영역에서 다양한 형태의 작품 활동을 하는 것을 보고 상상력과 예술성이 풍부한 작가라고 느꼈는데 그 뿐만 아니라 '달항아리'라는 하나의 영역에서도 다양한 형태로 작품 활동을 하는 작가라는 것을 알게 되면서 놀라움을 금치 못했다.

<2023년 아리수 갤러리 달항아리 전시회>

**달항아리와 물방울 달항아리**

코발트 달항아리

하모니즘 달항아리

2024년 5월과 6월, 봄의 끝자락, 안양 예술 공원에 위치한 〈두나무 아트큐브 갤러리〉에서 작가의 개인전이 열렸었다. 〈혼을 담아 삶을 닮다〉라는 주제로 도예가 윤재일 작가의 초대전이 진행되었다.

작가의 삶과 혼을 담은 작품들이기에 독특하면서도 느낌이 있는 전시회였다는 평을 받았다. 각종 다기와 접시들, 화병, 그리고 커피 드리퍼등 다양한 생활 도자기들이 전시되었고 성공적으로 전시회를 마쳤다.

〈두나무 아트 큐브〉 갤러리에서의 전시회를 놓친 아쉬운 마음을 안고 그의 작업실을 방문했을 때 느낄 수 있었던 것은 그는 정말 다양한 작품 활동을 한다는 것이었다. 그는 부엉이 램프, 화병, 드립퍼, 머그잔 등 생활 작품을 쓰임 있게 응용하여 예술 작품으로 연결하여 승화시키고 있다.

그의 생활 작품들을 직접 가까이에서 보고, 만져보면서 자연스러우면서도 투박한 듯하고 또 한편으로는 섬세한 듯한 그의 작품성을 느낄 수 있었다. 내가 그의 작업실에서 만난 생활 작품들을 보면서 느꼈던 느낌 그대로 그 전시회에서 관객들도 그렇게 느꼈을 것 같다.

나는 카페 운영과 관련된 작품인 드립퍼와 머그잔 몇 개와 꽃병을 구입하여 카페에 가지고 왔다. 나는 예술가의 손길이 닿은 작품들을 일상생활 속에서 만나면서 매일 예술이 주는 행복을 느끼고 있다.

2024년 10월 말, 안양 평촌 아트 홀에서 〈안양 공예가회 정기전〉이 있었다.

2019년 전시회에서 만났던 작품인 박준우 작가의 '연꽃 등'과 편백나무로 만들어진 황종연 작가의 '이면상'은 커피시대 인테리어를 빛나게 해주는 작품으로 나의 카페 창가 한 켠에 아름다운 모습으로 자리하고 있다. 이번 2024년 가을 20주년 〈안양 공예가회 정기전〉을 앞두고 윤 작가의 작업실을 방문했었다. 그리고 〈안양 공예가 전시회〉의 역사를 듣게 되었다.

〈안양 공예가회 전시회〉는 2024년에 20주년을 맞이하였다고 한다. 원래 1990년 초에 안양 도예가 단체를 윤재일 작가님이 주체적으로 설립하셨다고 한다. 그래서 사실상 30년된 단체라고 한다. 그 당시 학연, 지연을 떠나서 '도예'라는 순수한 의미를 지니고 출발한 단체로 젊은 작가 20명으로 구성되었다. 윤작가는 그 창립 멤버였고 이제 마지막 남은 원년 멤버로서 후배들을 이끌고 있다. 윤작가는 그 당시 얘기를 들려주면서 30년 전의 열정이 현재의 작가들에게도 더 뜨겁게 되살아 나기를 간절히 바라는 마음이 역력했다. 그리고 이 단체는 회비가 없는 유일무이한 단체이고 참여 작가들은 원하는 대로 부스전 형태로 많은 작품을 전시하여 가능한 작가의 예술성을 마음껏 표현할 수 있도록 하였다고 한다. 30년이라는 오랜 세월을 이끌어 오신 이야기를 듣고 존경스러운 마음이 들었다.

그리고 2024년 10월의 마지막 날, 나는 〈20회 안양 공예가회 정기전〉을 보기 위해 가을이 저무는 길목에서, 얼마 남지 않은 가을과 여러 작품들을 보고 왔다. 이 전시회에서 윤 작가는 조광 스님의 흉상을 놀라운 작품으로 만들었다. 도자기로 어떻게 그런 세밀한 표정까지 표현할 수 있고 감동을 줄 수 있는지 놀라지 않을 수 없었다.

조광스님은 사진 작가로 유명한 스님이라서 붙여진 이름이고 원래 관조(觀照) 스님이라고 한다.

관조는 출가 때 받은 법명인데 '영원히 변하지 않는 진리를 비추어 본다'는 불교용어를 밀한다. 그리고 관조란 '고요한 마음으로 사물이나 현상을 관찰하거나 비추어 봄' 또는 '지혜로 모든 사물의 참모습과 나아가 영원히 변하지 않는 진리를 비추어 봄'이라는 뜻을 지니고 있다. 스님의 법명대로 사진을 찍는 스님이 되신 것은 운명이 아니었을까?

사진을 통해 불법을 전파하고 사진으로 한국 불교의 미를 담은 관조 스님은 입적하시기 전까지 30여년간 사진을 수행이자 포교의 방편으로 삼았다. 필터나 조명을 사용하지 않고 기교 없이 대상을 직시하는 사진들은 단순하면서 담백한 미를 보여주고 있다. 사진을 찍은 이유를 물어봤을 때 이렇게 대답하셨다고 한다.

> "사진은 나와 상대를 동시에 정화시킵니다. 사진을 찍으면서 나 자신이 정화되고 사진을 보면서 사람들이 정화되기를 바랍니다."

스님은 사진은 깨달음의 순간을 낚아채는 일이고 사진으로 어록을 남기신다고 말씀하셨다.

그리고 스님이 남기신 열반송에서도 관조 스님의 마음이 전해졌다.

삼라만상천진동 / 염념보리영사중 / 막문자아하처거 / 쉬북산남기미풍

"삼라만상이 본래 천진불이요. 한 줄기 빛으로 담아 보이려 했다네.
내게 어디로 가느냐고 묻지 마라. 동서남북에 언제 바람이라고 일었더냐."

관조스님의 '맏상좌'이신 가평 백련사 승원 스님께서 스승이신 관조 스님의 뜻을 받들어서 관조 스님의 열반 16년 만에 유고 사진집 〈관조〉가 2022년에 출간되었다.

그리고 승원 스님은 이렇게 말씀하셨다.

| "단순한 사진 작품이라기 보다 사진은 스님의 사리입니다."

이 사진집은 관조스님 수행의 결정체로서 단순한 예술작품이 아닌 세상을 깨우치는 법문이라고 할 수 있다. 그리고 일반인이 접하기 어려운 절 집 안의 모습, 사라져가는 모습을 담아서 불교 전통을 전승하고 있다는 점에서 큰 의미를 지닌다.

나는 윤 작가의 '관조스님 흉상'을 보면서 스님의 눈빛과 얼굴 표정에서 스님의 말씀이 내게도 전해지는 것 같았다.

'작가와 나의 노란 비덴스 꽃'이라는 작은 에피소드와 함께 다시 새롭게 시작되었던 인터뷰 이후 며칠이 지나고 다시 한번 작가의 작업실을 찾아갔다.

작가의 작업실 입구에 비덴스 화분이 하나 더 놓여있는 것을 보고 나는 미소를 지었다. 나도 그 날 이후 비덴스 화분을 하나 더 사서 카페 입구에 놓아두었기 때문이다.

| "작가님도 비덴스를 하나 더 갖다 놓으셨네요. 저도 작가님 작업실에 다녀간 후 비덴스가 더 가득한 화분을 하나 더 카페 앞에 갖다 놓았어요.'"

  작업실 앞에 놓인 노란색의 꽃처럼 작가의 작업실에서도 봄 분위기를 느낄 수 있었다. 특히 밝아진 분위기의 소품들이 눈에 띄었다. 파란 머그컵과 다양한 형태의 화병들이 진열되어 있었다. 그리고 그가 만들기를 좋아한다는 동물 소품이 새롭게 제작되어 있었는데 호랑이를 우화적으로, 민화적으로 표현한 것인데 너무 사랑스럽고 귀여운 모습의 호랑이라고 느껴졌다.

  작가와 새로 만든 작품에 대한 이야기를 나눈 후 작가는 내게 반가운 소식을 전했다. 이 봄 분위기의 새로운 소품들과 함께 작가의 달항아리 작품들을 곧 전시장에서 보게 될 것이라고 했다.

  5월에 인사동 〈아리수 갤러리〉에서 개최될 초대 개인전 소식이었다. 나는 인사동 전시장에서 윤 작가의 달항아리 작품을 다시 볼 수 있다는 생각에 기대가 되었다.

  작가는 비덴스 꽃과 함께 찾아온 반가운 소식인 것 같다고 말하면서 내게 전시회 소개 엽서에 전시회 소개 글을 써줄 것을 요청했다. 초보작가인 내게 이런 요청을 해 주셔서 감사한 마음으로 전시회 소개 글을 썼다. 소품 위주의 전시회라는 말을 듣고 내 마음에 새롭게 들어온 작품인 집 모양으로 만든 화병을 이야기에 담았다.

"집 모양으로 만든 화병, 새로운 느낌의 화병이라고 생각되었어요. 이 봄에 잘 어울리는 소품인 것 같아요. 작가의 화병에 카모마일이나 노란 미모사 꽃 또는 하얀 안개꽃을 한가득 꽂아보고 싶어요. 행복한 가정이 사는 집 지붕 위로 아름다운 꽃이 피어나는 모습이 따스하고 사랑스럽게 느껴질 것 같은 작품이에요. 윤재일 작가의 작품에는 그런 감성이 묻어 있어서 감동을 하게 되네요."

오월이 시작되는 첫 날! 푸른 오월의 전주곡처럼 비가 내리는 인사동을 찾았다. 지인과 함께 이른 아침 촉촉히 내리는 봄 비처럼 차분하고 잔잔한 분위기의 〈아리수 갤러리〉에서 하얀 전시장 분위기 속에 머물고 있는 작가의 작품들을 마주할 수 있었다. 가지런히 놓여있는 작가의 작품들이 하얀 미소로 우리를 반기는 것 같았다.

전시장 조명아래서 만난 온화한 빛의 달항아리 모습은 내게 또 다른 감동을 주고 있었다. 달항아리의 섬세한 아름다움이 빛 속에서 자연스럽게 드러나는 순간이었다.

그리고 이 봄 분위기 물씬 풍기는 소품들이 전시장을 밝은 봄 빛으로 가득 채우고 있는 것을 보고 마음이 흐뭇했다. 특히 이 번 전시회에는 봄 분위기가 물씬 풍기는 핑크 빛 미니 달항아리가 조명 아래에서 반짝이고 있었다. 부엉이 램프, 파도를 연상하게 하는 파란 머그컵과 파란 바다 빛 트레이, 이색적인 화병들, 찻잔들, 메모 꽂이 그리고 다양한 소품들이 가지런히 놓여있었다.

나는 카페 한 켠에 윤 작가의 작품들과 함께 하는 감상적인 풍경으로 작은 전시 공간을 만들었다. 카페 손님들도 그 핑크 빛 미니 달항아리의 사랑스러운 봄 빛에 마음을 뺏기고 말았다.

내가 다녀간 후 다른 지인들도 전시장을 다녀갔다고 한다. 전시장을 방문했던 지인들은 카페 앞에 놓인 노란 비덴스가 피어 있는 화분을 보고 이렇게 말했다.

"전시장 입구에도 이 꽃과 똑 같은 꽃들이 놓여있었어요."

윤재일 작가의 작업실과 나의 카페 앞의 비덴스 꽃 향기가 인사동 전시회장으로 이어진 것 같아서 마음이 뿌듯했다.

앞으로 매년 윤작가의 새로운 작품들이 기대가 되고 설레는 마음으로 전시회장을 찾아갈 것 같다.

윤 작가의 인사동 전시회가 끝나고 며칠 후 작가는 나의 카페를 방문하셨다. 내가 좋아하는 빨간 지붕의 집 모양 화병을 내게 선물로 주셨다. 엽서에 넣을 전시회 소개 글이 마음에 들었다고 했다. 근데 이렇게 선물로 받게 될 줄은 몰랐다. 그 글에 대한 윤 작가의 인사가 내게 너무 과분한 것 같지만 카페에 예쁘게 진열하고 작가의 작품을 소개할 수 있다면 작가의 호의에 보답이 될 것 같아서 나는 고마운 마음으로 받았다. 마침 연노랑 색깔의 백화등 꽃과 너무 잘 어울렸다. 이 화병에 어떤 꽃을 제일 먼저 꽂을까?

마트리카리아 꽃이 제일 잘 어울릴 것 같다. 일명 Camomile (카모마일)이라는 이름으로 불리우기도 한다. 바빌로니아의 의학 서적에는 건강에 좋은 허브 식물로 기록되며 기원전 2천년 전부터 사랑받던 꽃이다. 색깔과 모양 때문에 '계란 후라이' 꽃이라고 불리우는 꽃이기도 하다. 하늘하늘한 들꽃 느낌의 꽃으로 보기에는 매우 연약해 보이는 꽃이지만 그 연약함 속에 놀라운 꽃말이 숨어있다.

'역경을 이겨내는 강인함'

그리고 놀라운 점은 시들어가는 식물 옆에 심으면 자연치료를 해준다고 해서 '식물 의사'라는 닉네임을 가지고 있는 꽃이다.

나는 다음에 작가의 작업실을 방문할 때 작가의 화병에 꽂을 마트리카 카모마일 꽃을 한아름 사가야겠다.

# 윤재일 Yoon Jae-il

국민대학교 조형대 생활미술학과 졸업 / 동대학원 수료

인사동 아리수 갤러리 외 14회 개인전

초대전, 단체전, 광화문 아트페스티벌 외 400여 회

APAP 4회, 6회 작품 설치
새남터 성지 기념관 조형작업
코리아 아트 페스타 운영 및 자문위원 역임
IAA(국제조형예술협회) 현대 공예 사무국장 역임
루터 대학교 도예 지도 교수 역임
관악 현대미술대전, 인천 계양 미술대전, 인제전국목공예 대전, 경기 미술대전 운영위원 및 심사 위원 역임
안양 Public 아트회 회장, 한국 미술협회 이사, 안양 지부 자문 위원
안양공예가회 고문, 다도예가회 고문, 다다도예연구소 운연

E-mail : dada0077@yahoo.co.kr

**우리 가까이 있는 영혼의 예술가들**

ⓒ 유지원 2025

**초판 발행**   2025년 10월 25일

**지은이**   유지원
**펴낸이**   신성모
**디자인**   에이블웨이
**펴낸곳**   북&월드
**출판등록**   2000년 11월 23일 제10-2073호
**주소**   경기도 고양시 덕양구 토당로 123 대림아파트 208동 206호
**e-mail**   gochr@naver.com
**문의전화**   010-8420-6411

**ISBN**   979-11-982238-9-0 (03800)


\* 이 책의 판권은 지은이와 북&월드에 있습니다.
\* 이 책 내용의 전부 또는 일부를 재사용하려면 반드시 양측의 서면 동의를 받아야 합니다.